Hermann Giesecke

Didaktik der politischen Bildung

Juventa Verlag München

ISBN 3-7799-0025-4

6. Auflage 1971

Printed in Germany
Druck: K. M. Lipp, München

INHALTSÜBERSICHT

Es hat in Deutschland immer viele Leute gegeben und gibt heute besonders viele, die meinen, das, was *sie wissen und daß* sie es *wissen, das stelle nun den Hebel der Verhältnisse dar, und von da aus müsse es anders werden. Auf welche Weise diesem Wissen nun etwa Kurs zu geben sei und mit welchen Mitteln man es könne unter Leute bringen, darüber haben sie nur die schattenhaftesten Vorstellungen. Man müsse es eben sagen, betonen sie. Ganz fern liegt ihnen der Gedanke, daß ein Wissen, das keinerlei Anweisungen auf seine Verbreitungsmöglichkeit enthält, wenig hilft, daß es in Wahrheit überhaupt kein Wissen ist.*

Walter Benjamin

Gedanken wechseln die Köpfe und nehmen deren Form an.

Stanislaw Lec

VORWORT

Dieses Buch geht auf einen Teil meiner Kieler Dissertation »Die Tagung als Stätte politischer Jugendbildung« zurück, der für den Druck erheblich ergänzt und erweitert wurde. Die seinen Gedankengängen zugrunde liegenden Unterrichtserfahrungen sind zwar nicht in der Schule, aber in der außerschulischen Jugendbildungsarbeit praktisch erprobt. Ich hoffe, in absehbarer Zeit auch einen Bericht über diese Erfahrungen vorlegen zu können.

Der Versuch, Probleme der Gegenwart wissenschaftlich aufzuklären, wird immer fragmentarisch bleiben. Deshalb kann und will dieses Buch nicht mehr sein als ein ausführlicher Diskussionsbeitrag. Ich hoffe, daß es manche Aspekte des Themas weiter klärt, aber auch, daß es kurzschlüssige Klärungen und »Selbstverständlichkeiten« zerstören hilft.

Um den Text möglichst lesbar zu halten, zugleich aber auch das Bedürfnis nach wissenschaftlicher Kontrollierbarkeit zu befriedigen, wurden die Quellennachweise in den Text eingearbeitet. Sie lassen sich mit Hilfe des lexikalisch geordneten und durchnumerierten Literaturverzeichnisses entschlüsseln. Die Zahl vor dem Komma verweist auf die Nummer im Literaturverzeichnis, die Zahl hinter dem Komma auf die Seitenzahl des zitierten Werkes. Größere Anmerkungen wurden in den Text einbezogen, sie sind aber durch kleinere Schrift abgehoben.

Mein aufrichtiger Dank gebührt an dieser Stelle vor allem Herrn Professor Dr. Dr. Theodor Wilhelm, der nicht nur mit Rat und Anteilnahme die Entstehung dieser Arbeit

verfolgte, sondern mir in Gesprächen und in seinen Seminaren zahlreiche Hinweise und Überlegungen mitgab, die ich heute nicht mehr als die seinen belegen kann.
Dieses Buch ist meinen Eltern als Dank für ihre unermüdliche Hilfe und Opferbereitschaft gewidmet.

Hermann Giesecke

ZUR 3. AUFLAGE

Die 1. Auflage dieses Buches ist 1965 erschienen, die 2. ein Jahr darauf. Inzwischen ist für die nachwachsende Generation das politische Beispiel, an dem in diesem Buch die didaktische Reflexion entwickelt wurde — die Spiegel-Affäre — schon fast Geschichte geworden. So hätte es also nahegelegen, das Buch zumindest im Hinblick auf ein aktuelleres Beispiel zu überarbeiten. Aber die Absicht war von vorneherein, eine didaktische Theorie zu finden, die einerseits den aktuellen politischen Konflikten gerecht wird, andererseits aber von ihnen sich abstrahieren läßt. Ist dieses Konzept überzeugend, so wird der Leser die nötige Aktualisierung selbst vornehmen können. — Nun hat das Buch aber auch zahlreiche Diskussionen ausgelöst, und es war die Frage, ob von daher eine Überarbeitung erfolgen sollte. Statt jedoch an einzelnen Stellen durch Ergänzungen auf die Kritik einzugehen, schien es mir sinnvoller (und vielleicht für den Leser auch reizvoller), in einer Ergänzung zur 3. Auflage die Kritik selbst zu Wort kommen zu lassen. Diese Kritik sowie die Ergebnisse zahlreicher Diskussionen mit Lehrern aller Schularten und Pädagogen aus der Jugendarbeit und Erwachsenenbildung nehme ich zum Anlaß, einige wichtige Aspekte weiter zu entwickeln. — Außerdem werden in einem Nachtrag zum Literaturverzeichnis die wichtigsten Neuerscheinungen der letzten Jahre genannt, ohne daß ich mich mit diesen Publikationen im einzelnen auseinandersetzen konnte.

Göttingen, im Februar 1968 *Hermann Giesecke*

EINLEITUNG

Immer noch ist die nach dem Kriegsende begonnene und nun schon fast 20 Jahre anhaltende Diskussion um die politische Bildung und Erziehung nicht zur Ruhe gekommen. Auf den ersten Blick scheint es zwar so, als ob die theoretischen Grundlagen geklärt seien, die Stoffpläne der Kultusministerien allgemeinen Beifall fänden und zahllose Lehrer aller Schularten mit zahllosen veröffentlichten Unterrichtsbeispielen nur noch nach der rechten Methode suchten. Aber dieser Eindruck trügt. Sobald eine wichtige Entscheidung gefällt wird, wie im Falle der »Saarbrücker Rahmenvereinbarung« der Kultusminister von 1960, ist die Diskussion wieder in vollem Gange, und alle grundsätzlichen und praktischen Kontroversen melden sich wieder zu Wort, als ob das Thema nicht schon 20, sondern erst drei oder fünf Jahre alt sei. In der Tat kann man nicht sagen, daß die Probleme der politischen Bildung bereits geklärt sind, sondern nur, daß der pädagogische Betrieb eben weitergegangen ist.

Die Diskussion ist nach 1945 in sehr interessanten Wellen verlaufen. In den ersten Jahren war man gelähmt von den furchtbaren Informationen über die Untaten des Dritten Reiches. Die moralische Selbstbesinnung ließ noch keinen Raum für große theoretische Entwürfe über die künftige politische Bildung und Erziehung. Diese Jahre der Besinnung schlugen sich zu einem ersten Entwurf nieder in dem »Partnerschaftsbuch« von Friedrich Oetinger (104), das erstmals 1951 erschienen ist. Es lieferte eine radikale Abrechnung mit der überlieferten deutschen Bildungsideologie, die nicht zuletzt für die Fehler der Vergangenheit verantwortlich gemacht wurde. Es rief von Anfang an die Vertreter der traditionellen Pädagogik in Deutschland auf den Plan. Dabei erregte es weniger Ärgernis durch seine positiven, um den Begriff der »Partnerschaft« gerankten Vorschläge, als wegen der unumwundenen Feststellung, innerhalb der deutschen Bildungstradition könne aus der politischen Erziehung nichts werden. Den Angriff eröffnete damals Erich Weniger (143). Oetingers Position wurde in den folgenden Jahren dann dadurch entschärft, daß sie sehr bald innerhalb der traditionellen pädagogischen Kategorien eingeordnet wurde, und die Jahre der westdeutschen Restauration sorgten dafür, daß sich mit den überlieferten Schulverhältnissen auch die überlieferten Ideologien wieder festigten. Es ist bis heute ein Kennzeichen des politischen wie des pädagogischen Konservativismus geblieben, die Diskussion um die »unbewältigte Vergangenheit« möglichst auf die Zeit von 1933 bis 1945 zu beschränken. So müssen wir heute in der Pädagogik wie in der Kulturpolitik eine Diskussion beginnen, die eigentlich vor 15 Jahren hätte weitergeführt werden müssen.

Etwa um 1957 — auf dem Höhepunkt der westdeutschen Restauration — begann die zweite Welle der Diskussion um die politische Bildung. Sie wurde äußerlich ausgelöst und fortgetragen durch die »Begegnungsoffensive« der DDR zwischen 1955 und 1957. Fast überall unterlagen westdeutsche Jugendliche in politischen Diskussionen den gut geschulten und sorgfältig ausgewählten jugendlichen Begegnungsgtrupps der DDR. Auch die Hakenkreuzschmierereien von 1958 hielten die Debatte weiter in Gang. Damals versuchte die »Bundeszentrale für Heimatdienst« in Bonn (später umbenannt in »Bundeszentrale für politische Bildung«) in ihren berühmt gewordenen Fachtagungen über die politische Bildung in den einzelnen Schularten, die Diskussion zu einem produktiven Abschluß zu bringen. Etwa zur gleichen Zeit erschienen die grundsätzlichen Stellungnahmen von Theodor Litt, Eduard Spranger und Erich Weniger. Man tut diesen imponierenden Bemühungen kein Unrecht, wenn man sie als konservativ klassifiziert: Ihre deutliche Tendenz war, die Aufgaben der politischen Bildung sinnvoll in die überlieferte Bildungsvorstellung und in das wieder fest installierte, aber weitgehend unveränderte Schulwesen einzubauen. Diesmal kam die Kritik vor allem von der politologischen und sozialwissenschaftlichen Seite. Autoren wie Adorno, Bergstraesser, Hennis, Landshut, Habermas und Sontheimer meldeten — bei aller Verschiedenheit in der Argumentation — Bedenken gegen die Politikvorstellung in diesen Konzeptionen an. Seitdem ist die Diskussion wieder so offen, wie sie es 1951 auch war. Auch die schon genannte »Saarbrücker Rahmenvereinbarung« brachte keine Beruhigung, sondern wühlte die Gegensätze nur wieder neu auf.

Diese Lage zwingt uns dazu, die wesentlichen Probleme noch einmal von vorne zu durchdenken. Dazu ist gerade die didaktische Fragestellung besonders geeignet. Nach jener Faustregel, wie sie Studenten der Pädagogik oft lernen, beschäftigt sich die Didaktik mit dem »Was«, die Methodik mit dem »Wie« des Lernens. Gerade das »Was«, also die politischen Lehr- und Lern*inhalte*, ist aber das, was nach wie vor heftig umstritten ist und offensichtlich erst einmal geklärt werden muß, bevor man die übrigen pädagogischen Probleme der politischen Bildung befriedigend lösen kann. Natürlich ist unsere Faustregel als Definition noch sehr unbefriedigend. Aber wir wollen uns fürs erste noch nicht an eine der heute üblichen Definitionen von »Didaktik« binden. Vielleicht zwingen uns unsere Überlegungen, einige dieser Definitionen zu kritisieren. Zunächst genügt es durchaus, der Frage nach dem »Was« des politischen Lernens einfach weiter nachzugehen, wobei es nicht nur um eine inhaltliche Antwort geht, sondern mindestens ebenso sehr darum, den Weg zu dieser Antwort zu beschreiben und zu begründen.

Was muß man heute alles lernen, um sich erfolgreich und produktiv politisch beteiligen zu können? Diese Frage steht gleichsam als unsichtbare Überschrift über dem ersten Teil des Buches, in dem wir die Brennpunkte der Berührung zwischen Politik und Pädagogik aufsuchen, an denen die Mißverständnisse und Schwierigkeiten immer wieder entstehen. Hier versuchen wir uns gleichsam einen Überblick über die Probleme zu verschaffen, und wenn der Leser den Eindruck hat, in diesem Teil schreite der Gedankengang nicht geradlinig voran, sondern eher im Zickzackkurs und mit manchen Umwegen, so liegt das daran, daß es hier ja zunächst nur darum geht, ohne voreilige Systematik die wichtigsten Probleme aufzuspüren. Die Sache selbst verlangt hier statt eines »systematischen« einen »aporetischen« Denk- und Darstellungsstil.

Wie kann man sodann die Lehrgehalte, die sich bei dieser Prüfung als unabdingbar für die politische Beteiligung herausgestellt haben, derartig systematisieren, daß die Inhalte und Ziele nicht nur in einem gewissen Zusammenhang dargestellt, sondern auch in einem modellhaften Entwurf im Hinblick auf die konkrete Unterrichtspraxis verdichtet werden können? Diese Frage soll den zweiten Teil leiten, der »Didaktische Konstruktion« überschrieben wurde.

Wo, das heißt in welchem Erziehungsfeld kann der Heranwachsende das, was unabdingbar zum Erlernen der politischen Beteiligung gehört, optimal lernen? Welche Lehrinstitutionen und Lernsituationen stehen heute überhaupt für diese Aufgabe zur Verfügung, und wie sind sie im Hinblick auf unsere Fragestellung zu beurteilen? Der dritte Teil, der diesen Fragen nachgeht, bleibt skizzenhaft und fragmentarisch, weil die erziehungswissenschaftlichen Vorarbeiten noch zu dürftig sind, als daß wir hier bereits über begründete Vermutungen hinauskommen könnten. Die Absicht dieses Teiles ist es vor allem, die Möglichkeiten des schulischen Beitrages zur politischen Bildung und Erziehung zu relativieren, um den Blick dafür freizumachen, daß manches von anderen Erziehungsfeldern besser geleistet werden kann und zum Teil auch schon geleistet wird. Absicht ist ferner, der Unsitte entgegenzutreten, daß sich jede Schulart unter dem Schlagwort ihrer besonderen »Bildungsaufgabe« gleichsam aussucht, was sie im Hinblick auf die allgemeine Aufgabe der politischen Jugendbildung leisten will und was nicht. Das steht ihr zu einem guten Teil heute nicht mehr frei, wenn sie sich nicht über ihre objektive gesellschaftliche Position oder über die tatsächlichen Bedürfnisse ihrer jugendlichen Partner unentwegt täuschen will.

Erst im letzten Teil soll uns — gleichsam als eine Rückschau — beschäftigen, was man wohl unter einem wissenschaftlichen Begriff der Didaktik im allgemeinen und der politischen Didaktik im besonderen verstehen könnte. Damit mündet dieses Buch in die allgemeine Diskussion über den pädagogischen Begriff der Didaktik ein.

Aus sprachlichen Gründen benutzen wir im folgenden nicht den Begriff »Didaktik der politischen Bildung«, sondern den Begriff »Politische Didaktik«. Es wird sich aber zeigen, daß sich dieser Begriff auch sachlich rechtfertigen läßt.

ERSTER TEIL: BRENNPUNKTE DER DISKUSSION ZWISCHEN POLITIK UND PÄDAGOGIK

Die »Spiegel-Kontroverse« als Beispiel

Es gibt verschiedene Möglichkeiten, sich unserem Thema zu nähern. So können wir etwa auf philosophische Weise die Prinzipien der Politik einerseits und die Prinzipien der Bildung andererseits analysieren, um dann beides zu einer didaktischen Theorie der politischen Bildung zusammenzubringen. Aber damit müßten wir in die Gefahr geraten, auf einer sehr hohen Abstraktionsebene zu argumentieren, die von den Ereignissen des politischen Lebens wie auch von den Schwierigkeiten der pädagogischen Praxis gleich weit entfernt ist. Wir wollen deshalb unsere Überlegungen um ein Ereignis herum ordnen, das erstens unzweifelhaft ein politisches Ereignis war und das zweitens dem Leser noch so in Erinnerung sein wird, daß er es bei der Lektüre dieses Buches als seine politische Erfahrung mit einbringen kann. Ich meine die »Spiegel-Affäre« des Jahres 1962. Was immer politische Bildung sein mag, sicher ist, daß sie dazu führen müßte, bei einem solchen politischen Ereignis vernünftig Stellung zu beziehen und die staatsbürgerlichen Pflichten und Rechte wahrzunehmen. Indem wir uns im folgenden immer wieder auf dieses politische Beispiel berufen, soll der Leser Gelegenheit erhalten, den Fortgang der Überlegungen mit kontrollieren zu können. Dazu ist es vielleicht ganz nützlich, einige Momente der Spiegel-Affäre noch einmal ins Gedächtnis zu rufen, die für unseren Zusammenhang von besonderer Bedeutung sind. Dazu einige knappe Thesen:

1. Die Spiegel-Affäre war aus mindestens zwei Gründen ein politisches Ereignis. Es handelte sich erstens um eine offene Situation, die noch nicht entschieden war und für deren Entscheidung es verschiedene Möglichkeiten gab; zweitens war der Sachverhalt selbst umstritten. Es gab darüber nicht nur verschiedene Parteiungen in der Öffentlichkeit, sondern sie engagierten auch einen großen Teil der Bevölkerung für sich: die Streitfrage war »aktuell«.

Nach Peter R. Hofstaetter (60, S. 163) ist ein Problem dann aktuell, wenn sich verschiedene Parteiungen bilden und die Zahl der Meinungslosen verhältnismäßig gering ist.

2. Diese Aktualität entstand nicht von selbst, sie wurde vielmehr mehr oder weniger planmäßig hergestellt. Kaum jemand hatte zum Sachverhalt der Kontroverse oder zu den daran beteiligten Personen eine unmittelbare Beziehung. Beides vermittelten die Massenkommunikationsmittel, insbesondere das Fernsehen. Die Berichterstattung der Massenmedien brachte die Auseinandersetzung erst in den Horizont des Staatsbürgers. Ohne diese Massenmedien hätte das Problem gar nicht aktuell werden können, hätte sich auch niemand politisch informieren und engagieren können.

3. Die Staatsbürger mußten diese »Vermittlung der Beteiligung« verstehen können. Das klingt wie eine Banalität, aber es ist noch gar nicht ausgemacht, ob tatsächlich alle Bürger politische Informationssendungen des Fernsehens wirklich verstehen können. Dazu gehört nämlich erstens eine gewisse sprachliche und vorstellungsmäßige Fähigkeit, die mit den Mitteilungen korrespondiert und ihr Verständnis überhaupt erst ermöglicht. Diese ist allgemeiner Natur und hat zunächst noch nichts mit politischen Fähigkeiten zu tun. Je differenzierter sprachliche und visuelle Fähigkeiten ausgebildet sind, um so genauer wird die Mitteilung verstanden. Zweitens gehört dazu ein ge-

wisser Kenntniszusammenhang vom Politischen. »Pressefreiheit«, »Landesverrat«, »Demonstration« sind Vokabeln, die für sich genommen unverständlich blieben, wenn sie nicht gleich in einen wie immer gearteten Kenntnis- und Wertzusammenhang aufgenommen würden.

4. Um die Spiegel-Kontroverse überhaupt verständlich machen zu können, mußten die Massenkommunikationsmittel einen gewissen Interpretationszusammenhang stiften. Die Kenntnisse wurden von den einzelnen Fachwissenschaften her beschafft, ohne daß bei der Verbreitung unbedingt deren Methoden berücksichtigt wurden. Bereits verfügbare Kenntnisse wurden also aktualisiert und aus ihrem ursprünglichen Forschungszusammenhang herausgenommen. Bei der Spiegel-Affäre galt das vor allem für die rechtlichen und politischen Wirkungen der Bestimmungen über den Landesverrat, über die vorher wenige eine genaue Kenntnis hatten, weil sie nicht aktuell waren.

5. Bei der Kritik der Affäre mußte ein Maßstab gefunden werden, der sich irgendwie auf das gemeinsame Ganze bezog. Die Feststellung, daß es sich um einen zweifachen Konflikt handelte — einmal um den Machtkonflikt zwischen einem Minister und einem Presseorgan, zum anderen um einen Wertkonflikt zwischen der Pressefreiheit und dem Staatsschutz —, genügte allein noch nicht. Die Reflexion auf das Ganze des Staatswesens gelang in mindestens zweierlei Hinsicht: Einerseits wurde antizipierend erörtert, welche Folgen für das ganze Gemeinwesen sich einstellen würden, wenn dieser Konflikt so oder anders entschieden würde. Andererseits geriet die Art und Weise des Austrags in die Diskussion, und zwar mit dem Begriff des »Stiles«. »Stil« meinte dabei vordergründig den rein pragmatischen Konsensus darüber, wie eine solche Aktion verlaufen dürfe und wie nicht, das heißt welche Verfahrensweisen im politischen Machtkampf zulässig sind.

6. Sowohl der Begriff des Stiles wie auch die Begründungen der kontrahierenden Parteien für ihre jeweilige Position in der Streitfrage enthielten politisch-philosophische Prämissen, die nun ihrerseits überprüft werden mußten.

7. Viele Bürger empfanden diesen Konflikt als so schwerwiegend, daß sie sich persönlich bedroht sahen. Es ging nicht mehr nur um eine rein pragmatische Lösung eines alltäglichen Interessenkonfliktes, sondern auch um die Frage der künftigen persönlichen Sicherheit. Man überlegte, ob dieser Konflikt sich nicht auf lange Sicht zu einer Bedrohung der Sicherheit des täglichen Daseins auswirken könne. Damit bekam dieser Streit eine existentielle Bedeutung.

8. Im Prozeß der öffentlichen Auseinandersetzung ergab sich zunächst eine Reaktion der Staatsbürger, gleichgültig auf welcher Seite der streitenden Parteien sie standen. Zugleich wurde diese Reaktion zur Aktion — nicht nur in der Form von Demonstrationen, sondern insbesondere in der Weise, daß die Urteilsbildung weit über diese einzelne Kontroverse hinausging. Das Urteil konnte sich nun nicht mehr allein darauf beschränken, wie in diesem konkreten Falle entschieden werden sollte. Es erstreckte sich vielmehr auf bestimmte politische Gruppen als Ganzes, auf ihre Vorstellungen und Begründungen, auf Wert und Wirkung staatlicher Institutionen wie etwa der politischen Rechtsprechung. Indem das öffentliche Bewußtsein von dieser konkreten politischen Kontroverse aus zu einer Reihe ihrer Hintergründe fortschritt und indem es zugleich Massencharakter annahm, wurde es selbst zu einer politischen Aktion innerhalb des Gemeinwesens, die sich zum Beispiel in Wahlen niederschlug, die mit dem Ereignis selbst unmittelbar gar nichts zu tun hatten.

9. So ergab sich eine Art politischer Arbeitsteilung. Auf der einen Seite standen die kontroversen politischen Akteure, auf der anderen Seite die Massenkommunikationsmittel und die Bürger als Kontrolleure. Die Bürger konnten zwar einen gewissen Einfluß entwickeln, dessen positive politische Gestaltung allerdings in die Hände der kritisierten Akteure gelegt war.

Diese wenigen Hinweise mögen genügen, um einige wesentliche Aspekte dieses Ereignisses wieder in Erinnerung zu rufen. Wir werden im folgenden immer wieder darauf zurückkommen.

Das Problem des Gegenstandes: Politik als das noch nicht Entschiedene

Der Widerspruch von Funktionswissen und politischem Wissen

Der Gegenstand Politik ist offenbar im Vergleich zu anderen von besonderer Art. »Politisch« war bei der Spiegel-Affäre nicht ein bestimmter Sachverhalt, sondern etwas Offenes, Umstrittenes, etwas, was noch zur Entscheidung stand. Der Soziologe Karl Mannheim (84, S. 95ff.) hat bei der Politik einen »wißbaren«, rationalisierbaren und einen »irrationalen« Teil unterschieden. Vieles läßt sich wissenschaftlich erklären und begründen, aber immer bleibt ein Spielraum, in dem die zwar motivierte, aber letztlich wissenschaftlich nicht begründete und begründbare Entscheidung ihren Ort hat. Wäre es anders, so würde die politische Entscheidung zu einer eindeutigen, sofern man nur hinreichend viel von dem zur Debatte stehenden Sachverhalt wüßte. Zweifellos werden sich zahlreiche Konflikte durch wissenschaftliche Analysen lösen lassen, gerade insoweit sie vorwiegend durch falsche Informationen und unrichtige Meinungen entstanden sind. Ob etwa eine bestimmte wirtschaftspolitische Maßnahme diese oder jene Folgen habe, ist weitgehend berechenbar geworden. Damit wird aber der irrationale Bereich politischer Entscheidungen nur eingeschränkt, keinesfalls aufgehoben. Er tritt uns nur klarer in den Blick, weil wir im Unterschied zu früheren Zeiten Konfliktstoffe ausscheiden können, die zu einer Angelegenheit der wissenschaftlich planenden Verwaltung geworden sind. Solange aber das allgemeine Interesse mit den besonderen Interessen nicht voll übereinstimmt — was erst in der Utopie von der klassenlosen Gesellschaft der Fall wäre —, so lange bleiben politische Konflikte auch sachlich und ethisch mehrdeutig, so lange ist ihre Lösung eine Sache der Parteinahme und Entscheidung. Politik ist also offenbar mehr als die Summe der

Realkenntnisse, die für das politische Handeln nützlich sind. Denn sie sind immer Kenntnisse von gewordenen Dingen, während politisches Handeln abzielt auf Staat und Gesellschaft, insofern sie noch im Werden begriffen sind.

»Das politische Denken ist gerichtet auf die res gerendae, und es ist nicht gerichtet auf die res gestae« (Bergstraesser, 12, S. 59). Noch pointierter Jürgen Habermas: »In dem Maße, in dem Politik wissenschaftlich rationalisiert, Praxis durch technische Empfehlungen theoretisch angeleitet wird, wächst nämlich jene eigentümliche Restproblematik, angesichts derer die erfahrungswissenschaftliche Analyse ihre Inkompetenz erklären muß. Auf der Basis einer Arbeitsteilung zwischen datenverarbeitenden Wissenschaften und wissenschaftlich nicht kontrollierbarer Normsetzung wächst mit der strikten Klärung bestimmter Voraussetzungen gleichzeitig der Spielraum purer Dezision: Der genuine Bereich der Praxis entzieht sich in wachsendem Maße der Zucht methodischer Erörterungen überhaupt« (48, S. 17).

Wie sehr immer die politische Pädagogik sich der Wirklichkeit des politischen Lebens öffnen mag, sie kann sie bestenfalls immer nur in dem Stadium begreifen, das durch die nächste bedeutsame politische Aktion wieder verändert wird. Aber gerade diese Aktion will sie dem politischen Urteil möglichst vorweg verfügbar machen.
Nach diesen Überlegungen ist ein politischer Unterricht, der nichts anderes als einen systematisierten Zusammenhang von Wissen bietet, schlechterdings unpolitisch. Denn das eigentlich Politische, zu dem wesentlich Parteinahme gehört, würde so auf wissenschaftliche Erkenntnis reduziert. Andererseits kann es aber keinen Zweifel daran geben, daß nur ein einigermaßen sinnvoll aufeinander bezogenes Wissen die Voraussetzung dafür ist, daß überhaupt noch politische Informationen verstanden werden können. Das lehrte uns schon unser Beispiel. Ein solcher Wissenszusammenhang aber ist seiner inneren Struktur nach auch dann statisch, wenn er dynamisch konzipiert ist, widerspricht also der Orientierung am politischen Ereignis selbst.

Stoffkataloge sind dafür mehrfach formuliert und den einzelnen Altersstufen angepaßt worden (Messerschmid, 88, S. 25; Bergstraesser, 9, S. 82; Wilhelm, 147, S. 36; 20, S. 54f., Wilhelm, 151, S. 19; schließlich die »Themenvorschläge« der »Rahmenrichtlinien für die Gemeinschaftskunde in den Klassen 12 und 13 der Gymnasien« 71, S. 39f.).
Offenbar trifft ein solcher Wissenszusammenhang für sich allein genommen auch nicht das jugendliche Interesse, weil er aller vitalen Energien beraubt ist. »Der demokratische Formalismus unserer landläufigen politischen Bildung ... ist blind. Er erreicht ... die Wirklichkeit unserer Jugend heute nicht ...« (Messerschmid, 88, S. 29). Genau genommen sind uns gar keine *Sachverhalte* gegeben, sondern durch die Massenkommunikationsmittel vermittelte *Meinungen über Sachverhalte*. Ein Durchstoßen zur Sache selbst ist immer nur in relativer Weise durch einen Vergleich der Meinungen über sie sowie durch ein Erfassen ihrer Hintergründe möglich. »Die Lagen, auf die sich die politische Öffentlichkeit bezieht, sind nur bekannt als Meinungen« (Herbert von Borch, 17, S. 377).

Historisches und politisches Wissen

In früheren Zeiten hatte vor allem der Geschichtsunterricht die Aufgabe der politischen Erziehung übernommen. Diese Position ist wohl zum letzten Mal eindrucksvoll von Erich Weniger in seinem Buch »Neue Wege im Geschichtsunterricht« (Frankfurt 1949) vertreten worden. Nach der Saarbrücker Rahmenvereinbarung hat sich Jürgen von Kempski gegen die neue »Gemeinschaftskunde« und für eine Erhöhung der Geschichtsstundenzahl eingesetzt (66). Inzwischen hat sich aber als allgemeine Meinung durchgesetzt, daß »politische Bildung« und »historische Bildung« zwei verschiedene Aufgaben sind. Gegenstand der Geschichte sind Gewordenheiten, Politik aber reicht in jenen offenen Raum, in dem erst durch Entscheidungen Gewordenes entsteht. Dennoch hängen diese beiden Aufgaben eng miteinander zusammen. Eine politische Kontroverse der Gegenwart ist ohne Kenntnis ihrer historischen Dimension nicht zu verstehen. Auch das zeigt unser Beispiel der Spiegel-Kontroverse: Der historische Vergleich wird in dem Augenblick notwendig, wo nach einem wertenden Maßstab für die Beurteilung und Entscheidung des Konfliktes gesucht wird. Ein solcher Maßstab spielt immer eine Rolle, auch dort, wo er nicht bewußt, sondern unbewußt angewandt wird. Es ist überhaupt die Frage, ob Wertmaßstäbe für die Beurteilung der politischen Gegenwart aus anderen Bezügen als der historischen Erinnerung gewonnen werden können. So oder so aber hat eine fundierte historische Bildung ihren festen Ort innerhalb einer politischen Lehre. (Vgl. zu dieser Frage: Messerschmid, 88, S. 11; 90; Körner, 74; Hilligen, 58, S. 341.)

Politisches Wissen als Konflikt-Wissen

Bis jetzt können wir folgendermaßen zusammenfassen: Soll eine politische Konfliktsituation angemessen erfahren werden, so ist ein zusammenhängendes Wissen über die politische Gegenwart wie auch über deren historische Bedingungen Voraussetzung. Beides aber reicht nicht aus; denn ein solcher Kenntniszusammenhang allein garantiert noch nicht die vernünftige Anwendung auf den konkreten Konfliktfall. Es ist sogar denkbar, daß er sich so weit von den konkreten politischen Auseinandersetzungen entfernt, daß er für ihre humane und vernünftige Lösung nicht mehr zur Verfügung steht.

Wir haben also einen Widerspruch gefunden zwischen der Notwendigkeit eines zusammenhängenden Wissens über Politik einerseits und dem Wesen des Politischen andererseits. Die politische Didaktik hätte also zu klären, ob dieser Widerspruch auflösbar ist, das heißt ob es einen Weg gibt, sowohl das Politische im Blick zu behalten wie auch gleichzeitig dabei jenen zusammenhängenden Wissensbestand zu lehren, der allein Orientierung und damit eine Erfahrung vom Konflikt ermöglicht. Wenn aber ein solcher Wissenszusammenhang das Politische verfehlen muß, weil er allein einer harmonischen Gesellschaft angemessen wäre, so bleibt nur übrig, das politische Leben grundsätzlich kontrovers zu sehen, also als in Konflikten begriffen. Diese Sicht hat sich denn auch immer mehr durchgesetzt. Allerdings gehen die Meinungen über die Inhalte wie über die Partner solcher Konflikte noch erheblich auseinander. Insbesondere fällt es der politischen Bildung schwer, innenpolitische Kontroversen ernst zu nehmen. So findet Martin Friese in den »Bonner Rahmenrichtlinien zur Gemeinschaftskunde« »in sehr erheblichem Maße« »recht präzise gesamtgesellschaftliche Ordnungsvorstellungen ... Das Kapitel 6 der Themenvorschläge ›Der Mensch in Gesellschaft, Wirtschaft und Staat‹ zeichnet sich überhaupt durch einen undifferenzierten Lakonismus aus, der den zwingenden Problemen und Fragestellungen unserer gesellschaftlichen und politischen Verfassung sichtlich aus dem Wege geht« (40, S. 274). Daß der Widerspruch »zwischen der verfassungsmäßig institutionalisierten Idee der Demokratie ... und der tatsächlich praktizierten« (Habermas, 47, S. 33) nicht übersehen werden dürfe, ist auch in einigen pädagogischen Beiträgen betont worden (Messerschmid, 88, S. 30; Kindler, 67, S. 83). Allerdings gehen die Ansichten sofort auseinander bei der Frage, ob sich aus den Verfassungsprinzipien im einzelnen verpflichtende Weisungen für die Praxis des gesellschaftlichen Lebens ableiten lassen oder ob die abweichende Wirklichkeit des politischen Lebens selbst eine Fortentwicklung der Verfassungsbestimmungen darstelle. Abendroth (1) vertritt die These, daß aus der Sozialstaatsklausel Forderungen an die gesellschaftliche Wirklichkeit abgeleitet werden könnten, die noch nicht erfüllt seien. Ähnlich argumentiert Tietgens im Hinblick auf die politische Bildung: »Politischer Bildung kann es ... nicht darum gehen, bestehende formaldemokratische Institutionen zur selbstverständlichen Anerkennung zu bringen, sondern sie muß Eigenschaften und Fähigkeiten wecken und fördern, die den Grundelementen und Tendenzen der Demokratie zur Verwirklichung helfen« (133, S. 220). Das Bundesverfassungsgericht hält im KPD-Urteil die Frage offen: »Die freiheitliche demokratische Ordnung nimmt die bestehenden, historisch gewordenen staatlichen und gesellschaftlichen Verhältnisse und die Denk- und Verhaltensweisen der Menschen zunächst als gegeben hin. Sie sanktioniert sie weder schlechthin, noch lehnt sie sie grundsätzlich und im ganzen ab ... Damit ist eine nie endende Aufgabe gegeben ...« (zitiert bei Schneider, 119, S. 64).

Politisches Wissen als Wissen vom Staat

Ob und inwieweit man den Konfliktcharakter des Politischen ernst nimmt, hängt wesentlich davon ab, welche Bedeutung man dem Staat in diesem Zusammenhang einräumt. Diese Diskussion hat in Deutschland eine lange und komplizierte Geschichte. Wo man in der Nachfolge Hegels und in der Tradition des deutschen politischen Konservativismus den Staat als autonomes sittliches Subjekt begreift, bleibt wenig Raum für Konflikte. Diese sind dann allenfalls im Bereich der Gesellschaft, vor allem im Erwerbsleben zulässig und nützlich, erhalten aber keinen Einlaß in den staatlichen Hoheitsraum. Da aber nach dieser Auffassung Politik im wesentlichen *staatliches* Handeln ist, geraten innerstaatliche Konflikte leicht in den Verdacht des Landesverrats.

Diese politisch-philosophische Tradition ist nach dem Kriege noch einmal von Theodor Litt aufgegriffen und modifiziert worden. Gegen Oetinger hatte er auf dem prinzipiellen Unterschied zwischen dem Politischen und dem Sozialen bestanden und das Politische mit dem Staat identifiziert (81, S. 69ff.). Der Staat, so meinte er, ermögliche erst die Ordnung im sozialen Bereich, sei also nicht damit gleichzusetzen. In der Demokratie werde der Staat durch konkurrierende Ordnungsvorstellungen geschaffen, von denen sich jeweils eine durchsetze. Trotzdem komme ihm substantieller Charakter zu, der ihn aus dem Bereich der bloßen Mittel erhebe. Damit hatte Litt der überlieferten konservativen deutschen Staatsphilosophie insofern eine neue Nuance verschafft, als er sie für die demokratischen Prinzipien öffnete. Ebenso wie er sah auch Erich Weniger den Staat vor allem als Wahrer der Rechts- und Friedensordnung.

Nicht zufällig kam die Kritik an diesen Auffassungen vor allem von sozialwissenschaftlicher Seite. »Was damit nicht in den Blick kommt, ist die Institutionalisierung von Herrschaftsverhältnissen, die in letzter Instanz schwerlich aus einer isolierten Betrachtung der staatlichen Machtausübung, sondern nur aus deren Verflechtung mit objektiven Tendenzen der gesellschaftlichen Entwicklung im ganzen verstanden werden kann« (Habermas, 47, S. 245f.). Sontheimer hat darauf verwiesen, »daß der Staat der pluralistischen Demokratie nicht selbst der pluralistischen Struktur enthoben ist, daß die Parteien, die ihn tragen, und die Regierung, die die Führung innehat, sich selbst aus jener pluralistischen Gesellschaft rekrutieren und ein Teil von ihr sind. Sie können und müssen zwar den Versuch machen, das Ganze zu denken, aber sie denken es wiederum fast nur in der überwiegend fragmentarischen Weise wie die anderen Staatsbürger auch« (124, S. 76).

In diesen Stellungnahmen ist die Trennung von Staat und Gesellschaft, die charakteristisch für alle konservative Staatsphilosophie seit Hegel war, aufgehoben. Das Politische erstreckt sich nun durch alle Bereiche gesellschaftlicher Kommunikationen. Die »fortschreitende Politisierung der Gesellschaft« (Habermas, 47, S. 33) wird zum Gegenstand der politischen Bildung. Damit wird aber das objektive Problem einer politischen Lehre nur noch komplizierter. Um wieviel einfacher wäre die Konstruktion einer solchen Lehre, wenn sich das Politische und das Soziale säuberlich voneinander trennen und diese Trennung zur ersten politischen Einsicht sich erheben ließe! Einer der wenigen Didaktiker, die daraus die Konsequenzen gezogen haben, ist Joachim Rohlfes. Er schreibt: »Man kann die zu bildenden Schwerpunkte nicht in Form von Grundthesen bestimmen, sondern nur als offene Fragen, Alternativen, Probleme, Aporien, Perspektiven. Das bedeutet eine Umkehrung des herkömmlichen Unterrichtsweges: Der Ausgang wird statt bei den Tatsachen bei den Problemen genommen« (110, S. 166).

Erste Folgerungen

Der Widerspruch zwischen einer zusammenhängenden Lehre und der Unsystematik des Politischen selbst ist aber damit immer noch nicht gelöst, sondern höchstens präzisiert. Greifen wir noch einmal auf unser Beispiel zurück! Wir haben gesehen, daß die vermittelte Information über einen politischen Konflikt auf ein immer schon vorhandenes Verständnis vom politischen Gesamtzusammenhang trifft. Aber, so können wir jetzt hinzufügen, in dem Maße, wie die Massenkommunikationsmittel gezwungen sind, einen an sich isolierten Konflikt in einen bestimmten Zusammenhang zu bringen, um ihn verständlich machen zu können, durchdringt dieser neue Informationszusammenhang den im Subjekt bereits vorhandenen und verändert ihn. Die Spiegel-Kontroverse stiftete also notwendigerweise einen neuen Zusammenhang politischen Wissens und Wertens bei den einzelnen Bürgern — von den Fällen abgesehen, wo die neuen Informationen auf eine mit affektiven Vorurteilen besetzte Haltung trafen und sie deshalb nicht verändern konnten.
Für unsere didaktische Problematik könnte dieser Zusammenhang fruchtbar gemacht werden. Wir brauchen offenbar eine didaktische und methodische Konstruktion des Unterrichts, die von der Analyse politischer Konflikte ausgeht und dabei den jeweils notwendigen Kenntnis- und Bewertungszusammenhang erarbeitet, ständig reproduziert, verändert, differenziert und präzisiert. Die schon beschriebene Gefahr eines zwar systematisierten, aber fernab aller politischen Auseinandersetzung gewonnenen Wissens wäre damit umgangen.

Eine ähnliche Folgerung wie Joachim Rohlfes hat Hans Mommsen aus der Schwierigkeit der Kooperation der drei Fächer in der neuen »Gemeinschaftskunde« gezogen: »Es scheint mir denkbar, daß diese Koordinierung durch eine Konzentration des Unterrichts auf das politische Entscheidungshandeln erreicht werden könne ... Diese Konzentration auf das politische Entscheidungshandeln würde ersparen, die vielfältigen Aspekte der political science als jeweils selbständige Unterrichtsabschnitte einzubeziehen und neben Geschichte, Politik (und Geographie) eine Miniatursoziologie, eine Miniaturnationalökonomie und einen fragwürdigen Abriß der Staatstheorie zu geben, womit ein positivistisches Auseinanderfallen des neuen Faches unvermeidlich wäre« (112, S. 91f.).

Das Problem eines Lehrfaches »Politik«

Aus der Offenheit des politischen Gegenstandes folgt, daß ihm keine spezifische Fachdisziplin entspricht, auf die ein politischer Unterricht sich stützen könnte. Welches Schulfach oder welche Fachwissenschaft könnte sich anmaßen, allein für die Behandlung der Spiegel-Affäre zuständig zu sein? Politologen, Anthropologen, Sozialpsychologen, Soziologen und Historiker könnten zwar viele Einzelaspekte klären, aber sie müßten dazu das politische Ereignis gewissermaßen erst in einzelne Bestandteile zerlegen.

Grenzen der »Fächerkombination«

Auch die Kombination mehrerer Wissenschaften kann nicht einfach ein Fach »Politik« begründen. Nicht zuletzt deshalb ist die »Fächerkombination« der neuen Gemeinschaftskunde heftig kritisiert worden. Jürgen von Kempski befürchtet, daß man damit »den Schülern irgendeine Ganzheitsvorstellung als Synthese von Staat, Gesellschaft, Wirtschaft« vermittele. Das aber könne die Schule nicht leisten. »Wenn so etwas versucht wird, so wird, wenn man nicht Dogmen anzubieten hat, nur Schwafel in den Köpfen der Schüler erzeugt werden« (66). Friedrich Minssen hat auf diesen Vorwurf geantwortet. Er meinte, daß man durch gemeinsame Bemühungen von Experten der Gesellschaftswissenschaften und des Gymnasiums durchaus zu einer Übereinstimmung über die Lehrgehalte des neuen Bereiches kommen könne (92, S. 132f.).

Minssens Antwort kann deshalb nicht befriedigen, weil sie ein philosophisches Problem in eine organisatorische Frage verwandelt. Ein Expertengremium könnte sich allenfalls auf einen Kanon des Stoffes einigen, den zu wissen für das politische Handeln ganz nützlich ist. Das aber würde gegenüber dem früheren Zustand gar nichts ändern. Die neue »Gemeinschaftskunde« ist doch nicht zuletzt deshalb eingeführt worden, weil man glaubte, damit den politischen Fragestellungen näherzukommen. Es ist aber gar nicht einzusehen, weshalb ein von solchen Experten zusammengestellter Stoffkanon nicht genauso gut in den alten Fächern unterrichtet werden sollte.

Diese Vermutung wird nur bestätigt, wenn man sich die Stoffvorschläge ansieht, von denen in diesem Zusammenhang die Rede ist. Die Fächerkombination geht von der Voraussetzung aus, daß es »die Fächer übergreifende Fragen gebe, auf die die einzelnen Fächer von ihren Gesichtspunkten her antworten müßten« (Messerschmid, 91, S. 480). Sieht man daraufhin die »Themenvorschläge für die Rahmenrichtlinien« durch, so stellt man fest, daß von den sieben großen Themengruppen sechs auf Inhalte zielen, bei denen innenpolitische Kontroversen so gut wie nicht zu befürchten sind. Es sind ausnahmslos Stoffe, die ein moderner, sozial- und wirtschaftsgeschichtlich orientierter Geschichtsunterricht ohnehin behandeln müßte. Lediglich die sechste Themengruppe, »der Mensch in Gesellschaft, Wirtschaft und Staat«, nennt Probleme, die als politische in dem Sinne bezeichnet werden können, daß sie in der demokratischen Gesellschaft umstritten sind. Aber schon die Überschrift verrät vorsichtige Abstraktion von den konkreten Verhältnissen der gegenwärtigen Gesellschaft, die Unterthemen sind vollends sinnentleert. Sie lauten im einzelnen:

»a) Individuum — Gesellschaft — Staat
b) Rechtsstaat — Verfassungen — Parteien
c) Selbstverwaltung — Föderalismus — Zentralismus
d) Staat — Wirtschaft — Mensch
e) Gruppen und Verbände in der Wirtschaft
f) Dorf — Stadt — Verstädterung — Raumplanung
g) Flüchtlingsprobleme in aller Welt — Zwangsaussiedlungen — Recht auf Heimat
h) Das politische und sittliche Problem der Macht — die Menschenrechte in Geschichte und Gegenwart« (71, S. 40).

Noch unpolitischer wird der Text, wo von der Zielsetzung der politischen Bildung die Rede ist. Da geht es um »die gegenwärtige Welt« in ihrer »historischen Verwurzelung«, ihren »sozialen, wirtschaftlichen und geographischen Bedingungen«, ihren »politischen Ordnungen und Tendenzen« (71, S. 38). Die politische Welt wird so vorgestellt, daß sie eigentlich nur in verstehender Hinnahme zu bewältigen ist. Dem entsprechen die Verhaltensweisen, die dem Schüler angeraten werden. »Er soll die Aufgaben des Bürgers unserer Demokratie nicht nur erkennen, sondern auch fähig und bereit werden, sich im praktischen Gemeinschaftsleben der Schule und später in der gesellschaftlichen, politischen und wirtschaftlichen Welt zu entscheiden und verantwortlich zu handeln« (71, S. 38). In der Tradition der staatsbürgerlichen Erziehung wird ihm einseitig die Demokratie als Aufgabe zugemutet. Er soll nach diesem Text zum Beispiel nicht lernen, seine eigenen Interessen im Ganzen der Gesellschaft wirkungsvoll zu vertreten. Ähnlich restaurativ ist die Aufgabe der Sozialkunde im Zusammenhang der Fächer bestimmt: Sie »führt in die Ordnung des gesellschaftlichen, politischen und wirtschaftlichen Lebens ein. Sie zeigt Kräftegruppen und Spannungsfelder und die Bedingungen der gesellschaftlichen Neuordnungen« (71, S. 39). Nicht nur wird »die Ordnung« als Singular verstanden und damit die Vorstellung einsinniger sozialer und politischer Vergesellschaftungen impliziert, vielmehr sind die gesellschaftlichen Widersprüche

mit »Kräftegruppen« und »Spannungsfelder« reichlich abstrakt avisiert (vgl. Friese, 40, S. 262).
Man könnte einwenden, daß solche Richtlinien nur allgemeinen Charakter haben und deshalb die Ausführung im einzelnen den Unterrichtsbeispielen überlassen bleiben muß. Aber die bisher bekanntgewordenen Beispiele bestätigen nur den Zug zur Entpolitisierung. »Ostkunde«, »die Menschenrechte«, »Mensch und Gesellschaft«, »die Sicherung des Weltfriedens«, »Europa im 19. Jahrhundert« werden genannt (71, S. 19f.). Solche Themen werden schon wegen ihrer Stoffülle unpraktikabel. K. Mielcke hat etwa 20 Unterrichtsstunden für die Behandlung des historischen Materialismus benötigt, wobei er die philosophischen, anthropologischen, soziologischen und geschichtsphilosophischen Aspekte mit bedachte (GWU 1961, S. 743ff.). Aber gerade sein Beispiel demonstriert modernen Geschichtsunterricht, nicht die Kombination mehrerer Fächer.
Das, was als »fächerübergreifende Gehalte« unterrichtet werden soll, ist also gar nicht politischer Natur. So ist es kein Wunder, daß der Versuch, Castros Krisenpolitik zum Anlaß einer Untersuchung lateinamerikanischer Verhältnisse zu nehmen, von Rudolf Klatt als nicht im Sinne der Rahmenvereinbarung abgelehnt wird (71, S. 19). Der politische Sinn der übergreifenden Gehalte läge aber gerade hier; denn angesichts einer solch aktuellen Kontroverse wie der Kubakrise gäbe es wohl gegeneinander nicht austauschbare Fachgesichtspunkte der Sozialkunde, Geographie und Geschichte. *Für das, was man mit der Fächerkombination unterrichten will, braucht man sie nicht; das, wofür sie notwendig wäre, will man nicht unterrichten.* Was übrigbleibt, ist bestenfalls ein sozial- und wirtschaftsgeschichtlich verbesserter Geschichtsunterricht. Aber von der politischen Wirklichkeit und den politischen Gegnerschaften hat die Rahmenvereinbarung weitgehend abstrahiert.

Manfred Teschner findet eine solche Tendenz bei allen von ihm untersuchten Bildungsplänen zur politischen Bildung. »Differenzen und Gegensätze zwischen politischen und sozialen

Gruppen werden in den Bildungsplänen weitgehend verstanden als bloße Unterschiede in der geistigen Deutung gesellschaftlicher Erscheinungen ... Indem abgesehen wird vom objektiven Konflikt der Interessen, erscheint die Möglichkeit eines Kompromisses primär abhängig von der inneren Beschaffenheit der Subjekte, von deren geistiger und sittlicher Haltung ... In den Plänen ist die Tendenz zu beobachten, die Politik aufzuteilen in eine ›höhere‹ Sphäre, die es mit dem größeren Ganzen zu tun hat, und in eine ›niedrige‹, in der es um materielle Interessen geht. Die Neigung, für die politische Bildung an der Schule eine von partikularen Interessen gereinigte Ebene der Politik zu schaffen, resultiert wohl nicht allein aus der bildungshumanistischen Tradition. Vielleicht spielt dabei der Gedanke mit, auf diese Weise am ehesten parteipolitisch neutral bleiben zu können, nicht zum Fürsprecher von Zielen und Interessen besonderer gesellschaftlicher Gruppen zu werden« (128, S. 408f.).

Besonders bedenklich wird die Rahmenvereinbarung dadurch, daß sie sich auf die »sichere Grundlage der auf der Hochschule betriebenen wissenschaftlichen Fächer« (71, S. 39) zu stützen trachtet. Darin aber steckt ein dreifacher Irrtum. Erstens tritt auf dem Transport von der Universität zur Schule eine merkwürdige Veränderung des wissenschaftlichen Materials ein. Gerade diese Veränderungen sind ja ein Ansatzpunkt aller neuen kritischen Didaktik. Ein Schulunterricht wird nicht schon dadurch wissenschaftlich, daß die Lehrer eine wissenschaftliche Ausbildung genossen haben. Zweitens stecken heute alle Geisteswissenschaften in einer mehr oder weniger bewußten methodologischen Krise, wie für unseren Bereich gerade die Arbeiten von Hans Mommsen (96) und Waldemar Besson (13) zeigen. Besson etwa weist an der traditionellen deutschen Geschichtswissenschaft den engen Zusammenhang zwischen historischer Methode, Erkenntnisgegenstand und politischem Engagement nach. Und drittens schließlich stellt sich das Problem der »sicheren wissenschaftlichen Grundlagen« für die Kombination mehrerer Fächer grundsätzlich neu. Entweder ist eine solche Integration politische Praxis — wenn mit ihrem Hintergrund politisch gehandelt wird —, oder sie ist produktive politische Philosophie, wenn sie sich unter Berücksichtigung des Zusammenhangs der Erscheinungen als Urteil engagiert. In beiden Fällen aber können die zugrunde liegenden Fachwissenschaften keine ausreichenden wissenschaftlichen Kriterien mehr abgeben. »Es ist offenbar für die geschichtliche Situation der Gegenwart bezeichnend, daß eine wertmateriale Bestimmung des Wesens der Politik nicht mehr auf allgemeine Zustimmung rechnen kann, wobei nicht nur die Erfahrung des Totalitären, sondern auch die analytischen Methoden der Wissenschaften selbst zu einer Formalisierung des Politikbegriffes geführt hat« (Mommsen, 96, S. 360). Politische Wissenschaft und Geschichtswissenschaft stehen vor der »Schwierigkeit des Synopsisproblems, weil sie einem prinzipiell nicht begrenzten Spielraum von Sach- und Wirkungszusammenhängen zugewandt sind« (S. 366). Wenn also heute eine allgemein anerkannte politische Integrationswissenschaft fehlt, wie immer sie heißen möge, so ist das nicht zufällig und auch nicht — wie Friedrich Minssen meinte — ein mehr oder weniger organisatorisches Problem, sondern es ist in den gesellschaftlichen Bedingungen von Wissenschaft selbst begründet.

Es bleibt also festzuhalten, daß die reine Addition verschiedener Fachgesichtspunkte keineswegs mechanisch ein neues, wissenschaftlich kontrollierbares Fach schafft. Nach welchen Gesichtspunkten und Maßstäben sollen also jene »übergreifenden Gehalte« bestimmt und im Unterricht integriert werden? Ein solcher Akt der Integration könnte sich nicht mehr nur auf wissenschaftliche Begründungen verlassen. Falls die übergreifenden Gehalte wirklich politischer Natur sind, dann würden politische Entscheidungen der Jugendlichen um so stärker vorgeformt, je wissenschaftlicher angesichts des Einsatzes mehrerer Fächer sich der Unterricht augenscheinlich gibt. Der polemische Vergleich von Anneliese Thimme (»Die Welt« vom 14. November 1961) mit dem Integrationsversuch des sowjetzonalen Schulwesens ist gar nicht so abwegig.

Greifen wir, um nicht unser Problem aus dem Auge zu verlieren, noch einmal auf unser Beispiel zurück. Welche Rolle spielten die zuständigen Fachwissenschaften bei der Klärung der Spiegel-Kontroverse? Wir erinnern uns: Ihre Ergebnisse wurden herbeigeholt zur Klärung der zur Debatte stehenden Sachverhalte. Besonders deutlich wurde dies für den juristischen Teil des Problems. Dabei waren die Methoden, das heißt die wissenschaftlichen Fragestellungen, unter denen diese Ergebnisse gewonnen waren, mindestens zunächst uninteressant. Dieselben wissenschaftlichen Ergebnisse führten zu sehr verschiedenen Beurteilungen der politischen Sachverhalte, weil sie sich mit dem politischen Engagement unlösbar verbanden. Wo Wissenschaftler selbst in die Auseinandersetzung eingriffen, verließen sie mehr oder weniger ihren Fachbereich und damit auch die wissenschaftlichen Kontrollen ihrer wissenschaftlichen Fächer. In der Spiegel-Affäre stellten also die Fachwissenschaften für die Urteilsbildung lediglich Ergebnisse zur Verfügung, das heißt Wissen von rational erschlossenen Sachverhalten. Aber diese Sachverhalte determinierten und kontrollierten noch nicht das politische Urteil selbst.

Hier ist nun der Ort, eine wesentliche Unterscheidung vorzunehmen und damit den ersten Ertrag für unsere politische Didaktik einzubringen. Einmal war von der Notwendigkeit eines systematischen politischen Kenntnis- und Bewertungszusammenhangs die Rede. Dazu gehörte auch der Plan der Fächerkombination. Hätte er sich mit der Vermittlung eines systematischen Orientierungswissens begnügt, wäre er schon einleuchtender. Aber auch diesen Anspruch kann er weder dem Umfang noch der inhaltlichen Qualität nach halten, wie die Kritik seiner sozialkundlichen Partien zeigte. Erst sein Anspruch, damit zugleich auch an das Politische selbst heranzukommen, mußte vollends die Kritik auf den Plan rufen.

Bei allen erwachsenen Menschen ist ein solcher Kenntnis- und Bewertungszusammenhang des Politischen immer

schon vorhanden, er kann aber unter dem Anspruch des politischen Unterrichts nicht unbegrenzt beliebig sein. Ein solcher Kenntnis-Zusammenhang kann sich auf der Höhe der wissenschaftlichen Forschung befinden, er kann durch fachwissenschaftliche Kooperation wenigstens annähernd hergestellt werden. Wir wollen diesen Kenntnis-Zusammenhang *»Orientierungswissen«* nennen. Der Begriff meint zweierlei. Einmal wird mit solchem Wissen der durch »Umgang« nicht mehr verfügbare Teil der Umwelt erschlossen. Mit seiner Hilfe verlängert sich die sonst beschränkte Einzelexistenz in den politisch-gesellschaftlichen Raum hinein. Zweitens wird mit seiner Hilfe die eigene politische Standortbestimmung vorgenommen. Die Art und Weise des je zuhandenen Orientierungswissens bestimmt also nicht nur weitgehend die Weltdeutung, sondern auch die Selbstdeutung.
Aber ein solches Orientierungswissen wird von sich aus nicht schon politisch produktiv. Es ist denkbar, daß es im konkreten Konfliktfall gar nicht in der Lage ist, sich auf diesen Konflikt hin zu organisieren. Es ist einer der folgenschwersten Irrtümer der Diskussion nach 1945, daß man annahm, es genüge, die ideologiekritisch diffamierte Politikvorstellung des überlieferten Bildungshumanismus einfach durch eine mehr sozialwissenschaftlich orientierte zu ersetzen. Man übersah dabei, daß auch ein sozialwissenschaftlich orientiertes Bewußtsein an den Kontroversen der Wirklichkeit vorbeidenken kann, weil auch dieses von sich aus nicht unbedingt praktisch wird. Auch ein solches Bewußtsein bleibt viel zu allgemein, als daß es den Sprung zum konkreten Engagement ohne große Hindernisse vollziehen könnte. Es ist offenbar viel leichter, ein »richtiges Bewußtsein« zu haben, als dieses Bewußtsein auch vernünftig und produktiv auf die Wirklichkeit anzuwenden.

Greifen wir auch dafür wieder auf unser Beispiel zurück! Indem der durch die Massenkommunikationsmittel vermittelte Spiegel-Konflikt auf ein Bewußtsein traf, strukturierte sich ein Teil des schon vorhandenen bzw. des mit dem Konflikt zusätzlich vermittelten Orientierungswissens auf diesen Konflikt hin. Damit änderte dieses Wissen aber zugleich auch seine subjektive Qualität, das heißt seine Bedeutsamkeit sowie Grad und Art seiner emotionalen Besetzung. Bestimmte Kenntnisse wurden gleichsam überbelichtet, weil sie gebraucht wurden, andere traten zurück. Die Bestimmungen der Landesverratsparagraphen etwa, die lange Zeit fast unbekannt waren oder mindestens politisch bedeutungslos erschienen, traten nun aus dem Dunkel hervor und wurden zugleich derart stark emotional besetzt, daß sie eine Bedeutung erhielten, die möglicherweise im Rahmen des Orientierungswissens objektiv übertrieben war.

Wir wollen diese Art des Wissens im Unterschied zum Orientierungswissen *»Aktionswissen«* nennen. Es muß sich inhaltlich im einzelnen gar nicht vom Orientierungswissen unterscheiden. Es unterscheidet sich vielmehr dadurch, daß es erstens angesichts eines Konfliktes politisches Wissen und zur Entscheidung drängenden Willen integriert; zweitens wählt es dasjenige Wissen aus dem Bestand des Orientierungswissens aus, das der Klärung der Entscheidungssituation und schließlich der Begründung für die eigene Entscheidung dient; drittens schließlich wird das so gewonnene Aktionswissen dem Bestand des Orientierungswissens zugeschlagen, wodurch letzteres einen inhaltlichen Zuwachs wie auch einen neuen Bedeutungszusammenhang bekommt, was dann angesichts eines neuen politischen Konfliktes wiederum neu zu einem Aktionswissen strukturiert wird.

Dieser Zusammenhang hat nun Rückwirkungen auf die Auswahl des Orientierungswissens. Wenn es der Sinn des Orientierungswissens ist, von Fall zu Fall auf die Lösung politischer Konflikte in einer politischen Gesellschaft bezogen zu werden, dann spielen gerade historische Kenntnisse, die in der Rahmenvereinbarung so sehr im Vordergrund gestanden haben, eine untergeordnete Rolle. Welche zusammenhängenden Kenntnisse über die *gegenwärtige* politische, soziale und wirtschaftliche Welt müssen vermittelt werden, damit die wirklich ernsten politischen Konflikte verstanden werden und von den Staatsbürgern vernünftig mitentschieden werden können? So etwa stellt sich die Frage nach der Auswahl des Orientierungswissens.

»Politische Bildung« und »Allgemeinbildung«

Bildungswissen — Orientierungswissen — Aktionswissen

Orientierungs- und Aktionswissen sind aber nicht die einzigen geistigen Potentiale, die zur Beurteilung eines politischen Konfliktes zur Verfügung stehen. Vielmehr werden weit mehr seelische und geistige Kräfte mobilisiert. Das gilt vor allem für die Werthaltungen, an deren Maßstab schließlich das politische Verhalten der Kritisierten wie das eigene gemessen werden. In diese Bewertungsmaßstäbe ist der gesamte Erziehungs- und Bildungsprozeß eingegangen. Die religiöse Bildung und Erziehung etwa wird angesichts eines politischen Konfliktes ja nicht einfach abgelegt, sie geht vielmehr nachdrücklich in das je konkrete politische Urteil ein. Außerdem haben wir schon bei der kurzen Skizzierung der Spiegel-Affäre gesehen, daß die Mitteilung über einen Konflikt von den Menschen nur verstanden werden kann, wenn sie über einige allgemeine geistige Fähigkeiten verfügen. Wir nannten die sprachlichen Fähigkeiten, die ja mit den Denkfähigkeiten korrespondieren, sowie politische Vorstellungskraft und politische Phantasie. All das kann nur zum Teil im Orientierungswissen fundiert sein. Es verweist vielmehr darüber hinaus noch auf eine andere Ebene der jeweiligen Selbst- und Weltdeutung, die wir hier *»Bildungswissen«* nennen wollen. In unserem Zusammenhang ist für dieses Wissen zweierlei charakteristisch.

1. Als es gelernt wurde, spielte die Absicht, damit zu einem politischen Konflikt Stellung zu nehmen, noch keine Rolle.

Es ist in diesem Sinne politisch zweckloses Wissen. Damit ist aber das Problem des Zusammenhangs von allgemeiner Menschenbildung und politischer Bildung gestellt. Es geht um »die Erkenntnis, daß der politisch Gebildete mehr sein muß als nur politisch gebildet, daß er gebildet schlechthin sein muß. Politik ist jene Tätigkeit, die Menschen sinnvoll ordnet. Solches sinnvolles Ordnen wird aber in menschenwürdiger Weise nur möglich sein, wenn man weiß, was zum Menschenwesen und zu seiner Bedürftigkeit gehört. Politische Bildung ist aus diesem Grunde formulierbar und erfüllbar nur im Zusammenhang der Bildung überhaupt« (Messerschmid, 88, S. 18).

2. Obwohl also das Bildungswissen ursprünglich kein politisches Wissen ist, werden trotzdem seine jeweils benötigten Teile als Aktionswissen in Anspruch genommen. Dieser Vorgang ist ähnlich zu sehen wie beim Orientierungswissen. Auch hier strukturiert sich der Kenntnis- und Bedeutungszusammenhang des Wissens um, wenn es zur politischen Aktualisierung aufgefordert wird. Es ist also keineswegs gleichgültig, welcher Art dieses Bildungswissen ist, denn es enthält auch dort bereits politische Urteile, wo von Politik gar nicht ausdrücklich die Rede ist.

Nun liegt eine große Schwierigkeit darin, daß offenbar ein tiefer Widerspruch zwischen dem überlieferten Bildungsdenken und den Anforderungen der politischen Bildung besteht. Der Staatsrechtler Werner Weber repräsentiert dabei eine Meinung, die die Aufgaben der politischen Bildung in einer guten allgemeinen Bildung für hinreichend erfüllt sieht. Der junge Mensch finde seinen »Zugang zum Staat« nur »dadurch, daß er zur wachen und fundierten Teilhabe an der kulturellen Existenz seiner Zeit im ganzen geführt wird« (138, S. 169). Friedrich Oetinger dagegen hält diesen Widerspruch für so gravierend, daß er dafür plädiert, den Begriff der Bildung in diesem Zusammenhang überhaupt zu vermeiden. Er warnt vor der Gefahr, »daß die Forderung, die politische Erziehung der Gegenwart solle in der Weise der Bildung stattfinden, der Restaurierung alter, durch die Verwandlung der Welt überholter Vorstellungen Vorschub leisten kann« (104, S. 18). Andere Autoren haben einen Kompromiß versucht, der einerseits die überlieferte Bildung retten, sie andererseits aber zur Gegenwart hin öffnen sollte. Diese Position kennzeichnet vor allem die Arbeiten von Felix Messerschmid.

Politische Bildung als »Unterrichtsprinzip«

Eine der interessantesten Lösungen war, politische Bildung nicht nur als Fach, sondern auch als »Unterrichtsprinzip« zu verstehen. In dieser Vorstellung behielten die überlieferten Bildungsfächer grundsätzlich ihre Eigenständigkeit, sollten aber gleichzeitig auf die politischen Gehalte ihrer Stoffe hin befragt werden. Im Unterricht sollten keine »lehrstofffremden Gesichtspunkte in die einzelnen Fächer hineingetragen werden ... Es sollen nur dort politische Bezüge aufgedeckt werden, wo sie immanent als wesenhafte Bestandteile eines jeweiligen Lehrgutes vorhanden sind und ihre Aufweisung zur vollgültigen Explikation und Interpretation des Stoffes gehört« (Kindler, 67, S. 83). Felix Messerschmid hat es noch grundsätzlicher formuliert: Das Unterrichtsprinzip soll die »Bedeutung« darstellen, »die jedes Sachgebiet für Staat und Gesellschaft hat« (89, S. 121). Zugleich betont er ausdrücklich die Autonomie der Fächer: »Unsere politische Ordnung kann geradezu dadurch definiert werden, daß mit ihr eine Daseinsordnung verteidigt wird, in der die Politik dienende, instrumentale Funktion hat ... Die Politik ... hat also keinen autonomen Charakter« (88, S. 14).
Zweifellos hat der Gedanke des Unterrichtsprinzips unserem Problem eine bedeutsame Teilerkenntnis verschafft, weil er im Unterschied zu früheren Überlegungen von einem dialektisch verstandenen Zusammenhang von Bildung und Politik ausging. Aber auch hier bestand die Schwierigkeit wie bei der vorhin kritisierten Rahmenvereinbarung vor allem darin, daß es nicht gelang, den poli-

tischen Charakter der einzelnen Bildungsstoffe näher zu bestimmen. In der Praxis des politischen Unterrichts erwies sich das traditionelle Bildungsverständnis als stärker und begann die Lehrgehalte der politischen Bildung immer nachdrücklicher zu bestimmen. Zwar wird nirgends mehr grundsätzlich bestritten, daß nur der gebildet sein kann, der auch politisch gebildet ist, aber damit ist der Zusammenhang von Bildung und politischer Bildung nur postuliert. Die Suche nach dem Bildungswert des Politischen, die in den »übergreifenden Gehalten« der »Rahmenvereinbarung« ihren vorläufig letzten Höhepunkt erreichte, hat wieder einmal den Blick dafür verstellt, daß die politische Wirklichkeit keinen anderen Bildungswert haben kann als den, als konkrete Aufgabe verstanden zu werden. Obwohl für das »Unterrichtsprinzip« wie für die »Fächerkombination« das gleiche Dilemma gilt, daß nämlich die Pädagogik auf der Suche nach dem Politischen gleich erfolglos geblieben ist, muß man sagen, daß die »Fächerkombination« im Vergleich zu der Diskussion um »Fach« oder »Unterrichtsprinzip« — wie sie in das Gutachten des Deutschen Ausschusses für das Erziehungs- und Bildungswesen von 1955 eingegangen ist — einen klaren Rückschritt bedeutet. Damals war man sich der tatsächlichen Probleme viel stärker bewußt und glaubte noch nicht, schwierige philosophische Probleme durch organisatorische Maßnahmen lösen zu können.

Die Bedeutung der politischen Aktualität

Die Frage, ob die politische Bildung von der traditionellen Allgemeinbildung aufgesogen und neutralisiert wird, wie es Oetinger befürchtet hatte, entscheidet sich nicht zuletzt dadurch, welche Bedeutung der politischen Aktualität beigemessen wird. Denn wie immer man die Aktualität didaktisch oder methodisch einordnen mag, sicher ist, daß sich das Politische als das noch nicht Entschiedene in der kontroversen Aktualität am sichtbarsten zeigt. Die Aktualität repräsentiert in ihrer ganzen Banalität das, was dem politischen Urteil und Handeln aufgegeben ist, sie ist der einzig »reale Gegenstand« politischen Denkens. So ist sie auch gegenüber dem »Eigentlichen« der politischen Bildung nichts Zufälliges, bloß Methodisches, das beliebig ausgetauscht werden könnte — etwa im Sinne des bloß methodisch verstandenen »Einstiegs«. Wenn etwa die Spiegel-Kontroverse beurteilt werden soll, dann steht nicht irgendeine Abstraktion wie »Staatsschutz und Pressefreiheit« zur Debatte, sondern eben jenes aktuelle einmalige politische Ereignis, das so oder so zum Engagement zwingt. Zweifellos ist es wichtig, sich den Konflikt zu vergegenwärtigen, der in der Abstraktion »Staatsschutz und Pressefreiheit« angedeutet ist. Aber dies bleibt Mittel der Aufklärung und ist nicht letztes Ziel. Ziel bleibt die Entscheidung der aktuellen politischen Kontroverse.

Gegen eine solche Sicht der politischen Aktualität sind im wesentlichen zwei Argumente vorgebracht worden, die allerdings eng miteinander zusammenhängen. Messerschmid wehrt sich dagegen mit einem aus dem Bildungsverständnis der höheren Schule stammenden Argument: »Was schon im nächsten Jahr vergessen sein wird, hat keinen Raum in der Schule. Politische Bildung zielt auf die allgemeinen Klärungen, regt politische Besinnung an und bereitet auf diese Weise die Grundentscheidungen des einzelnen vor, fixiert sie aber im einzelnen nicht vorweg« (88, S. 14).

Das in dieser Begründung enthaltene Bild eines Jugendlichen, der in einem von der Ernstsituation weitgehend freien Raum heranreift und dessen Entscheidungen die Erziehung nur vorbereitet, um seiner Freiheit keine Gewalt anzutun, ist nicht mehr zu halten in einer Zeit, in der das Fernsehen in alle Wohnstuben strahlt. Die sogenannten »Grundentscheidungen« werden in dem Augenblick »fixiert«, wo sie zur Frage stehen. Wenn sich die Schule nicht darum kümmert, dann überläßt sie diese Entscheidungen den pädagogisch nicht kontrollierten Mächten, nämlich den gesellschaftlichen oder familiären Einflüssen.

Außerdem bleibt unklar, was eine »politische Grundentscheidung« denn wohl heißen könnte. Gemeint sein kann doch allenfalls die Entscheidung für oder gegen das eigene Staatswesen oder für oder gegen eine bestimmte gesellschaftliche Gruppe. Wie aber kann man auf eine solche Entscheidung anders vorbereiten, als dadurch, daß man je konkrete Aktionen und Situationen beurteilen lernt? Wird hier nicht doch wieder die politische Wirklichkeit nach »Bildungsgehalten« abgesucht, anstatt daß umgekehrt das Potential der Bildung für die humane Lösung politischer Auseinandersetzungen eingesetzt wird?
Das zweite Argument gegen die politische Aktualität hat der Deutsche Ausschuß für das Erziehungs- und Bildungswesen formuliert: »In der Schule, die auf politische Mitverantwortung vorbereiten soll, hat Propaganda keinen Platz. Der Plan und Gang politischer Bildung darf auch nicht vom Lauf des aktuellen Geschehens abhängig sein. Die Schüler stehen noch nicht im Ernst der politischen Kämpfe, Risiken und Entscheidungen. Die politische Bildungsarbeit der Schulen braucht deshalb Distanz von den Tagesereignissen« (5, S. 42f.).
Die Befürchtung, daß aktuelles politisches Engagement in Widerspruch zu einem Schulwesen geraten könne, das ja doch der ganzen Gesellschaft verpflichtet ist, ist sicher begründet. Aber sie ist nicht zu vermeiden, wenn überhaupt Politik Gegenstand des Schulunterrichts sein soll. Die Frage kann nur sein, wieweit sich diese Gefahr der Propaganda in der didaktischen Reflexion kalkulieren läßt.

Dem weiteren Argument, der Schüler stehe selbst noch nicht »im Ernst der politischen Kämpfe, Risiken und Entscheidungen«, liegt dieselbe anthropologische Fehleinschätzung zugrunde, die wir eben schon bei Messerschmid gefunden haben. Richtig ist sicher, daß der Jugendliche selbst keine politischen Entscheidungen treffen kann, weil er noch nicht mündig und noch nicht wahlberechtigt ist. In diesem Sinne bleibt das, was er etwa in Sachen Spiegel-Affäre für richtig hält, politisch folgenlos. Das muß aber nicht heißen, daß er deshalb im politischen Unterricht nicht üben dürfe, politische Entscheidungen angesichts konkreter Kontroversen zu fällen. Dieses Üben erhält aus der Tatsache seinen Sinn, daß der Jugendliche sehr wohl schon selbst in politische Auseinandersetzungen einbezogen ist. Er ist ja nicht nur Jugendlicher, sondern vor allem Mitglied einer Familie einer bestimmten sozialen Schicht; sein Vater übt einen bestimmten Beruf aus und gehört somit einer bestimmten Berufsgruppe an; und indem politische Entscheidungen immer auch das Leben eben dieser Familie betreffen können und tatsächlich in den meisten Fällen auch direkt und indirekt betreffen, ist auch der Jugendliche davon betroffen. Ein Lehrling, der heute bereits mit 14 Jahren die Schule verläßt, gerät damit schon — ob er will oder nicht — in eine politische Kontroverse. Ein Gymnasiast, der das Schulziel nicht erreicht und damit die Hoffnung auf eine bestimmte berufliche und gesellschaftliche Position begraben muß, ist dadurch schon Leidtragender einer politischen Situation. Im übrigen sind die tatsächlichen Mitwirkungsmöglichkeiten der Jugendlichen in den meisten Fällen nicht geringer als die der erwachsenen Eltern auch — wenn wir einmal von der politischen Wahl absehen.

Eine ganz andere, nämlich positive Einstellung zur politischen Aktualität vertritt Arnold Bergstraesser. Er fordert als Ziel des politischen Unterrichts geradezu die selbständige Beurteilung aktueller Probleme. Deren Behandlung sei für den Lehrer »die größte Anforderung, die an sein eigenes Wissen und Können überhaupt zu stellen ist« (9, S. 81). Dies sei deshalb so schwierig, weil politische Aktualitäten in einem »Netz von Vorstellungen und Begriffen« interpretiert werden müßten. Mit diesem Hinweis gibt Bergstraesser bereits die Richtung an, wie politische Aktualitäten didaktisch verarbeitet werden müssen. Auf diesen Ansatz werden wir noch zurückkommen müssen.

Weil die politische Aktualität bei den Jugendlichen meist großes Interesse findet, wollen ihr manche Autoren gerne die methodische Position des Einstiegs einräumen. Sofern die Aktualität aber zum bloß Methodischen herabsinkt, dem nichts Eigenwertiges anhaftet und von dem man gleich zum »Eigentlichen« oder zum »Bildungsgehalt« fortschreitet, wie das solche Unterrichtsbeispiele vielfach demonstrieren, geht der politische Ansatz doch wieder sofort verloren.

Als Beleg dafür können die Unterrichtsbeispiele bei Fischer/Herrmann/Mahrenholz (34, S. 122ff.) dienen. — Charakteristisch für diese Haltung ist auch der Gedankengang bei Heinrich Newe (103, S. 291). Bei der unterrichtlichen Behandlung der in der Gemeinschaftskunde vorgesehenen Themen solle man, so fordert er, daran denken, »Spannungen, Entgegensetzungen und Widersprüche fruchtbar zu machen. Dabei sollte die Wirklichkeit so erfahren werden, daß sie zu Entscheidungen einlädt und zwingt«. Die daran anschließenden Beispiele zeigen nun aber, daß für Newe der Inhalt der geforderten Entscheidung nicht zweifelhaft ist, daß es ihm letztlich gar nicht um Entscheidung, sondern um Zustimmung geht — wobei einige seiner Beispiele überhaupt nur der Wissenserfragung dienen. »Warum ist es notwendig, sich mit der NS-Zeit auseinanderzusetzen?« — dies ist keine politische Frage, weil es darauf eine Fülle nichtpolitischer Antworten gibt. Erst wenn man z. B. fragt: »Welche Erfahrungen der NS-Zeit sind in die Diskussion der Spiegel-Affäre (der Telephon-Affäre, der Berliner Mauer usw.) eingegangen?« — stellt man eine politische Frage an die NS-Vergangenheit.

An der Einstellung zur politischen Aktualität entscheidet sich also, ob alles politische Wissen, über das man verfügt, im politischen Ernstfall auch wirklich zur Verfügung steht und am konkreten gesellschaftlichen Ort auch tatsächlich praktiziert werden kann. Gerade dies aber muß im politischen Unterricht gelernt werden und ergibt sich keineswegs von selbst. Alle politischen, geschichtlichen und soziologischen Kenntnisse nutzen dem politischen Gemeinwesen nicht und bleiben bloß formal, wenn sie sich nicht an einer Kontroverse wie der Spiegel-Affäre konkret, vernünftig und produktiv realisieren können. Auf diesen wichtigen Unterschied hat in ähnlichen Zusammenhängen Karl Mannheim schon angesichts des faschistischen Aufmarsches in Deutschland hingewiesen: »Gelingt es nicht, für eine Wissensintegration geeignete Methoden zu schaffen, gelingt es nicht, einen Gelehrtentyp zu produzieren, der schnell zu denken und doch wesentlich zu sein imstande ist, der einen Blick für Details hat und doch nicht an ihnen haften bleibt, so kann es geschehen, daß das menschliche Wissen über den Menschen hinauswächst, daß Wißbarkeit zwar potentiell vorhanden ist, daß sie aber nicht in einer konkreten Situation zur Lösung der konkreten Schwierigkeiten des Lebens zur Verfügung steht« (83, S. 53). Diese Sätze galten im Jahre 1932 ausdrücklich der Kritik des überlieferten Bildungsdenkens, und sie haben, wie unsere bisherigen Analysen zeigen, nichts an Aktualität eingebüßt.

Die pädagogisch hergestellte Aktualität

Bis jetzt sind wir davon ausgegangen, daß Aktualität gleichsam von außen durch die Vermittlung der Massenkommunikationsmittel hergestellt wird. Schon unsere kurze Skizzierung der Spiegel-Affäre zu Beginn dieses Buches zeigte, daß ohne die Massenmedien heute offenbar politische Beteiligung gar nicht mehr stattfinden kann. Damit liegt aber die Auswahl dessen, was aktualisiert wird, und die Entscheidung darüber, wie es aktualisiert wird, in den Händen derer, die die Massenkommunikationsmittel beherrschen. Das Bewußtsein von dieser Abhängigkeit hat nicht nur zu einer hohen Empfindlichkeit gegen alle politischen Einflußnahmen auf diese Medien geführt, sondern auch zu einem grundsätzlichen Mißtrauen gegenüber ihrer Vermittlung. Damit stehen wir vor der paradoxen Situation, dem einzigen Organ, das uns politische Beteiligung ermöglicht, immer zugleich mit kritischer Distanz begegnen zu müssen. Welche Kraft des Menschen aber wäre dazu in der Lage? Offenbar muß das politische Bewußtsein der Menschen auch von sich aus in der Lage sein, Sachverhalte zu aktualisieren, also pro-

blematisch zu machen. Dies geschieht auch immer im politischen Unterricht, obwohl es nicht immer bewußt geschieht. Im Grunde aktualisiert jeder politische Unterricht politische Sachverhalte, wenn er sie in den »Fragehorizont« der Jugendlichen bringt.
Weil die politische Pädagogik selbst Politik aktualisieren kann und muß, ist sie immer mehr als nur eine bloße Reaktion auf das von den Massenkommunikationsmitteln Vermittelte. Damit entstehen aber auch Gefahren der pädagogischen Selbsttäuschung; im Vergleich zu den tatsächlichen politischen Konflikten können nämlich die pädagogischen Aktualisierungen belanglos bleiben und in ihrer Summe schließlich die politische Welt so sehr mit Bedeutungslosigkeit ausstatten, daß der Blick auf den Ernst der politischen Wirklichkeit verstellt wird. Die pädagogische Aktualisierung ist also nur dann zu vertreten, wenn sie in einen richtigen Zusammenhang mit den tatsächlichen politischen Konflikten gebracht werden kann. Auch dies ist eine wichtige Aufgabe didaktischer Reflexion.

So ist die stereotype Frage unserer Sozialkundelehrbücher, was alles organisiert werden müsse, damit aus der Wasserleitung Wasser fließt, eine sinnlose Aktualisierung, die allenfalls auf technisches Interesse treffen kann. Sie korrespondiert nämlich mit keinem politisch-problematischen Zusammenhang. Der kann sich erst dann einstellen, wenn z. B. das Trinkwasser nicht mehr medizinisch einwandfrei oder überhaupt die Trinkwasserversorgung gefährdet ist. Dann erst wird auch der technische Zusammenhang politisch interessant, insofern er mit der Ursache oder der Lösung des Dilemmas zusammenhängt.

Folgerung: Der dialektische Zusammenhang von »Bildung« und »Aktionswissen«

Der Ertrag dieses Kapitels läßt sich folgendermaßen zusammenfassen: Es besteht in der Tat ein tiefer Widerspruch zwischen den Forderungen der politischen Bildung und der Überlieferung der allgemeinen Bildung. Dieser Widerspruch ist nicht leicht auflösbar, sondern muß in eine politische Didaktik mit übernommen werden. Er spiegelt die objektiven Widersprüche kultureller Bereiche wider, die nicht mehr einsinnig auf einen Nenner zu bringen sind. Einzig für bestimmte Altersstufen mag die Illusion von der Eindeutigkeit der politischen und kulturellen Welt nur daher mit gutem Gewissen aufrecht erhalten werden, weil sie zu gegebener Zeit korrigiert werden wird. Einerseits wäre es verhängnisvoll, die ursprüngliche Intention der Bildung vorschnell über Bord zu werfen, bevor noch ihre Bedeutung für die Gegenwart recht überdacht wurde. Die Idee des Individuums, das nicht Mittel sein darf, ist in ihr ebenso beheimatet wie die Vorstellung einer kulturellen Existenz vor jeder Vergesellschaftung, die Forderung nach einem geistigen Dasein, das nicht immer gleich schon auf gesellschaftliche oder ökonomische Funktionen beschränkt wird. Zu fordern wäre, »daß nicht nur die Verabsolutierung von Kultur gebrochen wird, sondern auch, daß ihre Auffassung als die eines Unselbständigen, als bloßer Funktion von Praxis und bloßer Anweisung auf sie, nicht hypostasiert werde, nicht zur undialektischen These gerinne« (Adorno, 2, S. 42).

Würde man eine allgemeine Bildung lediglich von den politischen Problemen der Gegenwart her konzipieren, so müßte jegliche »substantielle Rationalität« auf Kosten der »funktionellen Rationalität« untergehen. »Die zunehmende Industrialisierung begünstigt ... die funktionelle Rationalität, das heißt die Durchorganisierung der Handlungen auf bestimmte objektive Ziele hin. Sie fördert keineswegs im gleichen Maße die substantielle Rationalität, das heißt die Fähigkeit, in einer gegebenen Situation aufgrund eigener Einsicht in die Zusammenhänge vernünftig zu handeln.« Man muß sehen, »daß es geradezu zum Wesen der funktionellen Rationalisierung gehört, dem Durchschnittsmenschen Denken, Einsicht und Verantwortung abzunehmen und diese Fähigkeit denjenigen Personen zu übertragen, die den Rationalisierungsvorgang leiten« (Mannheim, 86, S. 68f.). Der totale Verzicht auf Distanz von den unmittelbaren Problemen der Gegenwart würde bedeuten, daß die Maßstäbe des Handelns aus der bloßen Zweck-Mittel-Relation nicht herauskämen und daß die Menschen, ihre Hoffnungen, Wünsche und Meinungen wechselnd zu Zwecken und Mitteln, gleichermaßen wertfrei ins bloße Erfolgskalkül aufgenommen würden.

Andererseits kann sich die Schule offensichtlich der politischen Wirklichkeit nur in dem Maße öffnen, wie sie die Grenzen des überlieferten Bildungsbegriffes überschreitet. Politische Bildung »erfordert die Abkehr von jeglicher Art Behütungspädagogik, die die psychologische Notwendigkeit des Schonraums Schule in die Lehrinhalte überträgt« (Tietgens, 131, S. 307). Worauf es ankommt, ist, »die jungen Menschen in den oberen Klassen ins Vertrauen zu ziehen und ihnen zu sagen, daß wir alle in dieser Welt leben und dies die Welt ist, die uns auferlegt ist. Wenn der Lehrer sich keinen Illusionen hingibt, dann wird auch der Heranwachsende das allergrößte Vertrauen fassen, weil er sieht, daß er in eine Realität eingeführt wird ... Alles andere kann nur falsches Pathos sein« (Landshut, 76, S. 315).

Wir glauben, daß unsere Unterscheidung zwischen Orientierungswissen, Aktionswissen und Bildungswissen eine Möglichkeit ist, diesen Widerspruch produktiv aufzugreifen. Es geht also erstens darum, Bildungswissen zu vermitteln, das unabhängig von politischen Zwecken gewonnen wurde; insofern es nicht als ein dogmatisch verhärteter Bedeutungszusammenhang gelernt wird, sondern als ein solcher, der offen für neue Erfahrungen bleibt, wird es sich auch am ehesten für politische Konflikte öffnen. Zweitens geht es um ein Orientierungswissen, das gleichsam den politischen Umgang des Individuums verlängert. Ob man diesem Wissen ähnlich wie dem Bildungswissen die Qualität eines objektiven Kulturgehaltes zukommen lassen will, ist eine Frage des Werturteils. Sie hängt im wesentlichen davon ab, ob man Politik als eigenständigen kulturellen Bereich auffassen will oder lediglich als Instrument für die immer erneute Herstellung von Ordnung angesichts immer neuer Konflikte. Manches spräche für die letzte Version. Sie würde eine wenigstens denktechnische Trennung von Werten und ihrer jeweiligen politischen Realisierung zulassen.

Was wir im allgemeinen Sprachgebrauch als »politische Werte« bezeichnen, sind in Wahrheit gar keine Werte, so wie es religiöse, künstlerische und sittliche Werte gibt. Es handelt sich hier vielmehr um Werte, deren *politische Verwirklichung* die Geschichte auf die Tagesordnung gesetzt hat. Das ist ein ganz gewichtiger Unterschied. »Freiheit« und »Menschenwürde« etwa entstammen ja nicht einer Art »Seinsbereich Politik«, sondern der historischen Erfahrung und Reflexion der Menschen im weitesten Sinne. Politisch bedeutsam sind sie in dem Sinne geworden, daß sie vom Privileg für wenige zum Anspruch für alle wurden und daß dieser Anspruch nur mittels der Politik durchgesetzt werden konnte. »Parteiendemokratie« ist also nicht selbst ein Wert, sondern ein (nach Lage der Dinge nicht austauschbares) Mittel, bestimmte Werte für alle möglichst realisierbar zu machen und zu halten. Deshalb gehören die Werte in den Bereich des Bildungswissens.

Drittens geht es darum, Aktionswissen zu lernen, das heißt zu üben, Bildungswissen und Orientierungswissen produktiv in Beziehung zu einem konkreten politischen Ereignis zu setzen. Wie man diese drei Wissensebenen didaktisch überzeugend kombinieren kann, wird uns noch beschäftigen müssen.

Hemmnisse politischen Lernens

Bis jetzt haben wir die Grundvoraussetzungen einer politischen Lehre von der objektiven Seite, also von der Seite der Sache her, verfolgt. Dabei wurde zwar der subjektiven Seite des Problems immer schon Rechnung getragen, allerdings um den Preis einer undiskutierten Voraussetzung, die es nun zu befragen gilt. Unsere Voraussetzung war, daß der Wille, angesichts eines politischen Konfliktes Aktionswissen zu mobilisieren, tatsächlich vorhanden sei. Das ist keineswegs selbstverständlich, im Gegenteil, viele Untersuchungen und pädagogische Erfahrungen sprechen eher gegen diese Annahme. Gerade die Didaktik kann nun am wenigsten unbeachtet lassen, ob ihre Lehrgehalte auch tatsächlich verbreitet werden können. Nur was verbreitet werden kann, kann sinnvollerweise unter die Lehrgehalte aufgenommen werden. Wenn sich nun zeigen sollte, daß das politische Interesse der Jugendlichen verhältnismäßig gering ist, so heißt das in der Sprache der Didaktik, daß es schwer fällt, politischem Wissen Bedeutsamkeit zu verleihen. Diesem Problem muß eine Didaktik nachgehen.

Falsche Lehrinhalte

Es könnte sein, daß unsere Schulen ungewollt ihren Beitrag zum politischen Desinteresse leisten. Vielleicht sind die Jugendlichen sehr wohl an politischen Ernstfällen interessiert, aber nicht an dem, was die Schule in ihrem politischen Unterricht anbietet? Vielleicht ist das, was die Schulen lehren, so weit von der politischen Wirklichkeit entfernt, daß das Politische gar nicht als bedeutsam erscheinen kann? Dies hat man gerade der höheren Schulbildung mit Vehemenz vorgeworfen (Oetinger, 104, S. 20ff.; Tietgens, 131, S. 298ff.; Habermas, 47, S. 275ff.).

Erst in jüngster Zeit hat man unter diesem Gesichtspunkt auch die Konzeption der »volkstümlichen Bildung« untersucht (Kudritzki, 75). Diese Konzeption, die in den letzten zehn Jahren immer stärker zum Bildungsprinzip der Volksschule wurde, kann, wie Kudritzki nachwies, in der Tat die entscheidenden Dimensionen des Politischen nicht mehr treffen, sie wirkt im Gegenteil so, daß der »volkstümlich Gebildete« den ökonomischen und politischen Manipulationen geradezu ausgeliefert wird. Nichts anderes hatte der Publizist Erich Kuby festgestellt, wenn er in einer geistreichen Analyse der Boulevard-Presse behauptete, die Bild-Zeitung ziehe nur die Konsequenz aus der deutschen Volksschule (»Das ist des Deutschen Vaterland«, Reinbek 1959, S. 111ff.).
Ähnliches gilt für den sogenannten »heimatkundlichen Ansatz« in der politischen Bildung, der ja nicht nur eine

Methode kennzeichnet, sondern auch ein didaktisches Prinzip, das die Auswahl der politischen Stoffe vornimmt. Seine wesentliche Voraussetzung ist, daß das politische Getriebe unüberschaubar sei. Gerade dadurch falle politische Einsicht so schwer, und es sei besser, von einer überschaubaren sozialen Welt auszugehen. So versuchte Eduard Spranger, Grundelemente des Politischen aus den Erfahrungen in der Familie zu entwickeln (125). Andere meinten, man solle die Gemeinde als eine elementare Einheit für die politische Interpretation ansehen. Aber schon René König hat nachgewiesen, daß dabei die politischen Zusammenhänge in der Gemeinde falsch gedeutet werden (73).

Gegen diese Versuche, den politischen Gesichtskreis zu beschränken, sind nicht nur sachliche, sondern auch psychologische Bedenken vorgebracht worden. Im Zeitalter der weltweiten Verflechtung und der Massenkommunikationsmittel verliere die unmittelbare Anschaulichkeit an Gewicht. Außerdem würden sich Vorurteile einnisten, falls die pädagogische Unterweisung die Weltkunde allzusehr verzögere. »Denn es darf nicht erwartet werden, daß das Bewußtsein des Kindes unbeeinflußt bleibt, bis die Schule den Zeitpunkt für eine planende politische Bildung für günstig erachtet« (Müller, 98, S. 4).

Schließlich ist die politische Welt heute gar nicht mehr so unüberschaubar, wie man meistens meint. »In vieler Hinsicht ist die Gesellschaft, durch den Wegfall ungezählter, auf den Markt zurückweisender Mechanismen, durch die Beseitigung des blinden Kräftespiels in breiten Sektoren, durchsichtiger als je zuvor. Hinge Erkenntnis von nichts anderem ab als der funktionellen Beschaffenheit der Gesellschaft, so könnte wahrscheinlich heute die berühmte Putzfrau recht wohl das Getriebe verstehen. Objektiv produziert ist vielmehr die subjektive Beschaffenheit, welche die objektiv mögliche Einsicht unmöglich macht« (Adorno, 2, S. 41).

Die politische Didaktik muß in der Tat nachprüfen, in welchem Maße bestimmte Unterrichtskonzeptionen wie etwa die der »volkstümlichen Bildung« solche »subjektive Beschaffenheit« mit verursacht haben. Eine politische Didaktik, wie wir sie verstehen, darf in ihren kritischen Reflexionen nicht vor den Schultüren halt machen. Aber man würde wohl die Wirksamkeit der geplanten Erziehung maßlos überschätzen, wollte man einen falschen Unterricht allein für das politische Desinteresse verantwortlich machen.

Will unsere Gesellschaft kritische Bürger?

Man muß sich vielmehr fragen, ob unsere Gesellschaft für ihre realen Funktionsabläufe wirklich den kritischen und aufgeklärten politischen Bürger braucht und wünscht. Auch das ist keineswegs selbstverständlich, wenn man von den Deklamationen absieht und den Blick auf die wirklichen Verhältnisse richtet. Jürgen Habermas z. B. hat auf die Folgenlosigkeit politischer Meinungen — auch bei der Wahl — hingewiesen. Die Parteien seien Instrumente der Willensbildung, aber nicht in der Hand des Volkes, sondern derer, die den Parteiapparat beherrschen. »Öffentlichkeit wird hergestellt. Es gibt sie nicht mehr. Das bevorzugte Material der hergestellten Öffentlichkeit ist gerade das, was ihr dem eigenen Sinn nach widerspricht, die Privatsphäre. Sie wird immer noch behandelt, als wäre sie unbeobachtet, persönlich, gar autonom. Aber zugleich wird sie nicht nur in ausgewählten Repräsentanten den Massenmedien preisgegeben, sondern vielfach auch bereits nach deren Desideraten konstruiert. Demgegenüber wird die eigentliche öffentliche Sphäre, die der großen Organisation des Staates und der Wirtschaft, scheinhaft privatisiert: allen so vorgeführt, als handle es sich dabei um Personen und persönliche Beziehungen, nicht um Institutionen und Interessen. Dadurch wird die politische Beteiligung vorweg tendenziell neutralisiert« (47, S. 32). Ähnlich urteilt Adorno unter Hinweis auf die psychologischen Rückwirkungen dieses Sachverhaltes. Es kennzeichnet die heute herrschende Ideologie, »daß die Menschen, je mehr sie objektiven Konstellationen ausgeliefert sind, über die sie nichts vermögen oder über die sie nichts zu vermögen glauben, desto mehr dieses Unvermögen subjektivieren. Nach der Phrase, es käme allein auf den Menschen an, schreiben sie alles den Menschen zu, was an den Verhältnissen liegt, wodurch dann wieder die Verhältnisse unbehelligt bleiben« (3, S. 7). Schwierigkeiten der subjektiven Lebensbewältigung werden also nicht auf objektive Tatbestände transformiert, die zu ändern wären, sondern diese Schwierigkeiten werden ins Unbewußte verdrängt. Sie werden überspielt, ohne daß man sich je ihrer Ursachen und Zusammenhänge richtig bewußt geworden ist.

Wem solche Formulierungen zu abstrakt und zu theoretisch klingen, der mag sich fragen, in welchen Feldern unserer sozialen Wirklichkeit denn tatsächlich das erwartet wird, was die politische Bildung zu erziehen trachtet. Wo wird kritisches Mitdenken honoriert? Politische Bildung wird, wenn sie nach dem Zusammenhang zu fragen beginnt, selbst zum kritischen Gegenüber eines lieber blind funktionierenden gesellschaftlichen Mechanismus. Sie wird damit vor allem für berufstätige Jugendliche zu einer problematischen Belastung ihres angehenden Berufsweges. Nirgends stellt die gegenwärtige Gesellschaft im Alltag der Jugendlichen wirklich die Forderung, sich kritisch gegenüber der Umwelt zu verhalten, nirgends honoriert sie ein solches Verhalten. Wenn dies aber zutrifft, dann produziert die politische Bildung mündige Staatsbürger, die in den meisten Bereichen des gesellschaftlichen Lebens gar nicht verlangt werden, und schafft damit subjektive Unglücksgefühle. Die Erfahrung, daß man ohne allzuviel zu fragen weiterkommt und leichter durchs Leben geht — eine Erfahrung, die der Jugendliche in all seinen Lebensbereichen jeden Tag aufs neue machen kann —, muß letzten Endes stärker bleiben als der Appell, der Wirklichkeit immer die bessere Möglichkeit entgegenzudenken.

Affektive Vorurteile

Wie uns vor allem die Antisemitismus-Forschung gelehrt hat, können solche gesellschaftlichen Frustrationen leicht zu affektiven Vorurteilen führen, also zu Vorurteilen, die nicht einfach durch Belehrung und Information auflösbar sind. Die Frustrationen entstehen meist aus bestimmten gesellschaftlichen Konfliktsituationen oder aus sich wiederholenden Erlebnissen eines gesellschaftlichen Mißerfolges und werden als eine Art Schutzreaktion verinnerlicht.

Unter diesem Aspekt erhält die Art und Weise des gesellschaftlichen Lebens für die politische Didaktik eine erhebliche Bedeutung. Politische Didaktik muß nicht nur Aufklärung über die Triebkräfte politischen Handelns fordern, wie sie neuerdings von einer politischen Psychologie postuliert wird, sondern auch die Änderung all jener änderbaren gesellschaftlichen Verhältnisse, die Vorurteilshaltungen verursachen.

Zu diesem ganzen Komplex sei auf folgende Literatur verwiesen: Psyche, Eine Zeitschrift für psychologische und medizinische Menschenkunde. XVI. Jahrgang, Heft 5, 1962; Alexander Mitscherlich (93 und 94); Adorno (3); Eva G. Reichmann, Flucht in den Haß, Die Ursachen der deutschen Judenkatastrophe (Frankfurt o. J.); Wolfgang Hochheimer, Probleme einer politischen Psychologie (in: Psyche, Heft 1/1962); Walter Jakobsen, Ein Leck in den Bemühungen um politische Bildung (in: Die deutsche Schule, Heft 12/1962); Hanna Schlette, Brauchen wir eine politische Psychologie? (in: Gesellschaft-Staat-Erziehung, Heft 2/1963).

Die Überlegungen dieses Kapitels sollten zeigen, daß die politische Didaktik die bestehenden Schul- und gesellschaftlichen Verhältnisse nicht einfach voraussetzen darf. Täte sie dies, so wäre sie selbst nichts mehr als eine Schaltstelle im blinden und bewußtlosen Funktionsablauf der Gesellschaft. Kritik der Schule und Kritik der Gesellschaft sind die unausweichlichen Konsequenzen, wenn sie das Problem der politischen Lehrinhalte untersucht.

Bis jetzt haben wir so getan, als ob über die Zielsetzung des politischen Unterrichts grundsätzliche Einigkeit bestünde. Sieht man sich daraufhin Lehrpläne und Richtlinien an, so wird man in der Tat überall ähnliche Formulierungen finden: Der junge Staatsbürger soll befähigt werden, aktiv an den Aufgaben des Staates mitzuwirken. Daß aber eine solche Einigkeit nur deshalb vorgetäuscht werden kann, weil die Zielsetzung genügend abstrakt formuliert ist, ist schon eine Erkenntnis der bisherigen Überlegungen. In Wahrheit ist das Einverständnis darüber, was Demokratie sei und welche Aufgaben jeder Staatsbürger in ihr habe, gar nicht so groß, und es wird um so geringer, je konkreter die Probleme werden. Es kommt unter anderem entscheidend darauf an, an welchem Punkt des geschichtlichen Prozesses man das Verständnis von Demokratie ortet; denn von den aufklärerischen Klassikern des 18. Jahrhunderts bis in die Massengesellschaft des 20. Jahrhunderts ist ein weiter Weg mit vielen einzelnen Stationen, von denen jede noch mehr oder weniger stark im Bewußtsein ist. Es geht also um eine Art »politische Anthropologie«, deren historische Problematik wir hier auf sich beruhen lassen müssen. Wir sind diesem Problem schon bei der Kritik der Saarbrücker Rahmenvereinbarung begegnet. Schon dort wurde deutlich, daß die Stoffülle um so mehr wächst und daß die Lehrinhalte um so abstrakter werden, je weniger Klarheit über die Zielvorstellung besteht. Dann geht es der Schule wie dem König Midas: Was immer ihr unter die Hände gerät, verwandelt sich zwar nicht in Gold, aber in Lehrstoff. Tatsächlich hängt die oft beklagte Stoffülle wesentlich damit zusammen, daß man nicht weiß, was man will. So meint Kurt Sontheimer: »Die Ziele unserer politischen Bildungsarbeit sind sehr hoch gesteckt; sie richten sich auf einen Staatsbürger, der die politische Klugheit eines erfahrenen Staatsmanns und Politikers verbindet mit der Weisheit des

Philosophen und den Kenntnissen des modernen Gesellschaftswissenschaftlers« (124, S. 82). Diese Ironie scheint nicht unberechtigt, wenn man liest: Ziel des politischen Unterrichts in der Schule sei »Deutung und Ergänzung der Erfahrungen, welche die Schüler selbst machen, der Erkenntnisse, die ihnen aus allen Fächern zuwachsen; die bewußte Realisierung der sozialen Umgebung; die Erschließung der politischen Wirklichkeit, die ihnen entgegentritt und in der sie sich zu bewähren haben werden; ist die Vorbereitung der politischen Reife, der politischen Urteilskraft, ohne die keine freiheitliche Ordnung auf die Dauer und über politische und wirtschaftliche Krisen hinweg bestehen kann. Dazu gehören sachliche Information, Orientierung, Entwicklung von Maßstäben für praktisches politisches Verhalten« (Messerschmid, 89, S. 123). Bergstraesser geht noch weiter. Der »urteilsfähige politische Zeitgenosse« müsse »imstande sein, mit anderen Staatsbürgern und gleichsam für den handelnden Staatsmann die Entscheidung auf die Zukunft hin vorauszudenken« (9, S. 78).

Übereinstimmung in den zielkritischen Überlegungen zur politischen Bildung besteht sicher darin, daß die politische Bildung den Staatsbürger zu einer vernünftigen und verantwortungsvollen politischen Aktivität befähigen müsse. Aber was heißt »politische Aktivität«? Soll der Bürger sich um alle politischen Maßnahmen und Entscheidungen sachverständig kümmern, ob sie nun die Gemeinde oder den ganzen Staat betreffen? Dies würde bedeuten, daß jeder Bürger jederzeit einen verantwortlichen Politiker vertreten können müßte. Faßt man den Begriff der politischen Aktivität so weit, so könnten die Bürger nichts anderes mehr tun, als sich um Politik zu kümmern. Um dazu fähig zu sein, müßten sie außerdem mindestens zehn Jahre in die Schule gehen und dort ausschließlich in politischen Stoffen unterrichtet werden. Das wäre also ein nicht realisierbares Wunschbild. Oder soll politische Aktivität heißen, daß man den größten Teil der politischen Arbeit den Berufspolitikern überläßt und sich als politischer Laie lediglich um die wenigen großen und wichtigen Entscheidungen kümmert? Davon gibt es immer nur wenige, vielleicht fünf bis zehn in einem Jahr. Dann aber muß man sich von der gerade in der Pädagogik so beliebten Vorstellung lösen, die politische Verantwortung stufe sich vom überschaubaren Raum der Gemeinde bis hin zum ganzen Staat. In der Gemeinde fallen nämlich fast keine wichtigen politischen Entscheidungen mehr.

Die Kontroverse zwischen Wilhelm Hennis und Andreas Flitner

Die Kontroverse zwischen Wilhelm Hennis und Andreas Flitner wirft gleichsam exemplarisch ein Licht auf diese Schwierigkeit. Hennis hat eine Reihe von Erziehungsmodellen, die er in der politischen Pädagogik zu finden glaubte, kritisiert. Er hält sie samt und sonders für unrealistisch. Seine Hauptthese ist: »Die Parteien, Verbände und Kommunen sind in der Gestalt, wie sie heute dem einzelnen gegenübertreten, unmöglich mehr als vermittelnde Zwischengewalten ... zu verstehen. Die Bewältigung des unvermittelten Gegenübertretens von einzelnem und Herrschaft ist sowohl verfassungspolitisch wie pädagogisch eine der dringlichsten Aufgaben der Zeit« (53, S. 333). Vor allem die ständige pädagogische Forderung nach politischer Aktivität der Bürger findet mit überzeugenden Verweisen auf die jüngste Vergangenheit seine Kritik: »Die Aufgabe des Lehrers in der Schule ist nicht unmittelbar Erziehung zur rechten Aktion, sondern zur rechten Re-Aktion« (S. 338). Ähnlich argumentiert Kurt Sontheimer (123). Auch Waldemar Besson stimmt in diese Kritik ein: Der Bürger könne sich nicht als einzelner, sondern nur als Glied einer Gruppe, die ihm Solidarität gewährt, politisch beteiligen. Insofern sei die Forderung nach der »politisch-mündigen Persönlichkeit« ein »tiefes Mißverständnis«. Sie »trifft in unserer sozialen Wirklichkeit auf keinen entsprechend erziehbaren Menschen mehr. (Sie) verharmlost die tatsächliche dämonische Bindung des Menschen an die technische Welt und erweckt in den also Betrogenen falsche Hoffnungen« (14, S. 304). Weder Besson noch Hennis glaubt also an eine stufenweise Mitwirkung des Bürgers, die sich von einfachen zu komplizierten Verbänden und schließlich auf das Staatsganze hin erstreckt.

In der Kritik an Hennis ist Andreas Flitner genau entgegengesetzter Meinung: »Jeder Verband kann durch Forderungen, durch Opposition, durch Meinungsbildung aus seinen sozialen Zwecken oder Interessen zu einem politischen Faktor werden im Kleinen oder im Großen. Die politische Wirklichkeit ist eine unendlich differenzierte, sie schießt aus einer Fülle von Rinnsalen und Bächen zusammen« (37, S. 450). Die politische Wirklichkeit dürfe nicht allein den Maßstab des politischen und pädagogischen Handelns abgeben. »Wir können nicht wissen, was aus den gegenwärtigen Tendenzen und was vielleicht aus einem erzieherischen Gegenstreben wird. Wir müssen vielmehr festhalten an dem, was wir erzieherisch und in unserem politisch-öffentlichen Leben erreichen wollen« (S. 451).

Damit hat Flitner aber das entscheidende Argument von Hennis nicht getroffen. Hennis hält diese pädagogische Forderung ja gerade deshalb für unrealistisch, weil selbst in den kleinsten gesellschaftlichen Verbänden, auf deren Hilfe der einzelne für seine politische Beteiligung angewiesen ist, der Bürger schon unvermittelt einer Form von Herrschaft gegenübersteht. Diesen Einwand konnte Flitner nicht widerlegen. Stattdessen zieht er sich auf das subjektive Ethos des Erziehers zurück. Er wendet sich dagegen, daß Hennis, anstatt Modelle überhaupt zu vermeiden, nur ein neues Modell angeboten habe. »Erziehen, das heißt nun ein für allemal nicht in bestimmte Formen gießen, nach bestimmten Bildern modellieren, zu festgelegten Positionen führen, Erziehen heißt vielmehr, sich mit den jungen Menschen unter Ansprüche zu stellen, ihnen begegnen innerhalb eines Werthorizontes, sie zu gewinnen und aufzuschließen für das, was für den Erzieher

besteht und gilt, was ihn selber angeht und was ihm wertvoll ist. Erziehen läßt sich nicht zu diesen oder jenen Zielen hin ... So wird ein Erzieher nie mehr bieten können, als er selbst glaubhaft repräsentiert« (37, S. 451).
So wichtig gerade im Zusammenhang der politischen Bildung dieser Appell an die Erzieher sein mag, so wenig kann zweifelhaft sein, daß Hennis eben gerade das kritisiert, was empirisch feststellbar die Erzieher »glaubhaft repräsentieren«. Das sind nämlich notwendigerweise Vorstellungen, Bilder der gesellschaftlichen Wirklichkeit und Möglichkeit. Sie müssen zwar nicht voll mit der gesellschaftlichen Realität übereinstimmen, wenn sie aber nicht übereinstimmen, dann muß man doch fragen, ob sie grundsätzlich, das heißt nach der Änderung des Änderbaren, zu verwirklichen sind. Genau dies hat Hennis mit seiner These vom unvermittelten Gegenübertreten von einzelnem und Herrschaft überzeugend bestritten. Wenn die politische Pädagogik hier unrealistisch verfährt, so gilt das Bedenken, das Siegfried Landshut für diesen Fall angemeldet hat: »Wenn aber der Jugendliche merkt, daß diese Darstellung gar nicht mit der Realität übereinstimmt, so hat die Pädagogik das Schlimmste angerichtet, was sie anrichten kann. Zwei Gefahren, die damit verbunden sind, müssen unbedingt verhindert werden. Einmal die, daß der Jugendliche gerade durch diese Darstellung dazu verleitet wird, sich abseits zu stellen mit der Bemerkung, daß ja alles Schwindel sei. Zum anderen die Gefahr, die uns in der Vergangenheit eigentlich alles gekostet hat, daß die Vorstellung entsteht, diese Welt könne durch einen bisher noch nicht entdeckten Trick geändert werden und es gäbe etwas, durch das man alles verbessern kann ... Es ist die Aufgabe, pädagogisch zu erreichen, daß das Bewußtsein nicht mit solchen Gedanken spielt« (76, S. 315).
Das Dilemma, das sich hier einstellt, daß nämlich trotz aller Bemühungen der politischen Bildung sich zunehmend eine Gesellschaft bildet, die — ohne kontinuierlichen Übergang — zwischen politischen und gesellschaftlichen Machtträgern auf der einen und der Masse der Bürger auf der

anderen Seite eine scharfe Trennung vollzieht, ist auch Hennis bewußt geworden: »Alle politische Erziehung muß auf lange Sicht scheitern, wenn die Realität unseres Verfassungslebens nicht eine reale Möglichkeit der Mitbestimmung zuweist.« Der dafür gegebene Rahmen beschränke sich auf die politische Wahl. Korrekturen der Verfassungswirklichkeit vorzunehmen, sei nicht Aufgabe des politischen Unterrichts. »Diese Forderung lebendig zu machen, sollte man ihm allerdings nicht verwehren« (53, S. 339).

Politische und pädagogische Bedeutung der politischen Aktivität

Die hier zitierten Stellungnahmen politischer Wissenschaftler zeigen, wie sorgsam die politische Pädagogik über ihre Zielvorstellung nachdenken muß. Das Ergebnis dieser Kritiken läßt sich in folgenden Thesen zusammenfassen:

1. Der Vorwurf, nicht realisierbare Erziehungsziele aufzustellen, muß ernsthaft bedacht werden. Wenn im politischen Unterricht Sein und Seinsollen so weit auseinanderfallen, daß das eine im anderen nicht mehr wiederzuerkennen ist, büßt er jede vernünftige Wirkung ein. Andererseits ist nie ganz ausgemacht, was in Zukunft politisch verwirklicht werden kann. Die Spannung zwischen dem Wünschbaren und dem Möglichen, die Politik kennzeichnet, kennzeichnet auch das politische Bewußtsein. Genau wie in der Politik selbst dabei das Wünschbare das gegenwärtig Mögliche immer übersteigt, kann und muß die Zielsetzung der politischen Bildung das übersteigen, was gegenwärtig realisierbar erscheint. Daß heute die Chancen eines politischen Einflusses der Vielen denkbar gering sind, sagt nichts gegen die Vernünftigkeit des Postulats, diese schlechte Wirklichkeit zu verbessern. Allerdings muß mit Unterstützung der politischen Wissenschaften immer sorgfältig geprüft werden, was tatsächlich veränderbar ist. Das unvermittelte Gegenübertreten von einzelnem und

Herrschaft z. B. ist offensichtlich nicht zu ändern. Wenn die politische Pädagogik das ignoriert, kann sie großen Schaden anrichten.

Auch die Mitgliedschaft in einer politischen Partei oder die aktive Mitwirkung in einem Interessenverband heben dieses Problem nicht auf. Hier wiederholt es sich vielmehr nur auf neuer Ebene; denn auch in einer Partei haben die Mitglieder nicht gleiche Chancen gegenüber dem Parteiapparat, der nötig ist, um das Parteivolk zu einer einheitlichen Willensbildung zusammenzufassen. Die Kanäle von unten nach oben sind weniger durchlässig als die von oben nach unten. Die hauptberuflichen Funktionäre der Apparate sitzen immer am längeren Hebel, während die Mitglieder Politik nur in ihrer Freizeit treiben können. Wenn man schon Jugendliche im Unterricht animiert, einer solchen Gruppe beizutreten, dann darf die Aufklärung über diese Zusammenhänge nicht fehlen. Betrachtet man also die Mitwirkung von Jugendlichen in politischen Erwachsenenverbänden unter dem Aspekt der politischen Wirksamkeit, der Verwirklichungschance der eigenen Meinung und des eigenen politischen Willens, so kann den zitierten politik-wissenschaftlichen Stellungnahmen nur Recht gegeben werden. Dennoch kann eine solche Beteiligung pädagogisch sinnvoll sein, insofern nämlich die Mitwirkung unter dem Gesichtspunkt des sozialen Lernens gesehen wird. Sie öffnet dann zweifellos den Blick dafür, wie es etwa in der Ortsgruppe einer politischen Partei zugeht und warum es so und nichts anders zugeht. Solche Erfahrungen kann der Unterricht nicht vermitteln. Sie können zu einer heilsamen Ernüchterung gegenüber dem Politischen führen. Die Mitwirkung kann aber auch dazu verleiten, daß der Jugendliche frühzeitig in den politischen Organisationen verbraucht wird und seine kritische Bewußtheit in einem Alter verliert, wo sie sich am wirksamsten aufbauen könnte.

2. Die politische Pädagogik hat keinerlei Legitimation, zu bestimmten politischen Aktivitäten zu ermuntern, weil es ihr um Lernen geht und nicht um Wirksamkeit und weil

ihr die Quellen, aus denen eine politische Entscheidung im Einzelfalle fließt, zum größten Teil gar nicht zur Verfügung stehen. Indem es ihr aber darum geht, die je subjektive Befindlichkeit der einzelnen mit den objektiven Gegebenheiten von Staat und Gesellschaft in Beziehung zu setzen, legt sie unter Umständen Loyalität zu bestimmten gesellschaftlichen Gruppen nahe. Wer etwa politische Bildungsarbeit mit Lehrlingen treibt, kann ihnen nicht einreden, daß ihre politischen Interessen von Unternehmerverbänden vertreten würden. Wenn der Zusammenhang zwischen subjektiver Situation und objektiven Gegebenheiten richtig interpretiert wird, so folgt daraus der naheliegende Gedanke, daß es vor allem die Gewerkschaft ist, bei der Solidarität für das eigene politische Interesse gesucht werden muß. Eine falsch verstandene Unparteilichkeit des politischen Unterrichts ist in Wahrheit parteilich für diejenigen, die ohnehin an der Macht sind.

3. Gegenüber den sekundären Systemen der Gesellschaft ist der Appell zur Aktivität nur mit äußerster Zurückhaltung zu vertreten. Worauf es dem politischen Unterricht ankommen muß, ist das Üben des politischen Urteils an Ernstfragen des öffentlichen Lebens. Dabei muß sich die politische Pädagogik vor allem wieder mit dem Aktivitätsgehalt des Denkens befreunden. Unsere Skizzierung der Spiegel-Kontroverse hatte gezeigt, daß das in der Auseinandersetzung damit gewonnene Bewußtsein breiter Massen auch dann einen hohen Aktivitätsgrad hatte, wenn es sich gar nicht weiter in konkreten Maßnahmen äußerte. Je mehr sich in den Menschen eine politische Bewußtheit bildet, die den Sachverhalten angemessen ist und die die normativen Implikationen der demokratischen Staatsform verstanden und sich zu eigen gemacht hat, um so stärker wird dieses Bewußtsein selbst zu einer Art »passiver Aktivität«, insofern es sich nichts vormachen läßt und die politischen Akteure zwingt, bestimmte Dinge nicht zu tun. Hennis Vorschlag, den vernünftigen politischen *Re*aktionen größeres Gewicht beizumessen, scheint mir daher ein sehr realistischer Vorschlag zu sein.

4. Die politische Pädagogik muß ernst nehmen, daß die Gesetze der gesellschaftlichen Arbeitsteilung auch die Politik betreffen. Sie darf nicht wegen der Überschaubarkeit und Geschlossenheit einfacher politischer Modelle so tun, als ob Politik heute wirklich noch nebenamtlich gemacht werden könnte. Politik ist über weite Strecken ein Geschäft, das nur noch von Fachleuten wirklich geleitet werden kann. Deshalb können auch die einzelne politische Maßnahme oder der einzelne Gesetzgebungsvorgang nicht mehr von den Bürgern mitkontrolliert werden. Worauf es ankommt, ist, zwischen den routinemäßigen und relativ belanglosen politischen Maßnahmen und Konflikten und den wirklich wichtigen unterscheiden zu lernen. Man sollte die jungen Bürger von Anfang an ermuntern, ihr politisches Engagement auf solche wichtigen Probleme zu konzentrieren und dieses nicht in Aktivitäten zu investieren, die sie nur unentwegt frustrieren müssen und bei denen es genau gesehen auch um nichts Wichtiges geht. Man sollte den Jugendlichen nicht einreden, in der Schülermitverwaltung oder in einer freien Jugendgruppe würde gleichsam exemplarisch Politik gelernt und dieses Modell sei auf die politische Gesellschaft übertragbar. Man könnte auf diese Weise vorhandene politische Energien sinnlos verbrauchen, so daß sie in politischen Ernstfällen dann nicht mehr zur Verfügung stehen.
Das heißt nun keineswegs, daß es überflüssig ist, den Jugendlichen in den von der Gesellschaft dafür freigelassenen Räumen Möglichkeiten der Mitbestimmung und der Selbstverwaltung einzuräumen. Wenn man in Schulen die Jugendlichen in geordneter Weise mitwirken läßt, dann geht es vor allem darum, sie als Partner ernst zu nehmen. Dazu gehört das Eingeständnis, daß Jugendliche bestimmte Bedürfnisse, Wünsche und Interessen haben, die nicht mit denen der Pädagogen übereinstimmen und auf deren Berücksichtigung sie gleichwohl einen Anspruch haben. Wird dieses Recht im unmittelbaren Umgang nicht ernst genommen, dann kann auch nicht erwartet werden, daß Jugendliche die abstrakte Gesellschaft daraufhin be-

fragen, welche Rechte und Pflichten sie bereit hält. Wird das freiheitliche Menschenbild, das unsere Verfassung für die politische Gesellschaft vorschreibt, im unmittelbaren Umgang des Alltags außer Kurs gesetzt, so muß es gerade den Jugendlichen auch für die Bereiche der Politik als unwichtig, wenn nicht gar heuchlerisch erscheinen. Politisches Lernen ist eben nicht nur auf rationale Einsicht in gesellschaftliche Zusammenhänge beschränkt. Es enthält zahlreiche weitere Voraussetzungen, unter anderem die, daß der Lernerfolg durch Anerkennung von außen belohnt wird. Wo selbständiges Urteil, Aktivität des Denkens, Vorschläge zur Gestaltung der alltäglichen Umgebung, Kritik gegenüber dem, was man vorfindet, nicht honoriert werden — und sei es auch nur in Form der sorgsam begründeten Ablehnung —, da wird auch das politische Selbstbewußtsein des Jugendlichen schon demontiert, bevor es sich noch recht aufbauen konnte. Die Kooperation zwischen einander ernst nehmenden Partnern in der Schule ist nicht schon deshalb verdächtig, weil es sich nicht um Politisches handelt, das dabei geregelt wird.

»Politische Beteiligung« als Zielbegriff

Die Überlegungen dieses Kapitels lassen es ratsam erscheinen, für die Zielsetzung der politischen Erziehung und Unterrichtung einen Begriff zu wählen, der sprachlich und geschichtlich nicht allzu sehr belastet ist. Ich schlage dafür den Ausdruck »politische Beteiligung« vor. Der Begriff »politische Bildung« ist — je nach den Vorentscheidungen beim Begriff »Bildung« — zu eng oder zu weit. Außerdem ist er philosophisch und emotional so aufgeladen, daß er, wie wir vorhin gesehen haben, den Blick für das hier Notwendige eher verdunkelt als erhellt. Der häufig verwandte Ausdruck »politische Mündigkeit« hat zwei Mängel. Mit »Bildung« hat er die Grundannahme vom isolierbaren Individuum gemeinsam. »Gebildet« und »mündig« ist der einzelne als einzelner. Wie wir sehen, hat Waldemar Besson das für den Bereich der Politik ein »tiefes Mißverständnis« genannt. Diese Schwierigkeit ließe sich vielleicht durch geeignete Interpretation bereinigen. Es kommt aber noch hinzu, daß der Begriff »Mündigkeit« in der Neuzeit immer ein pädagogisch-ideologischer Kampfbegriff gegen bestimmte gesellschaftliche Teilgruppen war, denen man zu Recht oder zu Unrecht unterstellte, sie wollten die Menschen unmündig halten. »Mündigkeit« war die pädagogische Variante des allgemeinen Kampfes um Demokratisierung. Obwohl zweifellos der Demokratisierungsprozeß noch keineswegs zum Abschluß gekommen ist — und insofern der Begriff »Mündigkeit« weiterhin eine gewisse Berechtigung hat —, sollte man in grundsätzlichen Zusammenhängen der politischen Didaktik einen Zielbegriff wählen, der von den Grundlagen unserer Verfassung ausgeht und nicht primär von den Kampfprozessen, die zu dieser Verfassung geführt haben. »Politische Beteiligung« ist ein jedem Bürger von der Verfassung verliehenes Recht, es ist grundsätzlich dem Streit der Parteien enthoben. Wer jemandem dieses Recht streitig macht bzw. die für die Wahrnehmung dieses Rechtes unerläßliche Erziehung und Unterrichtung verweigert, verstößt gegen den Geist der Verfassung. Es handelt sich hier also nicht einfach um einen Austausch der Worte, sondern der Begriff »politische Beteiligung« deckt einen ganz anderen Sachverhalt, der von den Begriffen »Bildung« und »Mündigkeit« nicht erreicht wird.

Das Problem der Stoffauswahl

Alle bisher behandelten Brennpunkte der Diskussion zwischen Politik und Pädagogik bestimmen das Problem der Stoffauswahl mit. Vieleicht zeigt sich hier am deutlichsten, wie unsicher die pädagogische Praxis wird, wenn sie sich nicht an einem überzeugenden theoretischen Rahmen orientieren kann. Es lassen sich kaum überzeugende Prinzipien für die Auswahl der politischen Stoffe ermitteln. Sie wurde weitgehend von der politischen Praxis her entschieden, so wie Behörden und Lehrer sie verstanden. Lange Zeit diktierten »unbewältigte Vergangenheit« und »Kommunismus« die Stoffpläne. Dabei gerieten Probleme der eigenen Gesellschaft, also innenpolitische Fragen, immer mehr aus dem Blick. Nun ist Schutz vor totalitären Angriffen mit Recht eines der wichtigsten Interessen der Gesellschaft an der politischen Bildung ihrer Bürger. Aber es war immer schon fraglich, ob ein solcher Schutz wirklich in der Behandlung von politischen Stoffen liegen kann, die nicht unmittelbar die eigene Gesellschaft betreffen. An welche Adresse in unserer Demokratie soll sich denn ein Bewußtsein richten, das sich gegen den faschistischen und kommunistischen Totalitarismus entschieden hat? Erzieht man auf diese Weise nicht von vornherein zu einem unpraktischen, deklamatorischen und abstrakt moralisierenden Denken?

Das »Demokratie-Diktatur-Modell«

Demokratische politische Entscheidungen aus dem negativen Gegenbild totalitärer Politik zu bestimmen, spielt bis auf den heutigen Tag eine überragende Rolle in den politischen Unterrichtsbemühungen unserer Schule. Charakteristisch dafür ist die didaktische Konzeption von Fischer/Herrmann/Mahrenholz (34): »Die politisch-existentielle Alternative der Epoche lautet Demokratie oder Diktatur. Wir haben keine andere Wahl« (S. 93). Aus diesem Ansatz entwickeln die Verfasser neun Grundeinsichten, die im politischen Unterricht vermittelt werden sollen. Diese »Grundeinsichten« seien in allen politischen Stoffen wenigstens teilweise enthalten. Da sie aber das eigentliche Ziel des politischen Unterrichts sind und da sie andererseits allen politischen Stoffen angeblich immanent sind, geben sie folgerichtig schließlich kein Prinzip für die Stoffaus-

wahl mehr her: »Die Stoffe sind auswechselbar. Sie sind Mittel zum Zweck« (S. 84).
Dieser Satz zeigt, daß es sich bei dieser Konzeption trotz vieler praktischer Einfälle um die konsequenteste Anwendung der überlieferten Bildungsideologie auf die Politik handelt. Die realen politischen Sachverhalte und Kontroversen sind hiernach uneigentlich, bloßes Material für den Kosmos der je individuellen Bildung. Der Mensch ist zusammengeschrumpft auf ein Einsichten produzierendes und konsumierendes Wesen. So konnten die Einwände nicht ausbleiben. Heinrich Weber kritisierte, daß die neun Grundeinsichten, die beim politischen Unterricht immer wieder reproduziert werden sollen, nicht weiter begründet werden, so daß sie sich als didaktische Prämissen erweisen. Außerdem widersprächen die von den Verfassern am Schluß ihres Buches gegebenen Unterrichtsbeispiele ihrer eigenen Theorie; denn sie seien nur mit einiger Gewalt aus dem konkreten Stoff zu erzielen (136, S. 434f.). Theodor Wilhelm machte anthropologische Einwände geltend. Die Verfasser hätten nur die rationale Seite des Lernens gesehen; es müsse aber zweifelhaft bleiben, ob diese Grundeinsichten ohne emotionales Engagement, das heißt ohne daß sie als Ergebnis einer persönlich erlebten Verlegenheit sich anböten, im Gedächtnis haften blieben (149, S. 444).

Wie unpolitisch diese Konzeption ist, zeigen die Unterrichtsbeispiele in der Tat am deutlichsten. Sie beziehen sich nicht zufällig ausnahmslos auf Gegenstände, die der aktuellen Auseinandersetzung weitgehend enthoben sind, und wo dennoch zeitnahe Materialien verwendet werden, erweist sich das Verfahren als sehr problematisch. Lediglich als Einstiege werden aktuelle Bezugspunkte zugelassen, und sie gelten dabei als ebenso austauschbar wie die Stoffe selbst. Nur vordergründig handelt es sich bei diesen Grundeinsichten also um Prinzipien der Stoffauswahl. In Wirklichkeit werden die politischen Stoffe — auch wenn es sich dabei um Fragen der aktuellen Politik handelt — formalisiert.

Diese Probleme stellen sich immer ein, wenn man die Lehrinhalte vom Gegenbild des Totalitarismus her zu bestimmen versucht. Dagegen hat vor allem Hans Tietgens grundsätzliche Bedenken angemeldet. Dieses Verfahren, so meint er, führe zur Herauskristallisierung klarer, alternativer Modelle. Die Tatsache der Problemverschränkung käme aber dabei aus dem Blick, Wirklichkeitssinn und Differenzierungsfähigkeit könnten sich nicht entwickeln. Ein solcher Unterricht mache schließlich sich unglaubwürdig, weil er in einer Sphäre des »Als-Ob« stattfinde. »Dadurch mehren sich die Verdachtsmomente, mit einer Fassade des Grundsätzlichen solle eine Praxis getarnt werden, die diesen Grundsätzen nicht entspricht« (131, S. 301). Außerdem hat Martin Greiffenhagen (43) nachdrücklich davor gewarnt, Nationalsozialismus und Kommunismus unter dem Begriff des »Totalitarismus« im politischen Unterricht gleichzusetzen. Im Unterschied zum Nationalsozialismus gebe es im Kommunismus den Unterschied von Theorie und Praxis, Ideal und Wirklichkeit, Gegenwart und Zukunft. Insofern das politische Handeln der Kommunisten auf rationale Argumentation nicht verzichte, sei eine Auseinandersetzung mit ihnen durchaus möglich, während der voraufklärerische politische Irrationalismus der Nationalsozialisten nur eine Aufarbeitung zulasse. Die Identifizierung beider politischer Ideologien führe notwendig zu einer Position, die zu einem gegen den Kommunismus gerichteten Bündnis mit den Nationalsozialisten tendiere.

Vor allem in den Gymnasien hat das Totalitarismusmodell eine nachhaltige Wirkung auf den politischen Unterricht ausgeübt. Es erlaubte, die politischen Sachverhalte auf eine Weise zu systematisieren, die den konkreten innenpolitischen Gegnerschaften nichts anhaben konnte. Zugleich ermöglichte es, die überlieferte Bildungsvorstellung auch in den politischen Unterricht hineinzuholen und diesen damit in der Schule hoffähig zu machen. Aber ein der Sache Politik angemessenes Prinzip der Stoffauswahl war damit nicht gefunden.

Die exemplarischen Stoffe

Die Stoffauswahl und Stoffbeschränkung so vorzunehmen, daß man nur das behandelt, was »exemplarisch« für einen größeren Umkreis von Stoffen ist, ist bisher für den Bereich der politischen Bildung nie systematisch versucht worden. Von Anfang an ist die »exemplarische Methode« für alle geisteswissenschaftlichen Fächer problematisch geblieben (vgl. Scheuerl, 116). Im Falle des politischen Unterrichts ist das exemplarische Verfahren mehrfach zurückgewiesen worden. So meint Heinrich Weber, daß man erst dann entscheiden könne, welche Gegenstände für welche anderen stellvertretend oder repräsentativ sind, wenn der ganze Sachbereich der Erkenntnis erschlossen ist; das aber sei bei der Politik offensichtlich niemals der Fall (137). Theodor Wilhelm meldet ebenfalls Bedenken an: »Die Grundstruktur der Gesellschaft ist nicht logisch, sondern geschichtlich. Mit dem reinen Fall ist in der politischen Elementarlehre so wenig anzufangen wie im Geschichtsunterricht« (151, S. 38). Auch H. H. Groothoff äußert sich skeptisch: »Die Elementarisierung des Politischen bringt die Gefahr mit sich, einen Teil für das Ganze zu halten und somit das Ganze ein für allemal zu verfälschen« (44, S. 289).

Zusammmenfassung und Übergang

Die Antworten auf die doch alles entscheidende Frage nach der Stoffauswahl sind also recht dürftig. Gewiß ist politische Bildung immer auch Teil der allgemeinen politischen Praxis einer Gesellschaft; insofern sind die politischen Aktualitäten, die diese Gesellschaft ernsthaft beunruhigen, auch die entscheidenden Stoffe für den politischen Unterricht. Aber sie können von sich aus doch wohl nicht schon den Horizont liefern, innerhalb dessen zwischen »wichtig« und »weniger wichtig« und zwischen »richtig« und »weniger richtig« unterschieden werden kann. Dazu bedarf es über die aktuelle Ernstlage hinaus einer strengen theoretischen Reflexion über den politisch-historischen und anthropologischen Zusammenhang solcher Stoffe.

Gewiß ist es lebenswichtig für unsere Gesellschaft, sich kommunistischer und faschistischer Bedrohung zu erwehren; insofern gehören die modernen »Totalitarismen« zum unbestreitbaren Stoff politischen Lernens. Aber die Regierungen, die *wir* zu kontrollieren haben, sind keine kommunistischen und faschistischen, sondern demokratische, und das, was wir an ihnen zu kritisieren haben, kann nur sehr entfernt mit dem zusammenhängen, was wir über die Politiker der DDR oder über die sowjetische Wirtschaftsplanung denken.

Gewiß kann man zwischen »wichtigen« und »weniger wichtigen« politischen Stoffen unterscheiden; aber man kann das nicht auf dem Wege des »exemplarischen Verfahrens«, das außerhalb der naturwissenschaftlichen und mathematischen Stoffe bisher nirgends überzeugte. Man könnte es wohl nur dann, wenn man mit *politischen* Kategorien *politische* Analysen vornähme. Gewiß kann man bis zu einem gewissen Grade Stoffpläne durch Experten aufstellen lassen. Aber man muß dann *vorher* entscheiden, wo die Grenze dieses Verfahrens liegt: Philosophische Probleme können nach wie vor nur durch Nachdenken gelöst oder geklärt werden, nicht durch Kommuniqués von Experten.

Weder die bloße, nicht weiter reflektierte politische Praxis noch das »Demokratie-Diktatur-Modell«, weder das »exemplarische Verfahren« noch Expertenkonferenzen sind in der Lage, das Problem der politischen Lehrinhalte überzeugend zu lösen. Angesichts des jahrelangen, kaum noch zu übersehenden publizistischen und finanziellen Aufwandes um die politische Bildung muß dieses magere Ergebnis doch sehr nachdenklich stimmen. Man muß sich doch fragen, was man in der Schule, in der Erwachsenenbildung und in der außerschulischen Jugendarbeit in all den Jahren eigentlich gemeint hat, wenn man »politische Bildung« betrieb.

Wenn man den Gründen dafür nachgeht, weshalb unsere Pädagogik an dem Phänomen »Politik« so offensichtlich gescheitert ist, so bieten sich manche Erklärungen an: die mangelnde demokratische Tradition in unserem Land; die politischen Belastungen durch die »unbewältigte Vergangenheit« und die deutsche Teilung; die psychologischen Mängel der »reeducation« oder auch die unmittelbaren und sehr handfesten Sorgen der westdeutschen Nachkriegsentwicklung. Aber diese zweifellos vorhandenen Belastungen gelten doch nicht nur für die theoretische Pädagogik, sondern ebensosehr auch für andere Fachwissenschaften, deren Gegenstand die Politik ist. Woran liegt es, daß die überzeugendsten Beiträge zur theoretischen Klärung unseres Themas nicht von der Erziehungswissenschaft, sondern von den anderen Fachwissenschaften kamen? Ist die Erziehungswissenschaft vielleicht von einer besonderen »Betriebsblindheit« befallen, die sie daran hindert, ihren politischen Aufgaben unbefangen gegenüberzutreten?
Die Antwort auf diese Frage wird wohl in der Richtung zu suchen sein, in die sie schon Oetinger in seinem Partnerschaftsbuch von 1951 verwies: in der Kritik an der deutschen Bildungstradition und damit an der Tradition der deutschen Pädagogik selbst.
Mindestens drei allgemeine, formale Mängel machen die Bildungstheorie unfähig, sich dem Problem der politischen Beteiligung zu öffnen.
1. Die herrschende deutsche Bildungsideologie — gleich welcher Variation — ist viel zu abstrakt, als daß sie die Praxis von Politik und Pädagogik überzeugend erreichen könnte. Gerade die »klassischen« Beiträge zu unserem Problem — von Theodor Litt, Eduard Spranger und Erich Weniger —, die auf den ersten Blick scheinbar einleuchtende theoretische Klärungen bringen, sind in einem solchen Maße »praxis-indifferent«, daß aus ihnen fast beliebig viele und gegenteilige Folgerungen gezogen werden können. Die Praktiker der politischen Bildung — trotz der anspruchsvollen »Grundsatz-Literatur« derart auf sich selbst verwiesen — machen sich entweder ihren eigenen

Vers auf ihre Aufgabe, oder sie durchbrechen wie Wolfgang Hilligen (58) und Joachim Rohlfes die Schallmauer ihres beruflichen Alltags, indem sie von den Schwierigkeiten ihrer Unterrichtsarbeit her beachtliche didaktische Ansätze wagen. Die »übergreifenden geistigen Gehalte« der neuen »Gemeinschaftskunde« stehen ebenso erhaben über den ernsten politischen Auseinandersetzungen wie die »Bildung« insgesamt über den wirklichen Sorgen der wirklichen Menschen.

2. Im Begriff »Bildung« steckt immer ein harmonistisches Grundmodell vom menschlichen Leben. Selbst dort, wo man von »Konflikten« spricht oder gar pathetisch von der »Tragik des Daseins«, meint man das im Grunde nur abstrakt. Hier verrät sich, daß die *heute* herrschende Bildungsvorstellung — und nur um diese geht es hier — weniger in der Philosophie als vielmehr in deren heruntergekommener Schwester, der Weltanschauung, ihren Ursprung hat. Sobald es nämlich um konkrete Dinge geht wie um Lehrstoffe, da sind die Konflikte vergessen; da sucht man nach einfachen, klaren, in sich stimmenden und möglichst eindeutigen Weltmodellen wie »Heimat«, »Demokratie-Diktatur«, »Familie« oder »Gemeinde«. Die politischen Konflikte als solche ernstzunehmen und nicht nur als »Material« für die unermüdliche Produktion und Reproduktion von »Einsichten«, die man aus nicht weiter ersichtlichen Gründen vorher in sie hineinspekuliert hat — dies müßte das weltanschauliche Anliegen der Bildungsideologie sprengen. Daß sich unter dem Begriff der Bildung möglicherweise zutiefst widersprüchliche Unterrichtsaufgaben verbergen — wie Orientierungswissen, Bildungswissen und Aktionswissen —, die nicht einfach auf einen Nenner zu bringen sind, gerät ebensowenig in den Blick wie die andere Erkenntnis, daß man heute für die verschiedenen sozialen Horizonte — Familie, Beruf, Freizeit usw. — sehr Widersprüchliches lernen muß.

3. Die deutsche Bildungsideologie ist eine individualistische Theorie vom Menschen und der Welt. Das treibt sie nicht nur dazu, an der Illusion von der »politisch-mündigen

Persönlichkeit« festzuhalten und damit die heute einzig erfolgversprechenden kollektiven Formen der politischen Beteiligung zu ignorieren; sie hat vielmehr überhaupt kein Organ dafür, daß Wissen, Fertigkeiten und Fähigkeiten nur dann gelernt und verinnerlicht werden, wenn sie sich irgendwo in sozialen Bezügen reproduzieren können. Daß viele Jugendliche — namentlich die berufstätigen — politisch desinteressiert sind, kann die Bildungsideologie allenfalls mit psychologischen oder moralischen Mängeln erklären oder durch den Hinweis auf die erziehungsfeindliche Wirkung der Vergnügungsindustrie; dabei läge es aber näher zu vermuten, daß man außerhalb der Schule politisches Interesse vielleicht gar nicht mehr braucht, um mit anderen Menschen zu kommunizieren.

Vielleicht kommt es heute gar nicht mehr so sehr darauf an, die einzelnen Menschen durch die politische Erziehung im Jugendalter mit einem fragwürdigen weltanschaulichen Kosmos von »Bildungsgütern« auszustaffieren, der als eine Art Kompaß den Rest des Lebens zu steuern vermag. Vielleicht ist es wichtiger, die außerhalb der Schule vorhandenen politischen Informationsmöglichkeiten und Möglichkeiten der politischen Beteiligung souverän handhaben zu lernen: nicht nur eine fragwürdige »politische Weltkunde« abfragbar zu lernen, sondern politische Fernsehsendungen und seriöse Journalistik kritisch handhaben zu lernen; nicht nur Aufsätze über das Wesen der athenischen Demokratie, sondern zum Beispiel Leitartikel über die Spiegel-Affäre zu schreiben, die gegenüber den Klassenkameraden in der politischen Auseinandersetzung »durchgestanden« werden müssen; überhaupt: nicht alles zu lernen, was für das spätere Leben nötig ist, sondern dasjenige, was dazu befähigt, weitere Informationen dann einzuholen, wenn man sie braucht.

Daß die gegenwärtige Bildungstheorie ganz allgemein nicht vermocht hat, überzeugende Vorschläge für die Reduktion der Stoffe zu machen, liegt an ihrer inneren Struktur, deren wesentliche formale Kennzeichen wir eben skizziert haben und die Theodor Wilhelm treffend einen

»Selbstinduktionskreis« genannt hat. Würde sie »Lernen« als einen lebenslangen Prozeß begreifen, der sich wesentlich in konkreten sozialen Interaktionen und unter souveräner Benutzung der dafür längst vorhandenen Dienstleistungsinstitutionen vollzieht und nur so überhaupt noch vollziehen kann (Massenmedien, Behörden, Beratungsstellen, Erwachsenenbildung usw.) —, dann würde sie zwar praktikable Kriterien für die Stoffbeschränkung gewinnen, zugleich aber auch ihren weltanschaulichen Anspruch aufgeben müssen. Vor allem müßte sie etwas aufgeben, was ihr gerade in diesem Jahrhundert so wichtig geworden ist: den Kampf gegen die »formale Bildung«. Denn die Probleme der politischen Beteiligung lehren uns, daß die intellektuelle und moralische Schärfung der Erkenntnis-, Urteils- und Handlungs*instrumente* wichtiger ist als ein Sammelsurium von Stoffen, die erst dann gebraucht werden, wenn sie schon wieder vergessen sind. Wir müssen heute für die Lebensbewältigung so viel wissen, daß wir nur noch sehr begrenzt »auf Vorrat lernen« können. Wenn es nicht gelingt, unser Lernen so ökonomisch zu organisieren, daß wir das meiste uns dann verschaffen, wenn wir es wirklich brauchen, dann werden wir nicht nur an der politischen Beteiligung, sondern auch an allen anderen Lernaufgaben hoffnungslos scheitern. »Lernen« heißt heute nicht zuletzt auch, sinnvoll »vergessen« zu üben. Dies hat aber unweigerlich zur Folge, daß wir die formalen Aspekte des Lernens wieder viel ernster nehmen müssen.

Der Kampf gegen die »formale Bildung« hatte zu Beginn unseres Jahrhunderts einen berechtigten Kern, insofern er sich gegen die alte »Pauk-Schule« wandte. Aber er geriet von Anfang an und bis auf den heutigen Tag in eine Liaison mit der spätbürgerlichen Weltanschauung, von deren falschen Alternativen er seine Munition bezog. »Materiale« kontra »formale« Bildung, Engagement kontra Reflexion, Gesinnung kontra Rationalität, Emotionalität kontra Rationalität, »Ganzheit« kontra Atomisierung, Gemeinschaft kontra Gesellschaft, Bildung kontra Wissenschaft — dies alles waren von Anfang an falsche Alternativen, die dazu dienten, Gesinnungen zu denunzieren, die einem nicht paßten. Als ob irgendjemand ohne Engagement ausdauernd reflektieren könnte, als ob die Leidenschaft zur klaren Rationalität selbst nicht schon eminent emotional wäre! Indem man »Wissenschaft« zu einem Popanz von nur noch messenden und zählenden Intellektuellen stempelte, war die Bahn frei für eine Bildungsvorstellung, in der kritisches und methodisch kontrolliertes Denken schlechthin als Bruch mit der richtigen Gesinnung gelten konnte.

Die gegenwärtige bundesrepublikanische Bildungsideologie hat ihren geschichtlichen Ursprung also viel weniger bei Humboldt und den deutschen Klassikern — wie sie sich das gerne einbildet — als vielmehr in den Weltanschauungslehren der Jahrhundertwende. Gerade dies aber macht sie unfähig und unzuständig zugleich, sich kontrolliert rational auf die Phänomene des Politischen einzustellen, weil doch gerade die Kapitulation davor ein wesentlicher Grund ihrer Entstehung war.

Dieser knappe und gewiß auch wegen seiner Kürze etwas überspitzte Exkurs war nötig, um noch einmal zu erklären, weshalb wir im bisherigen Gang der Überlegungen uns nicht einfach den vorliegenden begrifflichen Orientierungssystemen der Bildungstheorie anvertrauen konnten, sondern — auf Kosten einer klaren Systematik — uns den entscheidenden Problemen der politischen Didaktik von vielen Seiten nähern mußten. Und wenn wir im nächsten Teil des Buches versuchen, die bisherigen Ansätze zu einer didaktischen Theorie der Politik weiter auszubauen und zu systematisieren, so werden wir die Kritik an der deutschen Bildungsideologie noch weiter als bisher treiben müssen, ohne sie allerdings zu einem dominanten Thema werden zu lassen.

ZWEITER TEIL: DIDAKTISCHE KONSTRUKTION

Die vier Ebenen der Lerninhalte

Die bisherigen Überlegungen waren nicht ohne Grund so wenig systematisch. Es galt zunächst, die vielfältigen Verschränkungen von Politik und Pädagogik nicht aus dem Auge zu verlieren. Wie sehr die objektive und die subjektive Seite, die pädagogischen und die politischen Momente, die Probleme und die Lösungsvorschläge miteinander verknüpft sind — gerade dies mußte zunächst deutlich werden. Auf diese Weise haben wir erreicht, daß alle wesentlichen Probleme unseres Themas zur Sprache gekommen sind, keines aber wirklich ausgeführt werden konnte. Dies gilt es nun nachzuholen. Dabei können wir uns jetzt auf den Versuch einer gewissen Systematik einlassen. Die Gefahr nämlich, sich dabei in eine eingleisige Richtung drängen zu lassen, dürfte gebannt sein, nachdem die bisherige Darstellung die komplexen Zusammenhänge wohl genügend bewußt gemacht hat.
Es hat sich gezeigt, daß politische Beteiligung auf mindestens vier verschiedenen Ebenen gelernt werden muß:
auf der Ebene des Bildungswissens,
des Orientierungswissens,
der politischen Verhaltensweisen,
des Aktionswissens.
Nun müssen wir uns etwas genauer mit diesen vier Ebenen beschäftigen.

Wir haben gesehen, daß die Art des Bildungswissens und der in ihm gestiftete Zusammenhang große Bedeutung für das politische Bewußtsein haben. Das Bildungswissen verklammert die konkreten politischen Urteile mit den politischen Normen. Wenn das Politische selbst keine Auskunft geben kann über die Werte, die durch es verwirklicht werden sollen, dann tritt die Bedeutung des Bildungswissens klar in das Blickfeld. Da andererseits das Aktionswissen jene Form des menschlichen Wissens ist, die alles Gewußte auf ein bestimmtes politisches Entscheidungshandeln zuordnet, muß es einen Bereich des Wissens, der Vorstellungen und Erfahrungen geben, der nicht völlig im jeweils Gebrauchten aufgeht und der auch das Reservoir enthält, aus dem Normen, Möglichkeiten und Vorstellungsgehalte immer wieder neu entnommen werden können. Deshalb dürfen Bildungsfächer wie »Geschichte« eben nicht nur von den Bedürfnissen der politischen Gegenwart her inhaltlich bestimmt werden, sondern müssen gerade eine gewisse Autonomie gegenüber diesen Bedürfnissen behalten. Sonst wird eine bloße Instrumentalisierung der Bildungsgehalte auf aktuelle Bedürfnisse hin unausweichlich, und im Extremfall wird ihrer falschen Politisierung Tür und Tor geöffnet.
Dieser Zusammenhang läßt sich durch drei Thesen klarmachen. Erstens: Nur das Bildungswissen kann das Reservoir der Normen für das politische Bewußtsein enthalten. Zweitens: Nur das Bildungswissen kann das Reservoir der Vorstellungen enthalten, das umfangreicher sein muß, als der aktuelle Gebrauch erzwingt. Drittens: Nur das Bildungswissen ist das Reservoir der anderen Möglichkeiten für die Änderung und Verbesserung der politischen Verhältnisse. Da wir die These, Politik sei kein autonomer Seinsbereich, sondern eine Art und Weise der Wertverwirklichung, schon vorher begründet haben, seien lediglich den beiden letzten Thesen noch einige Bemerkungen gewidmet.

Die Vorstellungen über die Ordnung des politischen Lebens können nicht oder jedenfalls nicht vollständig dem Politischen selbst entnommen sein. Das gilt nicht nur für die Wertvorstellungen, wie sie etwa das Grundgesetz repräsentiert, sondern auch für die Funktionsvorstellungen. Daß zum Beispiel politische Macht verteilt bleiben soll — ob nun in der Form der klassischen Gewaltenteilung oder in einer anderen Form —, diese Forderung ist ja in ihrem Grunde keine bloß funktionelle Vorstellung. Schon die politischen Klassiker, die diese Lehre entwickelt haben, konnten dabei auf eine Reihe anthropologischer Vorentscheidungen nicht verzichten. Alle klassischen politischen Theorien waren immer zugleich Theorien über den Menschen, seine Bedürfnisse, Leidenschaften, Hoffnungen und Wünsche. Sie speisten sich aus zahlreichen Quellen: aus den politischen Erfahrungen der eigenen Zeit; aus der philosophischen Tradition; aus der Literatur, die darauf verzichten konnte, die Bilder, die sie vom besseren Menschsein entwickelte, auch gleich politisch verwirklichen zu müssen; aus einer Religiosität, die sich dagegen wehrte, das jeweils Daseiende als das einzig Vernünftige oder gar von Gott Gewollte anzusehen. Aus dem, was im Verlaufe der menschlichen Geschichte gedacht wurde, sowie aus dem, was gegenwärtig in Literatur, Kunst, Religion und Philosophie geschieht, erwachsen die Vorstellungen, die, gerade weil sie nicht unmittelbar für die politische Gegenwart gedacht wurden, Distanz und Verfremdung zu ihr ermöglichen. Wird hier von vornherein aus dem Blickpunkt der unmittelbaren Brauchbarkeit gefragt, wird das Ausmaß der Brauchbarkeit durch Lehrpläne in der Form von Stoffen bereits vorentschieden, so wird gleichsam von Amts wegen immer schon behauptet, was es doch gerade zu beweisen gilt. Gerade dann, wenn Jugendliche sich mit solchen Gehalten zunächst ohne Rücksicht auf Anwendbarkeit beschäftigen, eine durch die Natur der Sache diktierte geistige und emotionale Erfahrung mit ihnen machen, machen sie sich diese Gehalte mittelbar auch für künftige Anwendungen verfügbar.

Das sei an zwei Beispielen kurz erläutert: Die Beschäftigung mit sozialen und wirtschaftlichen Vorstellungen aus den Zeiten vor der Industrialisierung hat im Hinblick auf die gegenwärtige politische Welt ihren Sinn nicht darin, daß aus ihr eine unmittelbare Hilfe für deren Bewältigung zu entnehmen sei — das wäre Sozialromantik —, sondern gerade darin, daß es als das uns Fremde gleichwohl in der Vorstellung nachvollzogen und damit zu einer kritischen Instanz für gegenwärtige Verhältnisse, Bedürfnisse und Lebensmaximen wird. Dies mag auch Klafki gemeint haben, wenn er sagt: »Überliefert soll das werden, was dem jungen Menschen helfen kann, seine Gegenwart und seine Zukunft besser zu verstehen und menschlich zu meistern« (70, S. 103). Aber liegt das nicht vielleicht gerade in dem, was dem jungen Menschen auf den Blick nicht dafür geeignet zu sein scheint: in der Beschäftigung mit überholten, nicht unmittelbar mehr anzuwendenden Weisen menschlichen Daseins? Kann man überhaupt mehr darüber sagen als dieses, daß es eine die Gegenwart relativierende und verfremdende Daseinsweise sein müsse? Oder ein anderes Beispiel: Wer die Szenen aus Brechts »Furcht und Elend des Dritten Reiches« nicht im Rahmen ihrer künstlerischen Struktur verstehen kann, dem entgeht auch eine bestimmte Weise des Zugangs zum politischen Thema der »unbewältigten Vergangenheit«, die durch keine andere Weise gänzlich kompensierbar ist. Oder er entnimmt hier die bloße Story, die ihm — ohne das Korrektiv der künstlerischen Struktur — unbegrenzt manipulierbar, zur Bestätigung der vorgefaßten Meinung wird. Hier gilt sinngemäß, was Adorno vom Musikunterricht forderte: »Jede Berufung aufs Ethos der Musik, die es nicht in ihrer eigenen Gestalt, sondern in ihrer Funktion aufsucht, arbeitet jenem Ethos entgegen und trägt das ihre bei zum Schuldzusammenhang der universalen Fungibilität« (»Dissonanzen«, 2. Aufl., Göttingen 1958, S. 113).

Ähnliches läßt sich auch zur Stützung der dritten These sagen, die ja nur eine Variante der zweiten enthält: Auch jene Vorstellungskomplexe, die als utopische Momente künftige Möglichkeiten als Wirklichkeiten antizipieren, liegen gerade in jenen primär nichtpolitischen kulturellen und geschichtlichen Bereichen beschlossen, mit denen wir uns unter dem Gesichtspunkt der Bildung beschäftigen.

Da also eine solche bildende Begegnung mit kulturellen Gehalten unersetzlich für das produktive politische Bewußtsein ist, werden prinzipiell alle jene von ihm ausgeschlossen, denen man die Fähigkeit dazu entweder nicht glaubt zumuten zu können oder die man — etwa unter dem Stichwort des »konkreten Denkens« — für etwas anderes geeigneter hält. Wenn eine Begegnung mit kulturellen Objektivitäten unter dem damit verbundenen intellektuellen Anspruch nicht stattfindet, dann werden die Werte, die Vorstellungen und die utopischen Momente des Politischen manipulierbar; denn da auch das naive Bewußtsein nicht auf sie verzichten kann, werden sie aus anderen Quellen beschafft. Wer zum Beispiel nicht lernt, was Literatur ist, hat deshalb ja nicht etwa einen »weißen Flekken« in seinem Vorstellungshorizont, sondern er wird diese Lücke ausfüllen, etwa durch Illustriertenromane oder Fernsehspots. Damit ist unter den gegenwärtigen schulpolitischen Bedingungen ein bedenkliches Urteil über die politische Beteiligung derjenigen gesprochen, die sich mit dem 8- oder 9jährigen Volksschulabschluß begnügen müssen — und das sind immerhin etwa 80 Prozent der heranwachsenden Bevölkerung. Jede didaktische Theorie, die sich nicht von vornherein an eine Begegnung mit der Objektivität kultureller Ansprüche wagt, sich vielmehr mit Derivaten aus zweiter Hand begnügt oder die sich gar mit der vorgeblich ganz anders gearteten Begabung entschuldigt, muß wissen, was sie damit sagt: daß die überwiegende Mehrheit des Volkes prinzipiell keine geistige Distanz und damit eben auch keine politische Selbständigkeit gewinnen könne. Sicher sind »Objektivität« und »Subjektivität« sehr problematische philosophische Begriffe geworden. Wollten wir daraus allerdings in der Pädagogik den Schluß ziehen, die Lehrgegenstände seien nur das, was man — mehr oder weniger zufällig — davon versteht, dann gäbe es keine neuen geistigen Erfahrungen mehr, sondern nur noch immer erneute Information zur Fütterung des ein für allemal festgelegten Interpretationssystems. Die Schwierigkeit, im einzelnen Falle an die Objektivität eines kulturellen Sachverhaltes heranzukommen — ihn also seiner Subjektivität und seiner gesellschaftlichen Funktionalisierung zu entkleiden —, kann die Richtigkeit des Anspruchs nicht in Frage stellen.

Daraus folgt nun unausweichlich, daß die Aufgaben der gegenwärtigen Erziehung und Unterrichtung nicht mehr allein unter dem Begriff der »Bildung« zusammengefaßt werden können. So sehr wir bisher dafür eingetreten sind, daß nur der allgemein Gebildete auch politisch gebildet sein kann, so klar ist andererseits geworden, daß politische Bildung und Allgemeinbildung nicht sich harmonisch ergänzende, sondern sich widersprechende Aufgaben sind. Das, was heute noch unersetzbar mit dem Begriff der Bildung gemeint sein kann und was wir im Hinblick auf die Aufgaben der politischen Beteiligung — also keineswegs vollständig — zu präzisieren versuchten, muß auf ganz bestimmte Aufgaben beschränkt werden. Unter diesem Aspekt scheint es mir sinnvoll, nur noch im Hinblick auf ganz bestimmte Fächer von »Bildung« zu sprechen: zum Beispiel Literatur, Kunst, Geschichte, Philosophie und Religion. Und dies auch nur dann, wenn die dazu nötigen Kulturtechniken so weit angeeignet sind, daß man auch wirklich von einer Fähigkeit zur Begegnung mit den Gehalten sprechen kann. In diesem Sinne dürfte niemand vor seiner Pubertät bildungsfähig sein.

Wenn wir den Begriff des Bildungswissens in dieser Weise einschränken, dann setzen wir damit das ursprünglich mit dem Begriff »Bildung« Gemeinte nicht nur wieder in eine rechte Position, wir würden auch manchen Gefahren vorbeugen: daß die Lebenstechniken in der Erziehungsplanung zu kurz kommen, weil sie nicht in den hohen Anspruch der Bildung hineinpassen; daß die Gedanken von Schulbuchautoren oder drittklassigen Literaten zu »Bildungsgehalten« werden, weil die Schüler zu einer bildenden Begegnung im engeren Sinne noch gar nicht in der Lage sind, gleichwohl aber alle pädagogischen Tätigkeiten unter »Bildung« rubriziert werden müssen; daß abgestandene Moral und »Tiefsinn aus zweiter Hand« (Adorno) als philosophische Weisheit ausgegeben werden müssen. Gewiß sind die Lebens- und Kulturtechniken nicht an sich zu lernen, sondern immer nur an den jeweiligen Gehalten. Aber das muß ja nicht heißen, daß jene Gehalte mehr

hergeben sollen, als sie nun einmal können. Auch das, was ohne großen Hintersinn im Alltag an Fertigkeiten, Kenntnissen und Fähigkeiten gebraucht wird, ist ja wichtig für die menschliche Existenz und zweifellos die Voraussetzung dafür, auf einer höheren Stufe des Bewußtseins auch die Fähigkeit zur bildenden Begegnung zu erlangen.
Indem man seit den neuhumanistischen Klassikern das Wort »Bildung« zum Zeichen aller denkbaren pädagogischen Situationen und Aufgaben machte, liquidierte man zugleich den hohen objektiven und subjektiven — sachlichen und intellektuellen — Anspruch, der dem Begriff einst innewohnte. Heute steht dieses Wort für einen Prozeß der scheinhaften Demokratisierung des Erziehungswesens, weil es nicht dazu führte, möglichst viele Menschen zur Erfüllung des ursprünglich gemeinten Anspruchs fähig zu machen, sondern dazu, diesen Anspruch in immer kleineren Münzen nach unten umzusetzen, bis schließlich eins wie's andere aussieht: Goethe wie Walter Flex, »Hiroshima mon amour« wie »Immensee«, das Kirchenlied wie der Schlager, Montesquieu wie der Oberregierungsrat Meier (»Vom Sinn demokratischen Lebens«), die Straßenverkehrsregeln wie die Regeln der alten Poetik, der Jugendgruppenleiter wie der Bundeskanzler, der industrielle Arbeitsplatz wie die griechische Akademie. »Bildung« im gegenwärtigen undifferenzierten Sprachgebrauch steht für die Kapitulation der Pädagogik vor der kulturindustriellen Mentalität.

Damit setzen wir uns in ausdrücklichen Gegensatz zu Wolfgang Klafki (70, S. 92), der gerade den Begriff der »Bildung« — im eben kritisierten umfassenderen Sinne — beibehalten möchte. Dies scheint mir deshalb eine unhistorische Betrachtungsweise zu sein, weil dieser Begriff im Neuhumanismus, also in einer bestimmten historischen Situation, geprägt wurde und dort allerdings als Chiffre für die Einheit aller Bildungs- und Erziehungsaufgaben gesehen wurde. Heute hingegen wären die widersprüchlichen Lernaufgaben nur noch formal-abstrakt mit einem Begriff zu bezeichnen, insofern sie alle sich jeweils auf ein und denselben Menschen beziehen. Mit einer solchen Formalisierung des Begriffes aber drohen gerade auch die unverzichtbaren Einsichten jener Tradition unscharf zu werden, auf deren nachdrückliche Aufhebung für die Gegenwart es uns hier entscheidend ankommt. Im Anschluß an Adornos Gedankengang in der »Theorie der Halbbildung« (2) sehe ich die fortschrittlichen Momente der klassischen deutschen Bildungsvorstellung, die der Aufhebung wert sind, gerade in der dialektischen Kehrseite jener Momente, die heute am schärfsten kritisiert werden. So sehr zweifellos das Desinteresse dieser Bildungsvorstellung an der modernen Arbeitswelt und an der Gesellschaft im ganzen der deutschen pädagogischen Tradition geschadet haben, so sehr nahm die klassische Bildungstheorie damit aber auch eine Forderung vorweg, die erst sehr viel später ökonomisch und gesellschaftlich realisiert werden konnte: die Forderung nach einer geistigen und kulturellen Existenz in ausdrücklicher Distanz zu den gesellschaftlichen Funktionalisierungen der kulturellen Objekte und Subjekte. Wenn man aber nun wie Klafki mit dem Begriff der Bildung gerade das an dieser Tradition aufnimmt, was zu ihren zeitbedingten Momenten gehörte — die Vorstellung einer eindeutig konzipierbaren Inhaltlichkeit des Bildungsvorganges —, dann läßt man auch jene fortschrittlichen Momente in der Versenkung der Geschichte verschwinden. Dagegen erscheint es mir viel sinnvoller, den Begriff »Bildung« heute gerade für solche Partien der Erziehung und Unterrichtung zu reservieren, bei denen es im Interesse der produktiven Verwendbarkeit nicht um die geradlinige und unmittelbare Verwendung gehen kann. Wenn man alle Aufgaben der heutigen Erziehung und Unterrichtung — von der Verkehrserziehung bis zum Literaturunterricht — unter einem Begriff subsummieren will, dann wird dieser Begriff zudem für die sachliche Analyse sinnlos. Die von Klafki (70, S. 93f.) herangezogenen jüngsten pädagogischen Definitionen der Bildung erweisen sich denn auch insofern als sinnlos, als sie keinerlei Erkenntniswert mehr besitzen. Wenn es bei Litt etwa heißt, Bildung verdiene eine Verfassung des Menschen zu heißen, »die ihn in den Stand setzt, sowohl sich selbst als auch seine Beziehungen zur Welt in Ordnung zu bringen«, dann hat diese Formulierung einen sehr geringen Erkenntniswert. Wer könnte eine solche formale Bestimmung nicht für sich in Anspruch nehmen? Aber selbstverständlich hatte Litt sehr bestimmte inhaltliche Vorstellungen über »Ordnung« und andere Schlüsselworte seiner Definition. Hätte er sie aber klargelegt, dann wäre seine Definition wertlos geworden, weil man sich nicht mehr auf sie hätte einigen können. Genau dies ist aber die offene oder geheime Hoffnung, die in solchen Definitionen steckt: durch die magische Kraft des Wortes »Bildung« zu einer dem pluralistischen Meinungsstreit entrückten pädagogischen Zielvorstellung zu gelangen. Das kann jedoch nur gelingen, wenn man die Abstraktionsebene hoch genug ansetzt. Dann aber überspielen solche Formulierungen nur die tatsächlichen Schwierigkeiten. — Und wenn Erich Weniger sagt, Bildung sei der Zustand, in dem man Verantwortung übernehmen und zugleich dort, wo man sich nicht sachverständig weiß, Vertrauen schenken kann, — dann sind damit zwei Erfahrungen ausgesprochen, die dem gesunden Menschenverstand ebenfalls einleuchten: daß wir uns nicht mehr für alle Verantwortungen hinreichend vorbereiten können und daß die Übernahme bestimmter Verantwortungen bestimmte Lernleistungen voraussetzt. Einen Erkenntniswert besäße diese Bestimmung allerdings erst dann, wenn geklärt würde, welche Verantwortungen welche Lernleistungen voraussetzen. Ferner wird Eugen Fink zitiert: »Bildung ist im ursprünglichen Sinne die geistige Auseinandersetzung des Menschen mit der Welt, das wissentliche und willentliche Selbst- und Weltverständnis des menschlichen Daseins.« Es gibt aber zahlreiche heute unerläßliche Lernvorgänge und Lernleistungen, die mit »geistigen Auseinandersetzungen« nicht das geringste zu tun haben, gleichwohl aber für die Existenz des Heranwachsenden von unmittelbarer Bedeutung sind: Verkehrsunterricht zum Beispiel oder die Fähigkeit, sich in unverbindlichen geselligen Kommunikationen bewegen zu können. Klafki selbst liefert den Beweis, daß das heute sinnvoll mit Bildung zu Bezeichnende nur noch bestimmter Teil der umfassenderen Aufgaben sein kann: »Bildend sind nicht die besonderen Sachverhalte als solche, sondern die an ihnen oder in ihnen zu gewinnenden Struktureinsichten oder Gesetzeserkenntnisse, die erfaßten Prinzipien oder die erfahrenen Motive, die beherrschten Methoden oder die verstandenen Fragerichtungen, die angeeigneten Grundformen oder Kategorien, schließlich: die erfahrenen Grenzen« (70, S. 121). Entweder wird hier ein Scheinproblem formuliert, insofern es »die besonderen Sachverhalte als solche« schlechterdings nicht gibt, sondern immer nur Erkenntnis von Besonderem auf dem Hintergrund von Allgemeinem. Oder aber es soll gesagt werden, daß die Einzelheiten gemessen an den Prinzipien und Strukturen verhältnismäßig unwichtig sind. Dann wäre das allerdings für den Verkehrsunterricht oder für den politischen Unterricht fatal, denn in diesen Bereichen können gerade die Einzelheiten über Leben und Tod entscheiden.

Indem wir den Begriff »Bildungswissen« auf bestimmte Formen des menschlichen Wissens einengen, greifen wir auf einen Ansatz zurück, den Max Scheler in seinem Buch »Die Wissensformen und die Gesellschaft« (Leipzig 1926) entwickelt hat. Er unterschied zwischen »Bildungswissen«, das dem Werden und der Entfaltung der Person dienen soll, und »Herrschafts-« oder »Leistungswissen«, das auf die »praktische Beherrschung und Umbildung der Welt für unsere menschlichen Ziele und Zwecke« gerichtet ist (S. 250ff.). Dabei räumte er allerdings dem Bildungswissen eine höhere Weihe und auch die Funktion der Synthese für die anderen Wissensformen ein. Er blieb damit im Horizont der auf Eindeutigkeit der Bildungsinhalte gerichteten Bildungstradition. Aber gerade eine Priorität der einen Wissensform gegenüber einer anderen läßt sich heute nicht mehr überzeugend durchhalten — jedenfalls nicht auf der Ebene prinzipieller Klärungen. Wir können wohl sagen, daß ein bloßes, auf unmittelbare Lebensdurchsetzung angelegtes Orientierungs- oder Funktionswissen ohne das Korrektiv des Bildungswissens richtungslos bleibt und daß umgekehrt ein Bildungswissen ohne komplementäres Funktionswissen sich nicht mehr in der privaten und kollektiven Lebenspraxis realisieren kann. Beide Formen des Wissens sind also aufeinander angewiesen, aber dennoch nicht aufeinander zurückführbar.

Orientierungswissen

Indem wir den Begriff der Bildung und des Bildungswissens auf einen bestimmten Teilbereich der erzieherischen Gesamtaufgabe zurückschraubten, haben wir uns den Blick freigemacht für die Bedeutung und Eigenart der zweiten Ebene des politischen Wissens, der Ebene des politischen Orientierungswissens. Darunter können wir eine Fülle von Lerninhalten zusammenfassen, die einerseits offensichtlich zur Durchsetzung der politischen Beteiligung notwendig sind, andererseits sich schon einer vordergründigen und pragmatischen Überlegung erschließen. Niemand kann zum Beispiel sein noch so richtiges politisches Bewußtsein konkret praktizieren, wenn er nicht über elementare Techniken im Umgang mit Behörden verfügt. Niemand kann sich politisch beteiligen, wenn ihm nicht ein bestimmter politischer Sprachschatz gegenwärtig ist, der nun einmal in der Erörterung politischer Streitfragen eine Rolle spielt und dessen Abstraktheit nicht durch bösen Willen oder schlechte Pädagogik, sondern durch die Eigenart der Sache selbst begründet ist.

»Orientierungswissen« bezeichnet etwas, was man bisher meist »Sozialkunde« genannt hat. Einer allenthalben auf »Bildung« erpichten Pädagogik ist es nie recht gelungen, mit der Sozialkunde etwas Rechtes anzufangen. Konnte sie mehr sein, als nur eine dubiose Miniatursoziologie? Darf man sich überhaupt mit der bloßen Realität von Gesellschaft, Wirtschaft und Staat befassen? Nach unseren Ausführungen über das Bildungswissen sind solche Fragen falsch gestellt. Worum geht es in Wirklichkeit? Alle jene Werte und Vorstellungskomplexe, die mit Recht als der eigentliche Gehalt von Bildung angesehen werden, bleiben so lange abstrakt, ja, haben in Wahrheit gar nicht die Qualität von Vorstellungen, wie sie nicht in Bezug gesetzt werden können zur Realität der gegenwärtigen politischen, wirtschaftlichen und gesellschaftlichen Welt. Was nutzt es, sich in der allgemeinen Bildung einen Begriff von den menschlichen Bedürfnissen gemacht zu haben, wenn man sich zugleich die moderne Volkswirtschaft nach dem Schema von Muttis Haushaltsplan erklärt, Finanzbeamte für gute Freunde hält, mit denen sich über Schulden reden lasse, und die Weltpolitik für ein Schauspiel zwischen charakterfesten und weniger charakterfesten Männern? Jeder Mensch hat seit seiner überstandenen Pubertät eine mehr oder weniger richtige, aber für ihn in sich schlüssige Gesamtvorstellung von seiner politischen Gegenwart, mit der er zugleich sich selbst und die politische Welt erklärt. Es kann also nur darum gehen, ob diese gegenwärtige politische Welt so in einem oder mehreren Modellen verdichtet werden kann, daß sie als ein Ganzes mit hinreichender Richtigkeit in ihrer banalen Realität verstanden wird. Ein Blick in die einschlägigen Sozialkundelehrbücher belehrt uns sofort, wie unheilvoll die hier falschen Bildungsansprüche gewirkt haben. Die Stoffpläne sind zwar an sich verdienstvoll und enthalten auch gewiß an sich wichtige Lehrinhalte, aber charakteristisch ist, daß sie erst gar nicht den Versuch unternehmen, die gegenwärtige politische Welt als Ganzes zu begreifen. Sie verdoppeln nur die ohnehin vorhandene Neigung, dieses Ganze als etwas Irrationales, ja Schicksalhaftes hinzunehmen. Sie bringen keine Orientierung, sondern bestenfalls einige Tips, wie man sich — etwa im Beruf — besser einrichten könne. Das gilt sogar für die wohl am besten durchdachten Sozialkundelehrbücher von Wolfgang Hilligen (»Sehen - Beurteilen - Handeln«, Frankfurt 1960).

Es scheint mir aber, daß mit etwa vier Systemen kommunikativer Zusammenhänge der Sozialkunde ein solides Gerüst gegeben werden könnte: durch ein *»System der Produktion und des Marktes«*, ein *»System der Verwaltung«*, ein *»System der politischen Herrschaft«* und ein *»System der internationalen Politik«*.

In dem Wort »System« soll zum Ausdruck kommen, daß es von vornherein um die Betrachtungsweise des Ganzen geht, also um Funktionszusammenhänge. Dabei lassen wir die Schwierigkeit außer acht, daß natürlich diese vier Systeme in Wirklichkeit mannigfaltig miteinander verschränkt sind. Es kann hier nicht unsere Aufgabe sein, in Form detaillierter Lehrpläne diese Systeme zu entfalten. Dies bedürfte einer intensiven Zusammenarbeit mit den entsprechenden Fachvertretern und kann schon von der Sache her nicht Aufgabe der Pädagogik allein sein. Aber es soll versucht werden, diesen Vorschlag zu verdeutlichen.

Beim »System der Produktion und des Marktes« geht es um die technischen und ökonomischen Grundlagen der modernen Volkswirtschaft. Zu den technischen Grundlagen gehören etwa die mechanischen, chemischen und maschinellen Grundelemente der Produktion, zu den ökonomischen die Bedeutung von Kapital und Arbeit, der Markt als System von Angebot und Nachfrage; ferner die Hauptwirtschaftszweige wie Landwirtschaft, Grundstoffindustrien und Verarbeitungsindustrien sowie das System der

Produktionsverteilung und der Dienstleistungen, schließlich ein System der Berufe und der verschiedenen Wirtschaftsverbände. Wie man hier im einzelnen elementarisieren kann, muß sorgsam überlegt werden. Das dürfte vielfach leichter sein, als es auf den ersten Blick scheint. Selbst das Prinzip des Regelmechanismus kann man lernen, ohne daß man auf physikalische Einzelheiten der Elektronentechnik unbedingt zurückgreifen muß. Mit dem Grundsatz der »Rückmeldung«, den man schon an einfachen menschlichen Kommunikationen ablesen kann, kann erklärt werden, wieso in der automatisierten Produktion der Arbeiter durch die Maschine ersetzt wird.

Unter unserem politischen Gesichtspunkt muß man Bedenken gegen den Vorschlag einer »technischen Elementarbildung« erheben, wie er neuerdings von Martha Engelbert (»Stoff und Form«, Frankfurt 1954) und C. Schietzel (»Technik und Natur«, Braunschweig 1960) vorgebracht wurde. Diese Überlegungen stehen nicht nur in der Gefahr, wieder mit dem Begriff der »Bildung« verbogen zu werden, sondern gehen auch von einem isolierten Begriff der Technik aus, wie er sich zwar allenthalben in der zivilisationsfeindlichen Kritik der letzten Jahrzehnte findet, kaum aber in der Wirklichkeit des gesellschaftlichen Lebens. Dort nämlich findet sich »Technik« immer nur in Verbindung mit »Ökonomie«, eben mit dem System der Produktion und des Marktes. Nicht, daß alles »machbar« geworden sei, ist unser Problem, sondern daß alles nur unter den Voraussetzungen des Marktes machbar ist — und vieles, was gemacht werden müßte, eben nicht gemacht werden kann. Nicht »Technik« stiftet die Probleme in der Arbeitswelt, sondern eher schon der durch die Marktsituation diktierte Zwang nach »Rentabilität«. — Ein systematisiertes Wissen zu diesem Thema würde auch für die Berufsvorbereitung junger Menschen von erheblicher Bedeutung sein. Was nützt es denn, das Thema »Du und Dein Beruf« zu behandeln, wenn die konkreten Berufe dabei nicht in einen Zusammenhang gebracht werden, der sich wiederum nur aus einem Gesamtverständnis des Systems der Produktion und des Marktes ergeben kann? Wie kann man in unseren Sozialkundelehrbüchern vom »Umgang mit dem Geld« sprechen, ohne daß dabei herauskommt, welche Funktion die Investition in diesem technisch-ökonomischen Zusammenhang hat? Ist es ein Wunder, daß die pädagogischen Begründungen für das Sparen oft von einer rührenden ökonomischen Naivität sind?

Das System der Verwaltung könnte rein sachlich natürlich im System der politischen Herrschaft dargestellt werden. Aber da innerhalb der modernen Sozialstaaten die Formen der Verwaltung sehr umfangreich geworden sind, hat es schon Sinn, sie gesondert zu behandeln. Auch hier käme es auf Elementarisierung an, auf die Kenntnis der wichtigsten Verwaltungszweige, die ja auch zugleich Ausdruck der wichtigsten gesellschaftlichen Aufgaben sind, sowie vor allem auf die wichtigsten Grundsätze und Prinzipien: die Befehlsstruktur etwa oder die Grundsätze der Finanzverwaltung.

Das System der politischen Herrschaft ist ebenso wie das System der internationalen Politik bisher am stärksten zur Geltung gekommen und auch vom Problem der Elementarisierung her am gründlichsten durchdacht worden. Das liegt nicht zuletzt daran, daß in unserer konservativen politischen Tradition diese beiden Komplexe als im eigentlichen Sinne »politisch« galten, während die anderen beiden dem Bereich des Sozialen vorbehalten waren. Parlament, Parteien, Rechtsprechung, politische Verbände, politische Institutionen, Wahlrecht, Wähler auf der einen und Ost-West-Bündnisse und Entwicklungsländer auf der anderen Seite kennzeichnen die hauptsächlichen Knotenpunkte solcher Modelle.

Diese vier Systeme des Orientierungswissens sollen uns eine Art sechsten Sinn verschaffen, der wie das Auge die Wirklichkeit vorordnen kann, damit wir sie überhaupt erst einmal wahrnehmen können. Wenn das System der Produktion und des Marktes verstanden ist, kann erst daran die Frage des Sinnes oder der Humanität gestellt werden. Aber weder solche Fragen noch die darauf möglichen Antworten erwachsen aus dem Funktionszusammenhang selbst, sie können ihm nur aus einem anderen Potential — eben dem der Bildung — gegenübertreten. Diese vier Systeme würden zwischen »Bildungswissen« und »Aktionswissen« einen sehr dynamischen Akzent erhalten. Sie ließen sich auch — was für die Zukunft vielleicht nicht unwichtig ist — für Lernmaschinen programmieren, gerade weil sie positivistisch verstanden werden und aller normativen Probleme entkleidet sind.

Es wurde schon gesagt, daß solche Lehrgänge nur in enger Zusammenarbeit mit den zuständigen Fachwissenschaften entwickelt werden können. Das hat nun auch zur Folge, daß wir viel stärker als bisher auch den wissenschaftlichen Sprachgebrauch in die Schule übernehmen müssen. Unsere Systeme benötigen einen Sprachkanon, wie er in den politischen Auseinandersetzungen unserer Tage auch tatsächlich verwandt wird. Wenn die Pädagogik hier von sich aus andere Begriffe ins Spiel bringt, dann verfälscht sie nicht nur die Sachzusammenhänge, sie arbeitet dann vielmehr auch der politischen Beteiligung entgegen, weil sie die Menschen nicht auf die tatsächlichen Kommunikationen vorbereitet. Es gäbe vielleicht eine sehr einfache Möglichkeit, einen solchen Begriffskanon zu ermitteln. Man könnte ihn mit rein statistischen Mitteln dem guten Journalismus entnehmen. Der Journalist muß ja sozusagen von berufswegen abwägen, welche Fachausdrücke zur Informierung der politischen Öffentlichkeit unerläßlich sind und auf welche man verzichten kann. (Vgl. zum Problem der Begrifflichkeit: Bergstraesser, 12, S. 60, und Teschner, in: 112, S. 139.)

Für die Unterrichtspraxis würde die Forderung nach Systematik bedeuten, daß man nicht im Sinne des klassischen Lehrgangsmodells den Stoff stufenweise aufbaut, sondern von vornherein aufs Ganze zielende Kategorien im Verlauf des Unterrichts differenziert. So kann man etwa das System der Produktion und des Marktes so unterrichten, daß man — dem Verständnis der Altersstufe entsprechend — mit den Kategorien »Angebot« und »Nachfrage« beginnt, mit denen ja in der Tat das naive Bewußtsein das ganze System für hinreichend erklärt hält. Der weitere Unterricht differenziert nun, so daß die groben begrifflichen Raster durch immer feinere ersetzt werden. Der nächste Schritt könnte etwa sein, daß die Kategorie »Angebot« durch »Produktion« und »Verteilung« unterschieden wird.

Politische Verhaltensweisen

Politische Verhaltensweisen sind die subjektive Seite des objektiven politischen Orientierungswissens. Insofern ist es eigentlich überflüssig, sie als besondere Lernebene herauszuheben. Andererseits ist das Verhalten niemals nur eine kausale Folge des Wissens. Man muß auch auf dieser Ebene üben und lernen. Deshalb erscheint es im Hinblick auf die pädagogische Praxis gerechtfertigt, diese Lernebene gesondert zu betrachten. Worum geht es?

Es genügt offenbar nicht, dem Heranwachsenden die Objektivität der politisch-ökonomischen Welt vorzustellen, wenn er nicht zugleich lernt, mit ihr umzugehen und sich in ihr durchzusetzen. Das System der Produktion und des Marktes kann er sich durch bestimmte Geldtechniken verfügbar machen (Sparen nicht primär als moralisches Postulat, sondern als Technik, sich auf dem Konsummarkt optimale Vorteile zu verschaffen; Kredit als Teilnahme am geplanten wirtschaftlichen Risiko usw.). Dem System der Verwaltung gegenüber gibt es nicht nur Rechte des Bürgers, sie müssen auch wahrgenommen werden können. Dazu ist eine Kenntnis der wichtigsten schriftlichen und mündlichen Formen im Umgang mit der Verwaltung ebenso nötig wie eine Kenntnis der verschiedenen Beschwerdeformen. Schließlich muß geübt werden, wie man sich an eine Verwaltung wendet, wenn man Hilfe braucht. Hier gilt erfahrungsgemäß auch die Umkehrung: Wer sich von der Verwaltung nicht gerecht behandelt fühlt und nicht zugleich an die Mittel der Korrektur denken kann, der wird schließlich auch die Ungerechtigkeit der Behandlung selbst nicht mehr wahrnehmen. — Schließlich gehört zu dieser Lernebene auch, seine Meinung und seinen politischen Willen gegenüber anderen Menschen erfolgreich durchsetzen zu können. Völlig in Vergessenheit geratene Fertigkeiten der »appellativen Sprache« müssen wieder geübt werden. Mit anderen Worten: wir müssen lernen, Leitartikel zu schreiben und in Versammlungen nicht nur richtig, sondern auch erfolgreich zu argumentieren.

Aber es ist noch eine grundsätzlichere Überlegung notwendig. Wir haben oben gesagt, daß es nicht angeht, im Bereich der Bildung sich der humanitären Ideale zu versichern und zugleich sich die moderne Volkswirtschaft nach dem Modell von Muttis Haushaltsplan vorzustellen. Das gilt nicht nur für die Ebene der geistigen Vorstellungen, sondern auch für die der Verhaltensweisen. Wenn man von der wohltuenden Erfahrung intimer Gemeinschaften aus sich in den komplizierten gesellschaftlichen Verhältnissen bewegen will, wird man notwendig Enttäuschungen erleben. Ohne Zweifel lernen wir die grundlegenden sozialen Tugenden in intimen Gemeinschaften, deren Mitglieder wir immer erneut vor Augen haben. Das gilt besonders für die Sozialverhältnisse in der Familie und der Freundschaft. Hier sind die sozialen Beziehungen sehr stark emotional besetzt, und die spezifische Sozialkategorie ist die des Vertrauens. Aber in den intimen Sozialsituationen stützt sich das Vertrauen vor allem auf die hinreichende Kenntnis desjenigen, dem vertraut wird. Es stützt sich sozusagen auf die »Personalität« des anderen. Nun kann man von »Vertrauen« noch in einem anderen Zusammenhang sprechen. Ich vertraue zum Beispiel darauf, daß mein Antrag beim Finanzamt objektiv und korrekt bearbeitet wird. Aber dieses Vertrauen stützt sich nicht auf die Personalität des Finanzbeamten — den ich in der Regel gar nicht kenne —, sondern auf die Institution, der er angehört, darauf, daß die Kontrollen dieser Institution nicht zulassen werden, daß mein Antrag anders als korrekt behandelt wird. Damit ziehe ich aber diesem Beamten gegenüber auch alle persönlichen Gefühle zurück, die gerade das Vertrauen gegenüber dem Freund und dem Familienangehörigen begründen.

Wenn wir davon ausgehend uns einmal in Gedanken die Vielfalt der menschlichen Beziehungen vorstellen, zu denen wir in der modernen Welt gezwungen sind, dann lassen sie sich wohl in drei Gruppen zusammenfassen. Auf der ersten Ebene haben wir es mit dem *personalen Umgang* zu tun. Es ist dies die Ebene der Intimität, wo wir gleichsam unser ganzes Menschsein in die Beziehung einbringen — jedenfalls soweit das überhaupt möglich ist. Hier ist vor allem an Familienbeziehungen und Freundschaften zu denken. Diese Ebene interessiert uns hier nur der Vollständigkeit halber, im übrigen hat sie mit unserer politischen Betrachtungsweise recht wenig zu tun — es sei denn, man denkt daran, daß zum Beispiel fehlende emotionale Geborgenheit in der Familie negative Rückwirkungen auf das Selbstbewußtsein hat, was wiederum nicht ohne Rückwirkungen auf die Souveränität im politisch-gesellschaftlichen Bereich ist. Vertrauen, Liebe, Wahrhaftigkeit, Kameradschaft usw. sind wohl diejenigen Verhaltensweisen, die auf dieser Ebene — und nur hier! — ihren Sinn und ihre Berechtigung haben. Wie verheerend es sein kann, mit solchen Sozialerwartungen auch der Politik gegenüberzutreten, das hat vor allem die nationalsozialistische Ideologie der »Volksgemeinschaft« bewiesen. Wer mit solchen Erwartungen der modernen Gesellschaft gegenübertritt, der muß geradezu betrogen werden.

Die zweite Ebene, die des *gesellschaftlichen Umgangs*, ist für unseren Zusammenhang schon viel interessanter. Es ist dies die Ebene des gesellschaftlichen Verkehrs mit fremden oder jedenfalls nicht intim bekannten Menschen, sofern sie uns nicht vorwiegend als Repräsentanten einer öffentlichen Institution gegenübertreten: Kollegen am Arbeitsplatz, die anderen Verkehrsteilnehmer, Partner bei geselligen Veranstaltungen usw. Während es uns leicht fiel, die Verhaltensweisen in der intimen Sozialsituation zu beschreiben, fehlen uns hier schon im buchstäblichen Sinne die Worte. »Neutrales Wohlwollen«, »Informalität« sind kaum mehr als Chiffren. Unsere Sprache hat offensichtlich für diese Kommunikationsebene noch gar keine richtigen Worte ausgebildet, was andererseits heißt, daß alle unsere Sozialvorstellungen aus intimen Sozialerfahrungen stammen. »Die anderen, das ist die Hölle«, hat Sartre gesagt, und er hat recht, wenn alle Menschen, denen wir im Zeitalter der mobilen Gesellschaft begegnen, von uns die Anstrengung intimer Verhaltensweisen erwarten sollten. Unser seelischer Haushalt setzt für den personalen Umgang deutliche Grenzen. Auf der Ebene des gesellschaftlichen Umgangs müssen wir offenbar den Menschen immer »insofern« gegenübertreten, insofern sie unsere Festpartner, unsere Arbeitskollegen, unsere Zimmernachbarn im Hotel, unsere Mitreisenden usw. sind. Wir beschränken uns ihnen gegenüber gewissermaßen in einer »Rolle«, uns interessiert zunächst gar nicht, was sie sonst noch sind oder sein könnten. Es geht nun keineswegs darum, diesen Umgang wieder auf den personalen zurückzuführen — von dem er ja auch nicht ausgegangen ist —, sondern ihm gleichsam eine eigene Weihe zu geben, ihn in bestimmter Weise zu kultivieren. Ich glaube, daß dieser Bereich menschlichen Umgangs eher nach einer Art »Ästhetik der Kommunikation« verlangt denn nach einer Tugendlehre. Man kann es auch so sagen: Die Inhalte der Kommunikation sind hier mit einem erheblichen Spielraum ausgestattet, so daß es vor allem auf die Kultivierung der Formen ankommt. So schreibt unsere Gesellschaft für bestimmte soziale Situationen bestimmte Formen vor. Aber diese Formen legen ein konkretes Verhalten nicht eindeutig fest, sondern geben ihm nur einen Rahmen, in dem es sich individuell artikulieren kann. Es ist nun eine alte Weisheit, daß das soziale Selbstbewußtsein eines Menschen unter anderem davon abhängt, ob er solche Formen beherrscht oder nicht. Unter dem Aspekt der politischen Bildung heißt das, daß von niemandem ein politisches Selbstbewußtsein erwartet werden darf, der nicht mit Selbstvertrauen solche gesellschaftlichen Formen beherrscht.

Die dritte Ebene der Sozialbeziehungen möchte ich den *politischen Umgang* nennen. Er betrifft den Umgang mit Menschen, insofern sie uns als Repräsentanten einer Institution, also in einer bestimmten Funktion gegenübertreten. Der politische Umgang ist also die am eindeutigsten funktionalisierte Beziehung zwischen Menschen überhaupt. Diese Funktion ist inhaltlich meist recht genau ausgefüllt. Die Beziehung zu einem Finanzbeamten, einem Verbandsvertreter, einem Parlamentarier oder dem Bundeskanzler ist inhaltlich zwar jeweils verschieden, dennoch aber klar beschreibbar. Sie ist viel stärker festgelegt, als die zu einem Gast auf einer Hausparty — um mit einem Beispiel aus der Ebene des gesellschaftlichen Umgangs zu vergleichen. Auf dieser Ebene verläßt uns die Sprache noch mehr. Welche Verhaltensweisen sind hier spezifisch? Ich möchte sie unter dem Begriff der »kritischen Loyalität« zusammenfassen. Jeder »institutionelle Repräsentant« kann — in einer demokratischen Gesellschaft — zunächst einmal von den Bürgern Loyalität erwarten, das heißt das Zutrauen, daß er so, wie er handelt, institutionsangemessen, also in Entsprechung zu seinem öffentlichen Auftrag handelt. Zugleich aber muß der Bürger durch seine kritische Voreinstellung dafür sorgen, daß diese Entsprechung auch erhalten bleibt. Ohne diese kritische Einstellung der Bürger kann es also letztlich kein institutionsangemessenes Verhalten mehr geben. Wenn also im politischen Unterricht nur von den Pflichten und nicht zugleich auch immer von den Rechten des Bürgers gesprochen wird, ist ein wichtiges Moment der »kritischen Loyalität« bereits verletzt.

Ist es aber nicht geradezu »unmenschlich«, so ohne weiteres für eine menschliche Beziehung einzutreten, die auf eine rein institutionelle Funktion beschränkt ist? Es wäre so, wenn ein Repräsentant, sagen wir der Finanzbeamte, durch diese Funktion in seinem Menschsein konstituiert wäre. Aber er ist ja auch Glied einer intimen Sozialität, die ihm Personalität ermöglicht, er ist ebenfalls — auf der zweiten Ebene — gesellschaftlicher Partner anderer Menschen. Grundsätzlich kann jeder einzelne mit ihm auf jeder der drei Ebenen zu tun haben. Wenn ich also mit jenem Finanzbeamten dienstlich zu tun habe, ist es eine »Unmenschlichkeit« — wenn wir so pathetische Worte nun einmal gebrauchen wollen —, ihn nicht in seiner institutionellen Repräsentation ernst zu nehmen, seine Institution nicht genügend zu kennen und ihm ein Verhalten abzuverlangen, das aus der ersten sozialen Ebene stammt und das er auf dieser Ebene nicht einlösen kann. Die auf dieser Ebene gebotenen Verhaltensweisen müssen offensichtlich eigens im Verlaufe der Erziehung gelernt werden, sie ergeben sich nicht von selbst. Sie sind für den Erfolg der eigenen politischen Aktion unerläßlich. Institutioneller Repräsentant ist der Vorgesetzte im Betrieb, der Lehrer in der Schule, der Beamte der Exekutive gegenüber dem Bürger, der Politiker, der Verbandspolitiker usw. Daß es sich dabei in der Sache um recht verschiedene Ebenen der Repräsentation handelt, ändert nichts daran, daß sie unter dem subjektiven Aspekt des Umgangs mit ihnen eine ähnliche Bedeutung haben.

Die drei Ebenen der Sozialität sind vor allem dadurch unterschieden, daß die emotionale Intensität des Bezuges in dem Maße abnimmt, wie die rationale zunimmt. Nun wäre es abwegig, die den drei Ebenen zugeordneten spezifischen Verhaltensweisen als die einzigen anzusehen, die überhaupt in Betracht kommen. Der Träger einer Funktion bleibt ja ein Mensch, und ich verhalte mich zu ihm ja anders als etwa zu dem Briefmarkenautomaten, der auch eine Funktion erfüllt. Es gibt, so wollen wir der Vollständigkeit halber hinzufügen, offenbar eine Reihe von Verhaltensweisen, die unspezifisch für die einzelnen Ebenen sind, gefühlsindifferente Verhaltensweisen, die auf allen Ebenen der Kommunikation — wenn auch nicht immer in gleicher Weise — gelten oder wenigstens gelten sollten. Ich nenne »Fairneß«, »Takt«, »Kooperationsfähigkeit«, »Höflichkeit«, »Sachlichkeit«, »Hilfsbereitschaft« usw. Da sie nicht spezifisch für den politischen Umgang sind, gleichwohl aber dafür notwendig, gelten sie also auch als Forderung einer politischen Erziehung.

Hier nun scheint es geboten, Mißverständnissen entgegenzutreten, die sich um den Begriff der »Partnerschaft« gerankt haben. Das institutionell ausgedrückte Machtverhältnis etwa zwischen Lehrer und Schüler und zwischen Vorgesetzten und Untergebenen im Betrieb ist nicht dadurch zu umgehen, daß jene unspezifischen Umgangsformen den Stil des Umgangs bestimmen. Die darin zum Ausdruck kommende Menschlichkeit des Umgangs kann nicht die Funktionalität überhöhen oder gar abschaffen.

Im Gegenteil, sie schlagen um in Selbsttäuschung und Manipulation, wo sie nicht durch jene spezifischen Verhaltensweisen des politischen Umgangs ergänzt und beschränkt werden. Deshalb ist hier auch äußerste Vorsicht im Umgang mit dem Wort »demokratisch« geboten. »Demokratisch« ist ein Betrieb erst dann, wenn er seinen Mitarbeitern Mitbestimmung an den grundsätzlichen Entscheidungen ermöglicht. Diese Frage ist aber nicht in das subjektive Belieben der beteiligten Personen gestellt. Die Bereitschaft des einzelnen zur Kooperation oder die Fairneß im Umgang miteinander führen nicht automatisch zu einer demokratischen Struktur.
Politisches und gesellschaftliches Selbstbewußtsein hängen wesentlich davon ab, ob man sich in diesen drei Verhaltensebenen sicher fühlt. Die hier geforderten Lernleistungen haben weniger mit Erziehung zu tun — wenn man darunter die Eingewöhnung in soziale Spielregeln versteht — als vielmehr mit Bewußtseinsbildung und damit mit Unterricht. Angemessene politische und gesellschaftliche Verhaltensweisen können nur auf einer hochgradig abstrakten Intellektualität beruhen, weil sie sich schon gegen die verführerische Emotionalität der Umgangssprache immer wieder behaupten müssen.

Wenn ich recht sehe, gibt es bisher noch keine pädagogische Theorie des sozialen Verhaltens, die die Unaustauschbarkeit der verschiedenen Sozialsituationen gebührend berücksichtigt hätte. Auch Otto F. Bollnow (»Wesen und Wandel der Tugenden«, Frankfurt 1958) argumentiert so, als ob wir in einer gleichsam einebigen sozialen Welt lebten. Sehr viel näher kommt unserem Problem schon die viel zuwenig beachtete Arbeit des katholischen Philosophen Joseph Pieper (»Grundformen sozialer Spielregeln«, 4. Auflage, Frankfurt 1962). Pieper unterscheidet die Ebenen der »Gemeinschaft«, der »Gesellschaft« und der »Organisation«. Er schrieb das Buch schon 1933 und wandte sich damals gegen die Absolutsetzung gemeinschaftlicher Sozialformen in der bündischen Romantik und in den politischen Formationen. Obwohl gerade die dritte Ebene — die Organisation — die Probleme des politischen Umgangs nur sehr ungenau trifft, sind die Unterschiede zwischen gemeinschaftlichem und gesellschaftlichem Verhalten um so klarer herausgearbeitet.

Für sich genommen sind weder »Bildungswissen« noch »Orientierungswissen« noch »politische Verhaltensweisen« schon politisch. Sie werden nicht von sich aus schon produktiv, wenn es gilt, in einem politischen Konflikt vernünftig Partei zu ergreifen. Das ist vielmehr erst dann möglich, wenn das »Aktionswissen« die Vermittlung herstellt. Das Aktionswissen enthält von sich aus keine Inhalte, die nicht schon auf den anderen Ebenen vorhanden wären, sondern es aktualisiert sie auf einen politischen Konflikt hin. Dabei handelt es sich keineswegs nur um das Verhältns von Kenntnis und Anwendung — also um bloße Technik —, sondern indem das Wissen angewendet wird, bekommt es gleichsam einen neuen Inhalt und eine neue Struktur. Wichtig ist nun zu sehen, daß die politische Anwendung und damit die Politisierung des Gewußten eben nicht von selbst erfolgen, also dem Lernenden selbst überlassen werden dürfen, sondern in der politischen Bildung und Erziehung eigens gelernt werden müssen. Der im pädagogischen Sprachgebrauch bewanderte Leser muß sich klarmachen, daß nicht etwa das »Bildungswissen« die Aufgabe der Synthese in unserem Modell übernimmt. Unsere These ist ja gerade, daß das Bildungswissen beim Akt der Aneignung am allerwenigsten auch schon die Merkmale der Anwendbarkeit in sich enthält, enthalten kann und sollte. Es hat vielmehr eine korrigierende Aufgabe bei der Anwendung des Gewußten auf politische Streitfragen.

Vermittlung: Kategorien der Begegnung mit dem Politischen

Wenn das Aktionswissen die anderen Ebenen des politischen Wissens und Verhaltens jeweils konkret zu einer Einheit zusammenfaßt, so schafft es auch die Vermittlung zwischen ihnen. Diese Vermittlung müssen wir nun soweit wie möglich inhaltlich bestimmen, da sie ja bisher nur formal begründet wurde.

Wir haben gesehen, daß alle Versuche, das Politische stofflich festzulegen, zum Scheitern verurteilt waren. Sie führten nur dazu, den Begriff des Politischen ins Uferlose auszuweiten oder umgekehrt die Auswahl der politischen Sachverhalte zu subjektivieren, weil das Politische selbst nicht seine Definitionsmerkmale verrät. Stofflich gesehen ist alles politisch und zugleich nichts: Was war zum Beispiel in der Spiegel-Affäre politisch? Einige geheimnisvolle Telefongespräche, die Wirkung eines Artikels, die Verhaftung von Bürgern, Demonstrationen, Fernseh- und Rundfunkberichte, Zeitungsartikel und andere öffentliche Stellungnahmen, Parlamentsdebatten und vieles mehr.

Stofflich lassen sich alle diese Tatsachen auf bestimmte unpolitische Fachzusammenhänge zurückführen: Staatsrecht, Ethik, Strafrecht, Journalistik, Massenkommunikation und anderes. Nur ein Phänomen ist nicht darauf zurückzuführen: der Tatbestand der Kontroverse. Hätte sich niemand den Maßnahmen gegen das Nachrichtenmagazin widersetzt, wäre die ganze Angelegenheit ein reiner Verwaltungsakt geblieben. Wir schlagen vor — was sich bereits durch unsere ganze Untersuchung als roter Faden hindurchzog —, in Zukunft nur noch in diesem engen, dafür aber jeweils verifizierbaren Sinne von Politischem zu sprechen. Politisch wäre dann das, was in einer Gesellschaft umstritten ist oder wird. Die Auseinandersetzung um die Strafrechtsreform ist dann nicht minder politisch als die Gotteslästerungsprozesse der letzten Jahre oder die Vereinbarung über die Passierscheinfrage in Berlin. Demnach ist Politik kein eigener »Seinsbereich« wie die Literatur oder das Religiöse, sondern eine Implikation aller Seinsbereiche. Oder anders ausgedrückt: Politik ist kein ontologisch fixierbarer Gegenstand, sondern ein jeweiliges Problematischwerden der Massenkommunikation.

Wenn wir diese Definition des Politischen der politischen Didaktik zugrunde legen können, dann haben wir zunächst eine gewisse Sicherheit, im Unterricht nicht unpolitisch zu verfahren, — ein Verdacht, der der politischen Pädagogik, wie wir sahen, immer wieder nicht zu Unrecht entgegengebracht wird. Wir können uns dann auch nicht mehr täuschen lassen von Stoffen, die selbst so politisch seien, daß man sie eigentlich gar nicht unpolitisch behandeln könne. Dagegen wissen wir, daß man an sich so politische Themen wie den Ost-West-Konflikt oder die Spiegel-Affäre unpolitisch behandeln kann. Davor schützt niemals der Stoff selbst. Das Ergebnis einer Diskussion der Spiegel-Affäre kann etwa in der politisch-irrelevanten Feststellung bestehen, daß die Menschen eben schwache Geschöpfe seien. Alles, was wir stofflich lehren können, ist nur potentiell auch politisches Wissen, insofern es nämlich politische Implikationen enthält. Ob diese Implikationen im Bewußtsein realisiert werden oder nicht, hängt davon ab, ob sie angesichts eines Konfliktes sich zum Aktionswissen strukturieren.

Diese Feststellung bleibt nun so lange rein formal, wie es nicht gelingt, diese Implikationen näher zu bezeichnen, und zwar sowohl inhaltlich wie auch normativ. Gibt es vielleicht politische »Kategorien«, die diesen Anspruch halten können? Lassen sich, subjektiv gesehen, bestimmte Grundfragen bestimmen, die als eigentümlich politische Fragestellungen solche Implikationen von Fall zu Fall mit inhaltlichem Leben füllen? Ließe sich der immer wieder auftauchende Verdacht der politischen Einseitigkeit, ja der Unangemessenheit des politischen Unterrichts erklären, wenn sich herausstellte, daß diese Einseitigkeit dadurch zustande kommt, daß nur bestimmte und zu wenige Kategorien verwendet wurden? Indem wir im folgenden versuchen, solche Kategorien zu ermitteln, wollen wir gleichzeitig die bisher noch kontroversen Positionen innerhalb der politischen Pädagogik zu einer Synthese zusammenfassen; denn keine der nun folgenden Kategorien ist neu in der Diskussion, neu ist lediglich die Art und Weise der Zusammenfassung. Es geht uns nun also um »eine Art Koordinatensystem des Nachdenkens« (Heinrich Schneider, 119, S. 21).

Der politische Unterricht sieht politisch-gesellschaftliches Geschehen immer unter dem Aspekt der Auseinandersetzung zwischen Menschen. Wir bringen mit dieser Kategorie nur auf den Begriff, was der stofflichen Entscheidung bereits zugrunde lag, indem wir aktuelle politische Kontroversen als den eigentlichen Gegenstand des politischen Engagements und Erkennens ansahen. In der Spiegel-Kontroverse lag der Konflikt im Widerspruch von Staatsschutz und Pressefreiheit bzw. zwischen den ihn repräsentierenden Personen beschlossen. Die Konflikte sind also allgemeiner Natur. Sie können demnach auch durch neue aktuelle Auseinandersetzungen wieder aufbrechen. In der Soziologie hat man versucht, die gesellschaftlichen Beziehungen der Menschen mit Hilfe einer Konflikttheorie zu deuten. Die Tatsache, daß es wenigstens vorläufig nicht möglich ist, die verschiedenen Formen gesellschaftlicher Konflikte zu einer einheitlichen Theorie zusammenzufassen, wie Dahrendorfs Ansatz zeigt, soll uns hier nicht weiter stören, da es uns nicht um fachwissenschaftliche Systematik geht (24, S. 133ff.).

Mit dieser Kategorie tragen wir den Bemühungen Litts und Wenigers Rechnung, das Politische wesentlich als Auseinandersetzung zu begreifen, um den Andersdenkenden nicht als Abweichler zu denunzieren. Im Sinne von Dahrendorfs Begriffsbestimmung gelten uns hier die Konflikte als »objektive«, d. h. nicht nur als unabhängig von ihrer Bewußtheit, sondern auch als unabhängig von ihrer »Manifestation« (24, S. 201). Daß sich politische Bildung heute auf den Konfliktcharakter des politischen Lebens stützen kann, ohne den Zusammenhalt der Gesellschaft zu sprengen, führt Dahrendorf darauf zurück, daß sich die Gegensätze der Klassengesellschaft so vermindert hätten, daß ihre »Institutionalisierung« und damit eine Regelhaftigkeit ihres Austrages möglich geworden sei. »Wer eine Gesellschaft ohne Konflikte herbeiführen will, muß dies mit Terror und Polizeigewalt tun; denn schon der Gedanke einer konfliktlosen Gesellschaft ist ein Gewaltakt an der menschlichen Natur« (24, S. 128f.).

Konkretheit

Diese Kategorie ist bereits eingegangen in unsere Erörterung zur Rolle der Aktualität. Politische Entscheidungen sind hinsichtlich ihres Anlasses wie hinsichtlich ihrer Folgen konkrete und einmalige Entscheidungen. Die objektiven Konflikte werden nur konkret manifest: die Spiegel-Kontroverse etwa in den Maßnahmen, die sie auslösten und mit denen darauf geantwortet wurde. Die Beschäftigung mit objektiven Konflikten in ihrer abstrakten Allgemeinheit bliebe unpolitisch, würde sie nicht mit der Genauigkeit eines am Detail orientierten Unterrichts verbunden. Der pädagogische Gewinn einer Auseinandersetzung mit der Spiegel-Kontroverse liegt also nicht nur in der Aufdeckung des objektiven Widerspruchs von Staatsschutz und Pressefreiheit, sondern ebensosehr in der genauen Verfolgung dessen, was sich hier wirklich ereignet hat. Das politische Bewußtsein soll sich ja letztlich nicht an jenem abstrakten Konflikt engagieren — wo es über ein bloßes »sowohl als auch« nicht hinauskommen könnte —, sondern an eben dieser Auseinandersetzung, wie sie so und nicht anders zur Entscheidung stand. Politische Entscheidungen können sich immer nur auf konkrete Situationen beziehen.

Dabei ist die noch offene, ungelöste Gegenwartssituation nicht austauschbar mit den konkreten Analysen des Geschichtsunterrichts. Das sogenannte »genetische Prinzip«, historische Gewordenheiten auf den Prozeß ihres Werdens zurückzuführen, ist sicherlich eine gute Vorübung für das, was wir hier meinen. Aber niemals kann die historische Analyse — etwa der Vorgeschichte des Zweiten Weltkrieges — den Ernstfall eines möglichen dritten Weltkrieges ersetzen. Während man im Geschichtsunterricht weiß, wie es ausgegangen ist, weiß man eben nicht, ob die

Kubakrise oder der Streit um Berlin gut ausgehen. Dieses Moment des Ernstes und der Gefahr darf aus dem politischen Unterricht nicht hinausoperiert werden. Die didaktische Kategorie der Konkretheit soll das unter anderem verhindern.

Macht

Die Kategorie der Macht hat in den bisherigen Diskussionen der politischen Bildung eine erhebliche Rolle gespielt. Viele Autoren äußerten die Befürchtung, daß der Macht- und Kampfcharakter des Politischen übersehen werden könne. Die aus der Tradition des deutschen Idealismus und der Romantik stammende Philosophie der Macht wurde damit wieder aufgegriffen. Es zeigte sich allerdings, daß damit eine ganz bestimmte Sicht nicht nur der Macht, sondern auch des Politischen gemeint war. Man erinnerte an den Ambivalenzcharakter der Macht, an die Dialektik zum Recht. Charakteristisch für diese Äußerungen war, daß sie in der Regel das Phänomen der Macht an die Institution des Staates ketten wollten.
Die Einwände ergaben sich denn auch vor allem aus dem Hinweis, daß Macht heute ein so totaler Faktor des politisch-gesellschaftlichen Lebens sei, daß der Rekurs auf ihre staatliche Seite das Bild erheblich verfälschen müßte. Der Druck handfester Machtansprüche reicht heute von dem Trommelfeuer der Wirtschaftsreklame über die Gesetzgebung bis zu den allmächtigen staatlichen Verwaltungen. Selbst die spontane und gleichzeitig manipulierte öffentliche Meinung, in der sich Machtansprüche immerwährend reproduzieren, stellt eine Machtform dar, der der einzelne sich kaum entziehen kann, von der Macht alltäglicher Rollenerwartungen ganz zu schweigen. Die Möglichkeiten, politischen Gehorsam zu erzwingen, sind zahlreich und durchwalten das ganze Gefüge des öffentlichen Lebens. Ob und unter welchen Bedingungen staatliche Macht einen wenigstens moralischen Vorrang einnimmt, kann vorweg

nicht einfach durch Spekulation entschieden werden. Die Frage nach der Macht ist nur eine unter anderen wichtigen Fragen, die der Unterricht stellen muß.

Recht

Alle politischen Entscheidungen bewegen sich innerhalb rechtlich markierter Zusammenhänge. Der Respekt vor ihnen ist nicht nur eine für einen »Rechtsstaat unabdingbare moralische Forderung, vielmehr gehört die Kenntnis der rechtlichen Zusammenhänge auch zu jenen Tatsachenkomplexen, ohne deren Klärung im konkreten Fall kein Urteil entstehen kann« (Heinrich Weber, 135, S. 3). Aber Rechtslagen sind, wenn auch nicht willkürlich zu umgehen, so doch in der Regel änderbar. Es genügt also nicht, den Tatbestand einer rechtlich markierten Situation hinzunehmen, er muß vielmehr auch von anderen Kategorien, etwa der Menschenwürde, befragt werden. Zur Kategorie des Rechts gehören aber nicht nur die positiv fixierten Rechtsbestimmungen, sondern auch alle normativen Selbstverständlichkeiten. Auch sie müssen damit rechnen, im Falle des Konflikts von der öffentlichen Diskussion in Zweifel gezogen zu werden. Sie geraten dann ins Bewußtsein und müssen sich ebenso der rationalen Überprüfung stellen wie die Begründungen für das politische Handeln auch.

Funktionszusammenhang

Diese Kategorie sucht der Tatsache Rechnung zu tragen, daß unter modernen politisch-soziologischen Bedingungen alle politischen Einzelaktionen und Situationen auf zahlreiche andere einwirken, daß es also in der arbeitsteiligen Gesellschaft keine isolierten politisch-gesellschaftlichen Erscheinungen mehr gibt. In dieser Kategorie kommt sachlich wie ethisch das Ganze des politischen Zusammenlebens in den Blick. Sie enthält zudem die Forderung, die Verantwortung für Folgen zu übernehmen, die durch eine politische Maßnahme oder Unterlassung im Rahmen des Ganzen hervorgerufen werden. »Politische Bildung verlangt Klarheit über den dynamischen Zusammenhang des Ganzen der Politik ... Erkennen zu können, was wichtiger ist, darauf kommt es an« (Bergstraesser, 10, S. 557). Mit dieser Kategorie kommt auch der Begriff des Gemeinwohls in den Blickpunkt. Allerdings wird »Gemeinwohl« hier als Produkt eines ständig zu überprüfenden politischen Prozesses verstanden. »Das Gemeinwohl als die richtige Ordnung des Zusammenlebens verwirklicht sich in ständigem Dialog von Meinungen, Interessen und Ideen« (Heinrich Schneider, 118, S. 214).

Die wertvollste Hilfe der Wissenschaften für die politische Urteilsbildung liegt zweifellos in ihrer Möglichkeit, die Art und Weise des Zusammenhangs der politischen Erscheinungen materiell zu konkretisieren. Je mehr die ökonomischen und sozialen Wissenschaften in der Lage sind, Wirkungen und Folgen von Maßnahmen oder Unterlassungen im Ganzen des menschlichen Zusammenlebens mit hinreichender Genauigkeit vorauszusehen, um so mehr kann das politische Bewußtsein auch diese Wirkungen und Folgen in seine Verantwortung übernehmen. Es ist zu erwarten, daß die Rationalisierung des Politischen noch sehr viel weiter fortschreiten wird, daß die Möglichkeiten sorgfältiger Datenverarbeitung noch keineswegs erschöpft sind. Dadurch werden in Zukunft viel mehr Konsequenzen des politischen Handelns kalkulierbar.

In diesen Zusammenhang gehört auch die Berücksichtigung von Zukunftsperspektiven. Es stellt sich immer mehr heraus, daß der Funktionszusammenhang des gesellschaftlichen und staatlichen Lebens aufs schwerste gefährdet wird, wenn man ihn nicht durch langfristige Planung vorsorglich sichert und stabilisiert. Kein wirklich ernstes Problem, sei es im Bereich der Schulpolitik, der Medizin oder der Sozialversicherung, ist heute mehr durch einen einmaligen Akt der Gesetzgebung zu lösen, sondern nur durch langfristige Planung.

Die Kategorie des subjektiven Interesses kann sich aus Gründen, auf die schon Oetinger eindringlich hingewiesen hat, im allgemeinen Bewußtsein nur sehr schwer durchsetzen (104, S. 22ff.). Nicht zu Unrecht setzt hier ein Teil der politikwissenschaftlichen und soziologischen Kritik an der politischen Bildung ein. Für Sontheimer etwa ist ein Denken, das von den konkreten Interessen abstrahiert, unangemessen »und begünstigt nur jene, die ihre Parteiinteressen verabsolutieren und dann als Herrschaft einer einzigen Machtgruppe ... das Gemeinwohl unangefochten deklarieren wollen« (124, S. 76). Auch Adorno fordert von der politischen Pädagogik den einleuchtenden Verweis auf die unmittelbaren Interessen des Bürgers (3, S. 14).

Nun ist natürlich im politischen Unterricht allenthalben von Interessen die Rede, vor allem in der Formel von den Interessenverbänden. Es ist aber ein Unterschied, ob solche Interessen lediglich als eine Art verobjektiviertes Gegenüber dem Jugendlichen vorgestellt werden, als hätte er selber zu ihnen keinen Bezug, oder ob die Jugendlichen von der politischen Pädagogik dazu ermuntert werden, ihre eigenen Interessen zu ermitteln und sich nach den Chancen der Verwirklichung umzusehen. Es kann keinen Zweifel daran geben, daß politische Beteiligung und Verantwortung nur dort sinnvoll übernommen werden kann, wo dem ein subjektives Interesse zugrunde liegt. Interessen sind gleichsam die subjektive Seite von Politik; und wenn man die Grundrechte des Grundgesetzes nicht abstrakt, sondern in ihrer historischen Entstehung interpretiert — als einen gewissen Abschluß des Klassenkampfes und der Emanzipation —, dann versteht sich politische Beteiligung vornehmlich als das Recht, die je individuellen Interessen ins politische Spiel zu bringen. Der Begriff des Interesses muß dabei weit gefaßt werden. Er betrifft alle persönlichen Wünsche — nicht nur die materiellen —, deren Erfüllung irgendwie an politisch-gesellschaftliche Voraussetzungen gebunden ist und also nicht allein im

Bereich der persönlichen Lebensführung zu erreichen ist. Unsere Kategorie des Interesses bezieht sich also nicht bereits auf die gesellschaftliche Objektivierung — diese äußert sich unter anderem in den Konflikten —, sondern auf das je einzelne Individuum.

Im Hinblick auf die politische Jugendbildung könnte der Einwand erhoben werden, Jugendliche hätten angesichts ihrer noch nicht festgelegten sozialen Stellung auch keine oder jedenfalls keine gravierenden Interessen zu vertreten. Das trifft für Lehrlinge und berufstätige Jugendliche schon weniger zu als etwa für Oberschüler. Wichtiger aber ist die Erfahrung, daß Jugendliche in der Regel die politischen und sozialen Interessen ihrer Familien oder auch ihrer sozialen Schicht zu ihren eigenen machen — wie wohl überhaupt solche Interessen zwar je individuell artikuliert werden, aber jeweils auf soziale Beziehungen zurückverweisen. In den meisten Fällen aber werden die Interessen von den Jugendlichen gar nicht artikuliert, sondern sogar schlechterdings geleugnet. Sie unterliegen dabei einem Trugschluß, den aufzuhellen eine Aufgabe des politischen Unterrichts ist. Sie haben nämlich sehr wohl politische Interessen, nur merken sie oft nicht, daß sie sie in illusionärer Verkennung in der rein persönlichen Lebensführung für erreichbar halten, daß sie in Wahrheit sich unentwegt Versagungen leisten, die sie dann auf Befragung für ihre Interessen halten. So personalisieren sie etwa Konflikte am Arbeitsplatz, als ob der jeweilige Vorgesetzte schuld an der objektiven Zwangslage sei, deren Opfer er doch nur in gleicher Weise ist. Oder sie glauben noch uneingeschränkt an den unaufhaltsamen Aufstieg des Tüchtigen.

Wie sehr scheinbar private Konflikte des Alltags auf objektive Widersprüche zurückzuführen sind, zeigt schon die eigene Lebenserfahrung. Wie schwer es andererseits ist, aus dem Wust der von außen unermüdlich angesonnenen Interessen das, was man nun wirklich will und wünscht, wieder herauszufiltern, ist jedem bewußt, der sich um möglichst autonome politische Urteile bemüht.

Mitbestimmung

Die Mitbestimmung ist Grundsatz des Grundgesetzes. Sie gehört im umfassenden Sinne zu den Postulaten unserer demokratischen Gesellschaft, und zwar für alle Bereiche des politisch-gesellschaftlichen Lebens. Wendet man diese Kategorie konkret an, das heißt auf eine bestimmte politische Situation, so ermöglicht sie die Unterscheidung zwischen illusionären und realistischen Möglichkeiten. Sie legt dann auch gesellschaftskritische Aspekte frei, insofern die Gesellschaft Möglichkeiten der Mitbestimmung vorenthält, die sie im Grundgesetz wenigstens dem Sinne nach verspricht.

Von Mitbestimmung kann sinnvoll nur gesprochen werden, wenn es sich dabei um die Durchsetzung von Interessen handelt, die man selbst bewußt vertritt. Deshalb sind diese beiden Kategorien notwendig aufeinander bezogen. Die eine wird sinnlos ohne die andere. Insofern alle Erziehungsfelder auch Felder gesellschaftlicher Strukturen sind, gilt auch für sie das Postulat der Mitbestimmung. Eine Schule oder eine Tagungsstätte, die nicht in geeigneter Weise die Mitbestimmung der Schüler oder Tagungsteilnehmer ermöglicht, kann auch im Unterricht nicht überzeugend für sie eintreten.

Solidarität

Diese Kategorie zielt auf einen durchgehenden Tatbestand des Politischen. Jede politisch-gesellschaftliche Aktion nützt bestimmten Gruppen und benachteiligt gleichzeitig andere. Andererseits kann der einzelne nicht allein seine Interessen und Wünsche realisieren. Er bedarf dazu der Hilfe einer oder mehrerer Gruppen. Im Anschluß an W. Besson geben wir diesem Sachverhalt jenen positiven Akzent, den der Begriff »Solidarität« ausstrahlt.

Der moderne Mensch, so schreibt Besson, »lebt in der ständigen Sorge, seine Funktion einmal (zum Beispiel wenn er älter wird) nicht mehr ausreichend erfüllen zu können oder durch die sich immer weiter fortsetzenden Wandlungen der Produktionsverhältnisse isoliert zu werden und dadurch sozial abzusteigen. In dieser Urangst des technischen Menschen liegt der psychologische und soziologische Ursprung der Interessenverbände. Sie sind die politische Manifestation der Solidarität der an den verschiedenen Orten der technischen Welt an ihr Leidenden. Der Gedanke der sozialen Solidarität, ausgedrückt durch die Organisationsformen des modernen Interessenverbandes, ist die Abwehrwaffe der Ohnmächtigen und Abhängigen, der in der technischen Welt Mühseligen und Beladenen« (14, S. 303).

Wenn aber die gesellschaftlichen Gruppen nicht nur deshalb nötig sind, weil sie die politische Beteiligung der einzelnen vermitteln, sondern darüber hinaus jene moralische Bedeutung haben, von der Besson spricht, dann können sie umgekehrt auch ein gewisses Maß an Loyalität beanspruchen. Der einzelne Bürger muß also nicht nur sein eigenes Interesse bestimmen — dies ist seine wichtigste politische Leistung —, sondern er muß sich auch mit denjenigen Gruppen identifizieren, denen er jeweils seine Interessen anvertrauen kann. In dem Maße, wie die Klassengesellschaft sich nivelliert und die lebenslange Zugehörigkeit zum Schicksal einer einzigen sozialen Gruppe sich lockert, erstreckt sich die Solidarität immer stärker auf mehrere, möglicherweise konkurrierende Gruppen. Die Solidarität ist nicht ein für allemal festgelegt.
In unserem Modellfall der Spiegel-Kontroverse zum Beispiel erklärten sich Gruppen und Einzelpersonen mit einem Presseorgan solidarisch, die sonst zu seinen Gegnern zählten und inzwischen auch wieder zu Gegnern wurden. Die Identifikation des eigenen Interesses mit einer gesellschaftlichen Gruppe — zum Beispiel einer politischen Partei — ist also kein einmaliger Akt des Individuums, sondern ein ständiger Prozeß mit häufig wechselnden Partnern. Vielleicht ist heute überhaupt der Wechsel der Solidarität die wirksamste Form politischer Beteiligung. Jedenfalls gehört zum politisch bewußten Staatsbürger die Fähigkeit, die Vertretung seines Interesses ständig kontrollieren zu können.

In dem notwendigen Bemühen, der politischen Pädagogik ihre utopischen Perspektiven klarzumachen, ist Eugen Lemberg leider auf den Entwurf eines großgesellschaftlichen »Über-Ichs« verfallen. Unter Hinweis auf nationalsozialistische und kommunistische Erziehungserfolge meint er, »eine politische Erziehung« sei »zum Scheitern verurteilt, wenn sie den zu Erziehenden nicht in ein Ganzes bindet, das ihn übersteigt, das seine Hingabe herausfordert und von ihm Leistungen und Opfer verlangt«. Dazu »sollte die politische Pädagogik ihr farb- und phantasieloses Plädoyer für politisches Wohlverhalten bereichern, indem sie das Zukunftsbild einer integrierten Großgesellschaft entwirft, freilich nicht ohne diese, die bisherigen Nationen transzendierende Großgesellschaft in ein für die gesamte Menschheit gültiges Normensystem zu binden« (78, S. 134). Nehmen wir einmal an, Lemberg hätte damit in der Tat nicht nur ein Bedürfnis seiner Generation, sondern auch der heutigen jungen Generation treffend beschrieben, so bleibt — neben erheblichen politischen Einwänden — immer noch unklar, mit welcher Legitimation die politische Pädagogik ein solches Zukunftsbild inhaltlich ausstatten könnte, wenn schon die politische Wirklichkeit selbst kaum dazu auffordert — von der Frage, woher wohl das Normensystem für die Bindung an die gesamte Menschheit stammen sollte, ganz zu schweigen. Mir scheint, die nationale Verengung des politischen Horizonts läßt sich am besten dadurch überwinden, daß man junge Menschen dazu ermuntert, sich mit all den Menschen solidarisch zu fühlen, die in einem unmittelbaren Sinne an ihren politischen Verhältnissen leiden.

Ideologie

Diese Kategorie unterwirft Begründungen für das politische Handeln einer rationalen Kontrolle. Alles politische Handeln wird schon deshalb immer mit Begründungen versehen, weil Menschen dafür gewonnen werden müssen. In der pluralistischen Gesellschaft gehen solche Ordnungsvorstellungen in der Regel von bestimmten sozialen Gruppen aus, erstrecken sich aber auf die Gesamtheit der Gesellschaft. Die Doppelbödigkeit des Ideologiebegriffes — Verdeckung des partikularen Interesses und Theorie für die Ordnung des Ganzen — müßte sich in der Relation zur Kategorie der Solidarität ergeben. Es kommt für die politische Beurteilung auf beide Seiten an: Keine politische

Aktion erfolgt letztlich ohne ein Mindestmaß an Ordnungsvorstellungen; jede politische Aktion aber droht gerade diese Theorien zum Vorwand zu machen. Mit der Kategorie der Ideologie bedient sich der Staatsbürger der Erkenntnisse der Ideologiekritik, um seine Interessen wie seine erfolgreiche Interessenvertretung jeweils neu ermitteln zu können. Hans Jürgen Rathert (107) hat diese Kategorie für den politischen Unterricht gründlich analysiert.

Geschichtlichkeit

Diese Kategorie fragt nach dem Geschichtlichen, insofern es einen Konflikt mitbestimmt oder geradezu mitbegründet. Diese Frage öffnet eigentlich erst den Horizont fürs Aktuelle. Dabei geht es nicht um einen Geschichtsunterricht aus Anlaß eines politischen Konfliktes, sondern um die Bereitstellung des historisch Gewußten unter einem spezifischen Aspekt, der allein niemals einen Geschichtsunterricht begründen könnte. Keine wesentliche politisch-gesellschaftliche Streitfrage unserer Tage ist begreifbar ohne diesen historischen Aspekt. Der Verzicht auf ihn müßte also von vornherein den Sinn des politischen Unterrichts in Frage stellen. Wenn wir politische Urteile ohne Bewußtsein von der historischen Kontinuität fällen, dann werden diese Urteile auch bald ihre demokratischen Perspektiven verlieren. »Idee und Wirklichkeit fortschrittlichen Zusammenlebens sind ja nicht Produkt des Gegensatzes von kommunistischer und nichtkommunistischer Welt, sondern viel tiefer in der Vergangenheit unseres Kulturkreises verwurzelt« (Heinrich Schneider, 118, S. 210). Streng genommen muß die Kategorie der Geschichtlichkeit auf alle übrigen Kategorien selbst wiederum angewandt werden. Eine ideologische Begründung etwa für eine politische Maßnahme ist überhaupt wohl nur durch einen Rückgriff auf ihren historischen Entstehungszusammenhang angemessen zu verstehen. Aber uns geht es hier zunächst ganz vordergründig um die Kontinuität des Faktischen. In welcher Weise die geschichtliche Erfahrung politisch bedeutsam ist, hängt wesentlich davon ab, wie sie im Bewußtsein der Zeitgenossen verankert ist. Wenn zum Beispiel die Erinnerung daran, wie in der jüngsten Vergangenheit eine freiheitliche Gesellschaft in Diktatur umschlug, verloren geht, geht auch die Möglichkeit weitgehend verloren, diktatorische Tendenzen in der Gegenwart frühzeitig zu erkennen. Gewiß werden solche Tendenzen nicht immer in gleicher Form in Erscheinung treten, aber sie lassen sich leichter erkennen und ihre Konsequenzen werden stärker bewußt, wenn die Erinnerung an ähnliche Entwicklungen in der Vergangenheit lebendig erhalten bleibt.

Von dieser Sicht der Kategorie der Geschichtlichkeit her können wir nun noch einmal die Frage nach dem Verhältnis von politischer und historischer Bildung aufgreifen. Unter der *politischen* Kategorie der Geschichtlichkeit kann immer nur von einer politischen Verlegenheit der Gegenwart her in die Geschichte zurückgefragt werden. Die Antworten aber, die die Geschichte im Einzelfall darauf bereit hält, hängen unter anderem davon ab, ob das historische Bewußtsein der Fragenden das, was jeweils gebraucht wird, übersteigt oder nicht. Wenn also auf der Ebene des historischen Bildungswissens nur das zu finden ist, was für die Aktualität der Gegenwart Bedeutung hat, dann gerät das historische Wissen gerade in die Versuchung, als Legitimation für aktuelle Entscheidungen mißbraucht zu werden. Unter dem Aspekt des historischen Bildungswissens ist also nicht nur wichtig, was bestimmte historische Erscheinungen und Erfahrungen für die Gegenwart bedeuten, sondern auch, was die Gegenwart vor dem Anspruch bereits vorliegender historischer Erfahrungen bedeutet. Die Bedenken, die man gegenüber der neuen Fächerkombination aus dem Anspruch einer vor der Gegenwart autonomen historischen Bildung vorgebracht hat, sind demnach auch Plädoyers für eine recht verstandene politische Unterrichtung.

Menschenwürde

Die Kategorie der Menschenwürde ergibt sich wiederum aus den Maximen der Grundrechte und prüft politische Aktionen und Situationen darauf hin, in welcher Weise sie auf die davon betroffenen Menschen einwirken. In ihr kann man die einzelnen Grundrechte wohl zusammenfassen, so daß wir sie hier nicht als einzelne Kategorien aufführen müssen. Der Unterricht muß aber vermeiden, die Normen der Grundrechte abstrakt vorzuführen. Nicht nur sind sie auf diese Weise den Jugendlichen nicht einsichtig und begreiflich zu machen, vielmehr geht auch ihre politische Bedeutung verloren, wenn man sie nicht als Maßstab konkreter Politik versteht. Sie legitimieren erst in zweiter Linie demokratische Formalitäten, in erster Linie und substantiell beziehen sie sich auf das konkrete Dasein konkreter Menschen. Auch politische Unterlassungen können demnach gegen die Menschenwürde verstoßen.

Entwurf eines didaktischen Modells

Drei Voraussetzungen für die Brauchbarkeit der Kategorien

Diese hier behandelten Kategorien können nur dann sinnvoll für den politischen Unterricht sein, wenn sie drei Bedingungen erfüllen.

1. Sie müssen *alle* in jedem politischen Konflikt enthalten sein bzw. — als Fragen an ihn gestellt — zu sinnvollen Antworten führen. Es muß also zutreffen, daß in jeder aktuellen Auseinandersetzung von politischem Gewicht sich darüber hinausgehende *Konflikte* repräsentieren; daß ein solcher Konflikt dennoch nicht allgemein, sondern konkret entschieden wird *(Konkretheit);* daß in jeder Auseinandersetzung wenigstens mittelbar das *Interesse* eines

jeden Bürgers getroffen wird; daß der Bürger Möglichkeiten der *Mitbestimmung* hat; daß er nur in *Solidarität* mit einer Gruppe diese Mitbestimmung wahrnehmen kann; daß jede politische Entscheidung ausgesprochen oder unausgesprochen mit einem auf das politische Ganze zielenden Begründungszusammenhang versehen ist *(Ideologie)*; daß jede politische Entscheidung in der Kontinuität eines faktischen Zusammenhangs steht *(Geschichtlichkeit)*; daß sie in einem positiven *Rechtszusammenhang* steht; daß sie, obwohl immer partikular im politischen Geschehen angesetzt, immer auch andere Teile des *Funktionszusammenhangs* und damit das ganze System verändert; daß sie immer konkrete Daseinsbedingungen von Menschen verändert *(Menschenwürde)*; daß alle politischen Beziehungen solche der *Macht* sind.

2. Die zweite Voraussetzung ist, daß die in diesen Kategorien beschlossenen Werteinstellungen als solche eines *Konsensus der ganzen Gesellschaft* angesehen werden können; denn es ist diesen Kategorien eigentümlich, daß sie die politische Wirklichkeit nicht nur analytisch befragen, um Sachverhalte zu ermitteln, sondern daß zugleich diese Sachverhalte mit einem Wertakzent versehen werden, der letztlich Grund der Fragestellung ist. Diese Werthaltungen lassen sich etwa folgendermaßen skizzieren: daß Menschen im politischen Raum kontrovers zueinander stehen, ist kein Mangel ihrer moralischen Konstitution, sondern definiert ihre Würde mit *(Konflikt)*; politische Gegner haben Anspruch darauf, daß ihre Gegnerschaften auch so verstanden werden, wie sie sie selbst im Augenblick meinen *(Konkretheit)*; es konstituiert die einmalige Personalität der Menschen, daß sie individuelle Wünsche haben und diese politisch durchsetzen wollen *(Interesse)*; daß jeder Bürger in allen Bereichen des politisch-gesellschaftlichen Lebens reale Möglichkeiten hat, seine Wünsche soweit wie möglich zu verwirklichen, ist ein moralischer Sinn des Grundgesetzes *(Mitbestimmung)*; daß diese Realisierung nur möglich ist in Zusammenarbeit mit anderen Menschen gleicher Interessenlage, ist nicht nur notwendiges Übel in

einer hochdifferenzierten Gesellschaft, sondern ist zugleich auch Grundlage einer sozialen Ethik *(Solidarität);* daß menschliches Denken über Politik immer auch vital besetzt ist und sich untrennbar mit den eigenen Hoffnungen, Wünschen und Interessen verbindet, macht seinen Anspruch, auf der Ebene der rationalen Argumentation ernst genommen zu werden, nicht geringer und enthält in dieser Rationalität erst die Chance, sich für humane Aspekte zu öffnen *(Ideologie);* daß alle Entscheidungen in der Kontinuität eines faktischen Zusammenhangs stehen, ermöglicht den Menschen, Erfahrungen aufzuspeichern und damit die Möglichkeit irrtümlicher und inhumaner Entscheidungen zu verringern *(Geschichtlichkeit);* die Respektierung rechtlicher Festsetzungen dient auch dann dem öffentlichen Frieden, wenn sie im einzelnen ungerecht sind und auf den dafür vorgesehenen Wegen geändert werden sollten *(Rechtlichkeit);* unabhängig von der Frage der Legitimität ist die Anwendung von *Macht* aller Art nicht nur notwendiges Übel zur Aufrechterhaltung der öffentlichen Ordnung, sondern auch das wesentliche Instrument dafür, daß menschliche Verhältnisse verbessert werden können; der Anspruch eines jeden Menschen, in einem höchstmöglichen Maß auch Subjekt seiner Lebensbedingungen zu sein, ist ein moralisches Hauptanliegen der demokratischen Grundrechte *(Menschenwürde);* daß alle politischen, gesellschaftlichen und kulturellen Erscheinungen miteinander zusammenhängen, ist die sachliche Voraussetzung dafür, die Durchsetzung von Interessen mit einem Höchstmaß an Verantwortlichkeit für das Ganze, und das heißt immer für andere Menschen, wahrnehmen zu können *(Funktionszusammenhang).*

3. Die unterrichtliche Voraussetzung unserer Kategorien ist, daß sie sich angesichts des konkreten Unterrichtsgegenstandes in sinnvolle *Leitfragen* umwandeln lassen, die in ihrer allgemeinsten Form etwa folgendermaßen formuliert werden können: Worin besteht bei einer politischen Situation oder Aktion die Gegnerschaft *(Konflikt)*? Worum geht es im einzelnen bei dieser Auseinandersetzung *(Kon-*

kretheit)? Welchen Vorteil habe ich von einer Situation oder Aktion *(Interesse)*? Wie kann ich angesichts einer Situation oder Aktion meinen Einfluß geltend machen *(Mitbestimmung)*? Welcher Gruppe nützt eine politische Situation oder Aktion *(Solidarität)*? Welche Ordnungsvorstellungen liegen einer Situation oder Aktion zugrunde *(Ideologie)*? Welche geschichtlichen Auseinandersetzungen kommen in einer Situation oder Aktion zum Ausdruck *(Geschichtlichkeit)*? Welcher Zwang kann zur Aufrechterhaltung einer Situation und zur Durchsetzung einer Aktion angewandt werden *(Macht)*? Welche Rechtsbestimmungen werden durch eine politische Situation oder Aktion verletzt *(Recht)*? Wie wirkt eine Situation oder Aktion auf andere Situationen oder Aktionen ein *(Funktionszusammenhang)*? Wie wirkt eine Situation oder Aktion auf die davon unmittelbar oder mittelbar betroffenen Menschen *(Menschenwürde)*?

Wir behaupten nun, daß sowohl über die sachlichen wie moralischen Implikationen dieser Kategorien Übereinstimmung in unserer Gesellschaft hergestellt werden kann. Dies liegt natürlich an ihrer formalen Allgemeinheit. Wenn diese Hypothese zutrifft, müssen die Stellen präzisiert werden, an denen die Meinungsverschiedenheiten einsetzen, die uns ja im politischen Alltag unentwegt entgegentreten. Unsere Kategorien beruhen auf einer Analyse unseres historisch gewordenen »common-sense«. Dabei muß man sich allerdings vor der Vorstellung hüten, als ob der »common-sense« lediglich das sei, worin alle Bürger vollinhaltlich übereinstimmten. Diese weitverbreitete Meinung geht bewußt oder unbewußt von einem harmonistischen Grundmodell aus: Was umstritten ist, gilt dann nur potentiell als Bestandteil des common-sense, insofern nämlich seine Einbeziehung in das Unumstrittene erwartet wird. Es erscheint aber sinnvoller, common-sense dynamisch zu verstehen, als Inbegriff dessen, was in unserer Gesellschaft unumstritten ist und dessen, was legitimerweise umstritten ist oder werden kann. Oder anders: kategoriale Übereinstimmung über die normativen Grundsätze unseres politischen Lebens schließt Kontroversen bei der konkreten Anwendung nicht aus, sondern ein. Das heißt nun wieder nicht, daß die politischen Gruppen sich in den Zielen einig seien und sich lediglich im Hinblick auf die Art und Weise der Verwirklichung stritten, die jeweilige politische Konkretion also etwas Technisches, Uneigentliches an sich habe, was man deshalb im politischen Unterricht auch mit Recht übergehen dürfe. Ein solches Denkmodell liegt in der Tat den meisten politisch-didaktischen Vorstellungen unausgesprochen zugrunde. Aber tatsächlich sind normative politische Kategorien nicht außerhalb ihrer konkreten Realisation denkbar, und indem sie im Zustand ihrer Realisierung erfahren werden, nehmen sie auch erst eine rational nachprüfbare Inhaltlichkeit an.

Wir müssen hier leider darauf verzichten, unsere Kategorien mit dem moralischen Selbstverständnis eines nichtdemokratischen Staates zu vergleichen. Ein solcher Vergleich würde aber zeigen, daß die meisten, wenn nicht alle moralischen Implikationen unserer Kategorien dort nicht gelten. Unsere Kategorien repräsentieren also das moralische Potential unserer Gesellschaft, aber in der Weise, daß es nicht in einer abstrakten Gegenüberstellung zum Totalitarismus sozusagen ein für allemal festgestellt wird, sondern so, daß es in der konkreten Auseinandersetzung mit konkreten Konfliktstoffen immer wieder zurückermittelt wird.

Dabei ist der Kategorienzusammenhang keineswegs vollständig; man könnte ihn ergänzen, kaum aber reduzieren. Zu bedenken ist dabei, daß die Vermehrung der Kategorien den politischen Unterricht leicht unpraktikabel machen würde, während ihre Reduktion die Sachverhalte allzusehr verengen müßte. Ob also eine Interpretation eines politischen Sachverhaltes als angemessen gelten kann, hängt von der Anzahl der angewendeten Kategorien ab. Keine einzige von ihnen garantiert für sich genommen ein angemessenes Verständnis des Politischen. Die Kategorien lassen sich auch nicht weiter in einen systematischen Zusammenhang bringen. Auch die Reihenfolge, in der wir sie erläutert haben, ist beliebig, weshalb wir sie auch mehrmals änderten. Sie lassen sich auch nicht voneinander ableiten. Sie sind gegeneinander autonom. Welche von ihnen im konkreten Falle eine dominante Bedeutung hat, kann nicht vorweg durch eine logische Analyse entschieden werden. Grundsätzlich stehen sie nur im Zusammenhang der Interdependenz. Daß sie keinen eindeutigen systematischen Zusammenhang zueinander haben können, erklärt sich aus der Eigenart ihres Gegenstandes, der Unsystematik des Politischen selbst. Auf eine knappe Formel gebracht: Die Kategorien bilden kein systematisches, sondern ein operatives Denkmodell.

Der didaktische Ort der politischen Parteinahme

Welchen Ort haben aber nun die politischen Meinungsverschiedenheiten innerhalb unseres didaktischen Modells? Es könnte so scheinen, als ob unsere Kategorien nun doch eine lehrgangsgemäße Systematik des Politischen erstrebten, während wir dies als der Sache unangemessen vorher ausdrücklich zurückgewiesen haben. Wendet man aber die Kategorien im politischen Unterricht an, so zeigt sich sehr bald, daß sie mindestens zum Teil Widersprüche repräsentieren. Die politischen Phänomene werden mehrdeutig, und zwar vor allem im Hinblick auf ihre Bewertung. Der Widerspruch kann darin bestehen, daß das subjektive Interesse mit dem der Gruppe nicht übereinstimmt, dem es sich anvertrauen muß; daß zwar Machtmittel für seine Durchsetzung zur Verfügung stehen, sie aber gegen eine bestimmte Rechtssituation verstoßen würden; daß die Durchsetzung eines Interesses zwar rechtlich möglich erscheint, im Gesamtzusammenhang des Gemeinwesens aber Folgen haben muß, die nicht ohne weiteres in Kauf genommen werden können. Die Anwendung der Kategorien führt also zu Wertwidersprüchen, zur Mehrdeutigkeit der Erscheinungen.

Eine politische Entscheidung muß aber im konkreten Falle

die Mehrdeutigkeit zur Eindeutigkeit wenden. In diesem Zwang, die allgemeinverbindlichen moralischen Maßstäbe des Politischen, die, auf eine politische Lage angewandt, nur zu Mehrdeutigkeiten führen können, eindeutig zu machen, liegt der theoretische Ort der verschiedenen Parteilichkeiten innerhalb unserer Gesellschaft und — pädagogisch gesprochen — der Ort der Diskussion.

Die Umwandlung der Kategorien in Grundeinsichten

Wenn die in unseren Kategorien beschlossenen Sachverhalte und Bewertungen allen politischen Auseinandersetzungen immanent sind, dann lassen sie sich auch als politische Grundeinsichten, als Ergebnis eines politischen Unterrichts formulieren. Damit kommen wir auf den kritisierten Ansatz von Fischer/Herrmann/Mahrenholz (34) zurück, übernehmen sogar einige ihrer Grundeinsichten, glauben sie aber überzeugender im Gesamtzusammenhang begründet zu haben. Solche Grundeinsichten lassen sich für Jugendliche etwa folgendermaßen formulieren, wobei zu bedenken ist, daß diese Formulierungen in der Unterrichtspraxis sowohl den Altersklassen angepaßt wie auch im einzelnen je nach der Art des zu behandelnden Gegenstandes ausführlicher dargestellt werden müssen.

1. Was Politik »eigentlich« sei, ist schwer zu sagen. Im Alltag des politischen Lebens zeigt sie sich darin, daß Menschen verschiedene Interessen, Ziele und Wünsche haben, die miteinander im Widerspruch stehen und so aufeinander abgestimmt werden müssen, daß Frieden erhalten bleibt. Diese Widersprüche kennzeichnen nicht einen moralischen Mangel des Menschen, sondern seine individuelle, nicht austauschbare Eigenart *(Konflikt)*.

2. Politische Entscheidungen sind konkrete und einmalige Entscheidungen. Keine politische Situation gleicht einer anderen, mag sie ihr auch noch so ähnlich sehen. Deshalb muß man sich auch im einzelnen informieren, was jeweils zur Debatte steht. Die Menschen, die im politischen Streit

miteinander stehen, haben Anspruch darauf, so verstanden zu werden, wie sie es im Augenblick meinen. Der voreilige Versuch, ihre Wünsche und Meinungen durch allgemeine Schlagworte zu deuten, verletzt ihre Würde *(Konkretheit)*.

3. Politik hat es im wesentlichen mit dem Ausgleich von Interessen zu tun. Die Klarstellung, welche Interessen jemand hat, gehört zu den wichtigsten politischen Entscheidungen, die jeder einzelne für sich treffen muß. Nur wenn jemand seine eigenen materiellen, kulturellen und sozialen Interessen erkannt hat, kann er sinnvoll politische Verantwortung übernehmen oder an andere übertragen *(Interesse)*.

4. Daß jeder Mensch in allen politischen und gesellschaftlichen Bereichen Möglichkeiten vorfindet, seine Interessen soweit wie möglich zu verwirklichen, ist ein moralischer Sinn des Grundgesetzes. Deshalb ist es immer wichtig zu wissen, wo es solche Möglichkeiten gibt und wo sie vielleicht erst noch geschaffen werden müssen *(Mitbestimmung)*.

5. Jedes politische Handeln bringt einigen Gruppen von Menschen Vorteile, anderen gleichzeitig Nachteile. Betroffen sind davon also letztlich alle Bürger eines Staates, unter Umständen auch Bürger anderer Staaten. Kluge Politik wird die Spannung zwischen den Bevorteiligten und den Benachteiligten immer in Grenzen halten. Die Behauptung, politisches Handeln könne gerecht gegen alle Betroffenen sein, ist ein Trick totalitärer Regierungen, die Unzufriedenheiten nur ausnutzen, aber nicht beseitigen können. Andererseits kann der einzelne nur mit Hilfe anderer Menschen, die die gleichen Interessen vertreten wie er selbst, seine Wünsche in der politischen Wirklichkeit durchsetzen *(Solidarität)*.

6. Politischem Handeln liegt immer eine Vorstellung darüber zugrunde, wie das Zusammenleben der Menschen geordnet sein soll. Ohne eine solche Vorstellung könnte es keinen Maßstab für politisches Handeln geben. Diese Vorstellungen können andererseits aber auch dazu dienen,

dem notwendigen Egoismus des politischen Handelns den Mantel des Allgemeinwohls umzuhängen. Politisches Urteil wird beide Seiten immer sorgsam unterscheiden müssen *(Ideologie)*.

7. Alle wichtigen Streitfragen und Interessengegensätze unserer Tage sind älter als wir selbst, sind geschichtlich bedingt. Gerade ihre Verschärfungen können aus früheren Erfahrungen der Väter erwachsen. Diese Erfahrungen zu kennen und zu prüfen, ist notwendig für jedes politische Urteil in der Gegenwart *(Geschichtlichkeit)*.

8. Jedes politische Handeln hat eine Kettenreaktion von Ergebnissen zur Folge: Es wirkt sich im Ganzen der menschlichen Gesellschaft aus, obwohl es vielleicht nur auf eine eng umgrenzte Einzelfrage gerichtet war. Die Wirkung, die eine politische Aktion erzielt, kann als Ursache zurückwirken und so die ursprüngliche Absicht zerstören. Die Wirkung kann Folgen haben, die man nicht wollte. Trotzdem müssen sie mitverantwortet werden. Gerade diese Kettenreaktion politischer Maßnahmen macht es immer mehr erforderlich, politische Probleme durch langfristige Planungen zu lösen, in denen auch die gewünschten und unerwünschten Nebenwirkungen sorgfältig kalkuliert werden *(Funktionszusammenhang)*.

9. Alles politische Handeln muß sich auf seine Rechtlichkeit hin befragen lassen. Auch in scheinbaren Kleinigkeiten ist es wichtig, daß Rechtsgrundsätze eingehalten werden. Das Rechtsgefühl eines Volkes ist unteilbar: Ein einmal hingenommener Rechtsbruch kann die Rechtssicherheit des Ganzen gefährden. Die umständliche Genauigkeit der Rechtssprechung hat friedenstiftende Wirkung: Man muß sich auf sie verlassen können. Wo das Recht keine selbständige Kraft hat, wie im totalitären Staat, verliert es diese Wirkung. Rechtlichkeit und Willkür der Regierenden werden eins *(Rechtlichkeit)*.

10. Über dem Recht, das sich unter anderem in den Gesetzen ausdrückt, steht das Grundrecht der freien Entfaltung der Persönlichkeit. Maßstab für alles politische Handeln ist also der einzelne Mensch. Eine Politik, die ein-

zelnen böses antut, kann das nur in Ausnahmesituationen rechtfertigen *(Menschenwürde)*.
11. Jedes politische Handeln hat es mit Macht zu tun, das heißt mit der Möglichkeit, für eine politische Entscheidung Gehorsam von anderen Menschen zu erhalten. Ohne Macht ist die Ordnung des Zusammenlebens nicht aufrecht zu erhalten. Ohne Macht ist auch eine Besserung menschlichen Zusammenlebens nicht zu erreichen *(Macht)*.

Kategorien und »Umgang«

Insofern die Kategorien normativ bestimmt sind, verweisen sie auf das Bildungswissen, insofern sie nach Sachverhalten fragen, rufen sie Antworten aus dem Bestand des Bildungswissens und des Orientierungswissens hervor. In diesem Sinne kann man also sagen, daß die Kategorien eine vermittelnde Funktion zwischen diesen beiden Ebenen des Wissens ausüben.
Aber auch im Hinblick auf die politischen Verhaltensweisen vermitteln sie. Wenn man sich etwa aufgerufen fühlt, im Falle eines politischen Konfliktes seine Mitbestimmung wahrzunehmen, dann ergibt sich das konkrete Verhalten ja nicht notwendig schon aus der mit Hilfe der Kategorie »Mitbestimmung« gewonnenen rationalen Einsicht. Wenn nicht zugleich auch aus dem Bestand der vorhin erörterten Verhaltensweisen die angemessenen ausgewählt werden, nutzt auch jene Einsicht nichts.
Hier liegt nun die Frage nahe, ob nicht überhaupt die politischen Verhaltensweisen und die Kategorien, die wir bisher sorgsam unterschieden haben, zusammenfallen. Kann man nicht — wie es Spranger (125) vorgeschlagen hat — aus der elementarisierenden Betrachtung der unmittelbaren menschlichen Zusammenhänge solche Kategorien gewinnen, die dann nachträglich auch auf politische Verhältnisse angewandt werden können?
Man kann sagen, daß unsere Kategorien in gewissem Sinne auch Probleme der unmittelbaren Kommunikation wider-

spiegeln. Auch dem Politiker »vertraue« ich, indem ich auf die kontrollierende Kraft der Institution setze, als deren Funktion er mir gegenübersteht. Aber schon bei der Unterscheidung der Verhaltensweisen haben wir festgestellt, wie Verschiedenes dabei mit dem gleichen Wort bezeichnet wird. Ein organologischer Aufbau des politischen Denkens, wie ihn Spranger vertritt, der aus der Reflexion der unmittelbar erfahrbaren Sozialhorizonte sich ins Politisch-Gesellschaftliche richtet, muß immerhin erhebliche Einwände buchen.

1. Ein solcher Gedanke enthält die *sachliche* Vorentscheidung, daß die komplizierten Verhältnisse der politisch-gesellschaftlichen Welt lediglich Entfaltungen ursprünglicher und elementarer Sozialbeziehungen, also im Prinzip nichts Neues seien. Nur wenn man sich etwa vorstellt, daß »Solidarität« eine soziale Tugend ist, seitdem es menschliche Gemeinschaften gibt, und daß die heutige Solidarität der organisierten Verbände sozusagen nur eine Komplizierung derselben alten Sache ist, nur dann kann man so verfahren, wie es Spranger tut. Aber ist das noch dasselbe, oder täuscht uns da nur die Sprache, die für beide Dinge das gleiche Wort verwendet? Wir haben uns angewöhnt, die moderne Gesellschaft als eine arbeitsteilige Differenzierung ursprünglich einfacher Verhältnisse zu betrachten. Aber schon Karl Marx kannte auch den »Umschlag von Quantität in Qualität«, das heißt die Vorstellung, daß von einem bestimmten Punkte der Differenzierung an eben etwas Neues eintritt, das nicht vollständig auf Früheres zurückgeführt werden kann.

2. Sprangers Vorschlag enthält die *psychologische* Voraussetzung, daß Jugendliche ein Bedürfnis hätten, über ihre unmittelbaren Erfahrungen in der Familie und im Freundeskreis tatsächlich nachzudenken. Dies kann aber nur mit gehöriger Einschränkung gelten. Die Fülle der Erwachsenenwelt, ihre Möglichkeiten, Chancen und Gefahren, sind der jugendlichen Suche heute weitaus wichtiger. Darin drückt sich unter anderem ein gewisser Protest gegen die Beschränkung des Horizontes aus.

3. Außerdem steckt in dieser Voraussetzung ein Fehler, der allen Versuchen der Elementarisierung mehr oder weniger anhaftet. Was nämlich im logischen Sinne elementar ist, muß dies nicht auch im psychologischen Sinne sein. Komplizierte Sachverhalte auf einfache zurückzuführen, ist keineswegs das Nächstliegende, sondern eine hohe Leistung des intellektuellen Abstraktionsvermögens und in den meisten Fällen erst nach dem Durchgang durch die komplizierte Sache selbst möglich. Mir scheint, es ist heute leichter, einem Heranwachsenden den Sinn verbandlicher Solidarität klarzumachen, als das Prinzip Solidarität durch eine abstrakte Analyse familiärer Erfahrungen zu entwickeln.

4. Auch ein *politischer* Einwand ist angebracht. Es gibt keine Möglichkeit mehr, von der überschaubaren Erfahrung aus geradlinig in den Bereich des Nichtunmittelbaren vorzustoßen. Das führt fast immer zur Verfälschung der politischen Zusammenhänge. *Politische* Kategorien können eben nur durch eine Analyse *politischer* Zusammenhänge gefunden werden. Entwickelt man sie wie Spranger aus den unmittelbaren Lebenszusammenhängen, gibt es keine Möglichkeit mehr, sie als politische zu klassifizieren. Nicht alle unmittelbaren menschlichen Beziehungen sind nämlich auf die politische Dimension übertragbar.

So war es besonders kennzeichnend für das Dritte Reich, daß man die Illusion von der Ungebrochenheit der Face-to-face-Beziehungen im politischen Bereich aufrecht erhalten wollte. Aber weder ist eine politische Gesellschaft eine Gemeinschaft, noch kann man einen Staatsmann, wenn man ihn nicht zufällig gut kennt, »lieben«, noch ihm »vertrauen« — wenn diese Worte noch einen letzten Rest von Sinn behalten sollen. Noch absurder wird die Lage, wenn der Bürger etwa im Sinne der Public-relations-Bemühungen einem Industrietrust »vertrauen« soll. — Dies sind einige Beispiele für Sozialbeziehungen, die prinzipiell unübertragbar auf die politische Großgesellschaft bleiben. Sich die politische Welt als eine Großfamilie oder einen Klub von Freunden vorzustellen, liegt für das rational nicht durchgeformte politische Bewußtsein sehr nahe. Daß politische Pädagogik dies auf keinen Fall auch noch unterstützen darf, ergibt sich nicht nur aus den Erfahrungen der Nazizeit, sondern vor allem aus der nahezu unbegrenzten Manipulierbarkeit eines solchen Politikverständnisses. Vance Packard zitiert das Ergebnis einer amerikanischen Untersuchung über die Idealvorstellung der Amerikaner von ihrem Präsidenten, die zeigt, daß es sich hier offenbar nicht nur um ein Problem der deutschen politischen Pädagogik handelt: Der Präsident »ist ein Mann mit großer Herzenswärme, der eher Vertrauen als Bewunderung einflößt und nicht so makellos ist, daß es unglaubwürdig erscheint. Er muß auf einem anderen Gebiet als dem der Politik etwas geleistet haben und echten Sinn für Humor besitzen. Seine Ansicht über einzelne politische Fragen ist verhältnismäßig unwichtig« (»Die geheimen Verführer«, Düsseldorf 1958, S. 223).

5. Aus all diesen Gründen erscheint der entgegengesetzte Ansatz fruchtbarer. Wir analysieren in der politischen Bildung in direktem Zugriff politische Konflikte. Die Reflexion über unmittelbare Erfahrungen aus dem privaten Leben bezieht sich dann auf die in den politischen Räumen gefundenen Ergebnisse. Damit rücken auch die unmittelbaren Erfahrungen selbst in ein anderes Licht. Sie werden angesichts der Andersartigkeit der politischen Einsichten deutlicher und bewußter und dadurch auch für das Denken der Jugendlichen interessanter. Erst in einer solchen Distanz können unmittelbare Erlebnisse überhaupt zu Erfahrungen gewendet werden.

Der didaktische Aufbau des politischen Unterrichts

Aufgrund der bisherigen Überlegungen können wir nun in idealtypischer Weise einen didaktischen Aufbau des politischen Unterrichts konstruieren.

1. Eine tatsächliche politische Kontroverse, zum Beispiel die Spiegel-Kontroverse, wird als Einstieg erörtert. Dabei kommt es vor allem darauf an, durch die Kenntnisse und Meinungen der am Unterricht Beteiligten schon einen ersten Eindruck von der Vielschichtigkeit des Problemes zu gewinnen. Optimale Unterrichtsform ist hier das Gespräch.
2. Anwendung der in Leitfragen umgewandelten Kategorien auf den Gegenstand = Mobilisierung des Bildungs-

und Orientierungswissens zum Aktionswissen. Optimale Unterrichtsform: Unterrichtsgespräch.

3. Zusammenhängende Darstellung des von den verschiedenen Leitfragen her erworbenen Wissens = Neustrukturierung des angesprochenen Orientierungs- und Bildungswissens. Optimale Unterrichtsform: Lehrervortrag, je nach Situation unterstützt von Schülervorträgen.

4. Rückgang auf den Einstieg: Vertiefte Beurteilung aufgrund des neuerworbenen Wissens = Wiederholung dieses Wissens unter neuem Aspekt. Optimale Unterrichtsform: Unterrichtsgespräch.

5. Umwandlung der Leitfragen in Grundeinsichten = neue Bezugspunkte für das Orientierungswissen. Optimale Unterrichtsform: Lehrervortrag.

6. Anwendung der aus den Leitfragen gewonnenen Einsichten auf unmittelbare menschliche Verhältnisse des jugendlichen Erfahrungshorizontes = Wiederholung der formalen Einsichten unter neuem Aspekt. Optimale Unterrichtsform: Gespräch.

7. Vergleich der Leitfragen und ihrer sachlichen und wertmaterialen Ergebnisse. Optimale Unterrichtsform: die Diskussion.

8. Rückgang auf den Einstieg: Willens- und Urteilsbildung aufgrund der materialen Kenntnisse und formalen Einsichten. Optimale Unterrichtsform: die Diskussion.

Aus diesem Aufbau ergibt sich, daß der Ort der politischen Diskussion erst auf der siebten und achten Stufe anzusetzen ist. Bis dahin hat der Lehrende immer einen gewissen sachlichen Vorsprung, da es zunächst vor allem um den Gesichtspunkt der Kenntnisse und des Wissens geht. Dann aber fällt dem Lehrenden eine neue Rolle zu. Sein sachlicher Vorsprung ist zu Ende, und in dem Maße, wie der irrationale Raum politischer Entscheidungen sich öffnet, gilt seine Meinung nicht *mehr* als die seiner Schüler. Auf dieser Ebene vor allem entscheidet sich, ob aus der Beschäftigung mit politischen Aktualitäten politische Propaganda wird oder die Zone eigener Entscheidungen respektiert wird.

Welche Probleme löst das Modell?

Mit diesem Modell scheint uns folgendes erreichbar zu sein:
1. Das Unterrichtsinteresse der Jugendlichen wird durch das Aufgreifen aktueller Streitfragen geweckt. Das Politische selbst, so wie es sich in der politischen Gemeinschaft abspielt, wird Gegenstand des Unterrichts. So werden die Jugendlichen von den Erwachsenen ins Vertrauen gezogen. Sie werden nicht mit Problemen aus zweiter Hand abgefertigt.
2. Die Jugendlichen erhalten Gelegenheit, ihre außerhalb der Schule gewonnenen Erfahrungen und Meinungen in den Unterricht einzubringen. Diese werden durch die Dominanz der unterrichtlichen Gesprächsformen ernst genommen und dennoch durch die Anwendung übergreifender Kategorien objektiviert, das heißt zu einer zweiten Erfahrung gewendet.
3. Die kategoriale Durchdringung der politischen Stoffe leistet eine Versöhnung zwischen der prinzipiellen Offenheit und Unstrukturiertheit des Gegenstandes, den zur Verfügung stehenden wissenschaftlichen Erkenntnissen und der subjektiven Befindlichkeit der Jugendlichen. Der hierbei zustande gekommene Kompromiß kann angesichts der politischen Wirklichkeit zwar nicht als »richtig«, wohl aber als »angemessen« bezeichnet werden.
4. Unser Vorschlag enthält einen Sinn des politischen Lernens: die Ausbildung einer politischen Bewußtheit, die sich der konkreten Lösung politisch-gesellschaftlicher Streitfragen zugeordnet weiß. Die politische Verantwortung der Jugendlichen wird aus der abstrakten Appellation in die Disziplinierung der konkreten Denk-, Urteils- und Entscheidungsvorgänge selbst gewendet.
5. Unser Vorschlag nimmt den politischen Aktivitätsgehalt des politischen Denkens ernst, läßt aber gleichzeitig andere Möglichkeiten der politischen Beteiligung offen und präzisiert sie beim jeweiligen politischen Gegenstand.
6. Unser Vorschlag politisiert nicht die Bildungsgehalte, setzt ihre relative Autonomie gegenüber dem Politischen

vielmehr voraus und macht es möglich, deren normative Ansprüche im konkreten politischen Prozeß zu identifizieren.

7. Unser Vorschlag bringt den Sinn des politischen Lernens in einen Unterrichtszusammenhang, der die jugendliche Erfahrungswelt mit der dem Umgang nicht mehr zugänglichen Dimension des Politischen einsichtig integriert.

8. Unsere Kategorien integrieren das, was wir zunächst als Bildungswissen, Orientierungswissen und politische Verhaltensweisen unterschieden haben, zu einer neuen Einheit, ohne die darin beschlossenen Mehrdeutigkeiten zu Eindeutigkeiten zu verfälschen. So erhält das, was wir zunächst nur formal als Aktionswissen bezeichnet haben, eine inhaltliche Struktur und ein Orientierungsgefüge.

Folgerungen für die Methodik des politischen Unterrichts

Wie überall im Verhältnis von Didaktik und Methodik, so ist auch hier das didaktische Modell nicht einfach in die Unterrichtspraxis übersetzbar: Es ist kein Rezept für die je konkrete Unterrichtsgestaltung, sondern nur ein theoretischer Gesamthorizont, der erst gute methodische Einfälle hervorrufen kann. Dennoch schränkt unser Modell natürlich den methodischen Spielraum in gewisser Weise ein, oder besser gesagt: es legt die Bevorzugung bestimmter Methoden nahe. Da »Methodik des politischen Unterrichts« nicht zu den Aufgaben dieses Buches gehört, beschränken wir uns hierzu auf einige Thesen.

1. Unser didaktisches Modell legt die Bevorzugung von Unterrichts*projekten* nahe, die sich an wichtige, auch den Jugendlichen interessierende politische Kontroversen anschließen. Innerhalb eines solchen Projektes könnten alle Ebenen des politischen Wissens zu ihrem Recht kommen, ohne daß sie aus systematischen Gründen allzusehr voneinander isoliert würden. Da man in der Schule nur einige

wenige Projekte innerhalb eines Jahres durchführen könnte, behielte man die Chance, dafür auch die wichtigsten politischen Kontroversen zugrunde zu legen.

2. Die herkömmliche Weise, den Stoff von Jahrgang zu Jahrgang im Sinne des Lehrgangs zu schichten und damit auch irgendwie zu systematisieren, müßte ergänzt werden. Mit diesem Verfahren allein würde man den Gegenstand Politik bedenklich verfälschen. Innerhalb eines Projektes allerdings hätte diese Methode bei der Erarbeitung des Orientierungswissens durchaus ihren Sinn. Wenn Politik lediglich in der schulischen Weise des Lehrgangs gelehrt wird, erweckt das in den Schülern — gewollt oder ungewollt — die Vorstellung, als ob sich ihnen im Laufe der Jahre die politische Welt systematisch erschließe und ihnen damit fertig »zuhanden« werde. Sosehr die schulische Planung vielleicht auf dieser Unterrichtsorganisation bestehen muß, so sehr muß im Blick bleiben, daß damit die politische Welt vorfabriziert wird, daß damit ein Zusammenhang gestiftet wird, der nur deshalb existiert, weil er so und nicht anders hergestellt wurde. Die Methode des Unterrichtens schafft also eine Art zweiter Wirklichkeit. Politik ist aber eine zu ernste Sache, als daß es gleichgültig bleiben könnte, inwieweit diese zweite Wirklichkeit ihrem Original entspricht.

3. Damit taucht nun aber die Frage auf, ob man dann überhaupt noch Lehrpläne für die auf Langfristigkeit angelegten Schulen schaffen könne. Politische Kontroversen können ja nicht im voraus von den Kultusministerien berechnet werden. Ich glaube in der Tat, daß man für den politischen Unterricht Stoffpläne nicht mehr für Jahresklassen, sondern allenfalls noch für mehrere Jahre zusammen aufstellen kann. Man könnte zum Beispiel festlegen, daß die vier Systeme des Orientierungswissens im ganzen Zeitraum der Volksschuloberstufe zu behandeln seien.

Damit geraten die Schulen natürlich in eine gewisse Verlegenheit. Einerseits sind sie auf eine über Jahre hinaus geplante Unterrichtsorganisation angewiesen, also auf Lehrgänge. Andererseits müssen sie sich nun sagen lassen, daß sie auf diese Weise das Politische nicht angemessen lehren können. Einerseits fürchten sie den sozialkundlichen Wissenspositivismus und suchen ihn durch allerhand Fracht aus der Bildungsideologie aufzuwerten. Dadurch erst, so haben wir gesehen, wird aber der Positivismus problematisch, denn nun kann er unerkannt und unangefochten im Schafspelz der Bildung einherschreiten. Andererseits würde eine Organisation der Stoffe von politischen Konflikten her, wie wir es vorschlagen, kaum lösbare schulorganisatorische Schwierigkeiten heraufbeschwören — von den bildungsideologischen Einwänden ganz zu schweigen.

Vielleicht könnte die Lösung lehrplantechnisch so aussehen, daß man zwischen zwei verschiedenen Unterrichtsveranstaltungen unterscheidet. Einmal würde es weiterhin um fachgebundenen Geschichts- und Sozialkundeunterricht gehen, für den es Lehrgänge und Stoffpläne gibt, zum Beispiel auf der Grundlage der vier Systeme des Orientierungswissens. Darüber hinaus aber könnte man eine Unterrichtsveranstaltung einrichten, die man vielleicht am besten »Politische Arbeitsgemeinschaft« nennt. Lehrgangsgerecht im Sinne des Fachunterrichts wäre ein Thema wie »Die westlichen und östlichen Bündnissysteme«. Ein vergleichbares Thema für die Arbeitsgemeinschaft würde dann etwa »Der Krieg in Vietnam« lauten. Bei einem solchen Thema — aber keineswegs bei dem anderen — wäre all das nötig, was bei den Überlegungen zur Fächerkombination eine Rolle gespielt hat: Hier ist die Sache tatsächlich ein fächerübergreifender Gehalt; hier verlangt die Sache, daß möglichst mehrere Lehrer gemeinsam unterrichten, weil die fachliche Zuständigkeit des einzelnen begrenzt ist; hier verlangt die Sache nicht mehr nur logisch-systematisches Denken wie beim fachgebundenen Lehrgang, sondern mehr ein komplex-operatives, also problemorientiertes Denken.

Was also in unserem didaktischen Modell als ein Zugleich von Bildungs-, Orientierungs- und Aktionswissen erscheint, läßt sich bis zu einem gewissen Grade durchaus auf verschiedene Unterrichtsveranstaltungen wieder aufteilen. Eine solche Unterscheidung zwischen »Fachunterricht« und »Arbeitsgemeinschaft« wäre auch aus einem weiteren Grunde gerade in den Schulen zwingend notwendig. Im Fachunterricht herrscht ein unbestreitbares Kompetenzgefälle vom Lehrer zum Schüler. Im Verhältnis zum Politischen spielt dieses Gefälle aber keine entscheidende, sondern nur noch eine partielle Rolle: Die Fachkenntnis eines Lehrers wird hier in Dienst genommen für die Lösung eines alle gemeinsam betreffenden Problems. Pathetischer ausgedrückt: Angesichts eines drohenden Atomkrieges sind alle Menschen gleich. Die Sache Politik verlangt also einen anderen Unterrichtsstil als die Sache eines die Politik betreffenden Faches in der Schule. Nur wenn dieser Unterschied schon in der Veranstaltungsform deutlich wird, kann der Lehrer sicher gehen, daß seine Schüler sein fachliches Wissen und sein politisches Engagement zu trennen vermögen.

»Aufhänger«, »Illustrationen« und »Einstiege«

Ein politischer Konflikt ist der geeignete Einstieg für den politischen Unterricht, so hieß es bei unserem didaktischen Modell. Aber das ist noch zu ungenau gesagt. Man kann nämlich die Spiegel-Kontroverse nicht zum Gegenstand des Unterrichts machen, ohne daß sie vorher dafür präpariert worden wäre. Man kann zwar von den Meinungen einer Schulklasse, von einem Referat, von einem Fernsehfilm, von einem Leitartikel oder von einer Dokumentation ausgehen — also von Bearbeitungen eines politischen Ereignisses —, aber niemals von diesem Ereignis als solchem. Bisher haben wir gesagt, ein politischer Konflikt sei ein Einstieg für den politischen Unterricht; nun müssen wir präziser definieren: *»Einstieg« ist eine Bearbeitung eines politischen Konfliktes zum Zwecke des Lernens und der Unterrichtung.* Mit dieser Definition grenzen wir den Einstieg vom »Aufhänger« einerseits und von der »Illustration« andererseits ab.

Der »Aufhänger« täuscht die Lernenden: Man will etwas bestimmtes lehren, weiß aber, daß die Jugendlichen daran nicht interessiert sind. Also greift man zu einem Stoff, der mit dem, was man unterrichten will, zwar nicht viel zu tun hat, aber das Interesse der Jugendlichen trifft (»Film zieht immer ...«). Wenn der Aufhänger dann das Interesse gebührend mobilisiert hat, geht man zum »Eigentlichen« über, in der Hoffnung, daß das mobilisierte Interesse diesen Übergang mitvollziehe. Auf diese Weise nimmt der Pädagoge weder das Interesse der Jugendlichen ernst, noch die Sache, der das Interesse gilt. Er verhindert damit etwas, was er eigentlich vermitteln sollte: eine kulturelle Erfahrung.

Die »Illustration« hingegen dient innerhalb eines Unterrichtsganges der Veranschaulichung komplizierter Sachverhalte und Gedankengänge. So kann etwa die Spiegel-Affäre bestimmte Stoffe eines verfassungspolitischen Lehrgangs verdeutlichen. Die Spiegel-Affäre kann also einmal dazu dienen, einen systematisierten Stoff zu veranschaulichen; dann ist sie Illustration und wird nur insofern herangezogen, als sie bestimmte Stoffe erklären soll. Oder sie ist selbst Ausgangspunkt des Unterrichts, dann hat umgekehrt ein eingeschobener Lehrgang über verfassungspolitische Fragen die Funktion, bestimmte Aspekte dieses Konfliktes zu erklären; in diesem Falle ist die Spiegel-Affäre ein Einstieg.

Wenn also nach unserer Definition der Einstieg die Bearbeitung eines politischen Konfliktes zum Zwecke des Lernens ist und wenn andererseits das Politische eine »Implikation aller Seinsbereiche« ist, dann folgt daraus, daß es niemals nur einen einzigen Einstieg für einen bestimmten politischen Konflikt gibt. Hier findet vielmehr der Lehrer von der Sache selbst her einen gewissen Spielraum vor. Selbst bei einem Ereignis wie der Spiegel-Affäre, das sich verhältnismäßig leicht didaktisch bearbeiten läßt, ist immer noch die Frage, ob als Einstieg eine Dokumentation oder ein Leitartikel geeignet ist. Noch schwieriger wird die Aufgabe für den Didaktiker, wenn er einen kulturellen Einstieg wählt, zum Beispiel einen Spielfilm. Jetzt muß er nämlich außer an die politischen noch an die immanenten ästhetischen Kategorien denken. Versäumt er das, so degradiert er seinen Film von vornherein zum »Aufhänger«.

Der beste Einstieg ist derjenige, bei dem nach Möglichkeit viele der im folgenden angeführten Kriterien zusammentreffen:

1. Er muß vom Gehalt und von der sprachlichen und ästhetischen Form her so gut sein, daß es sich von der Sache her lohnt, sich mit ihm zu beschäftigen. Banale Texte, formal schlechte Filme sind immer auch schlechte Einstiege. Sie üben nur einen vordergründigen Reiz aus, bald aber sinkt das Interesse in sich zusammen, und man muß in neue Einstiege flüchten. Lohnende Einstiege sind also entweder Konflikte, von deren Lösung etwas abhängt, oder aber ästhetisch anspruchsvolle Produkte.

2. Der Einstieg muß spontan interessieren, sonst wird auch meistens für seine Ausdeutung kein Interesse zu gewinnen sein.

3. Er muß überschaubar bleiben; er darf nicht so umfangreich sein, daß er nicht mehr als Ganzes im Blick bzw. in der Vorstellung behalten werden kann. Wenn der Unterrichtsgang komplizierter wird, muß der Rückgang auf den Einstieg immer wieder den Zusammenhang herstellen, dem Komplizierten seinen Ort zuweisen können.

4. Er muß unvollständig, »imperfekt« sein, nur dann bietet er genug Anreiz, ihn so vollständig wie möglich zu machen. Eine gute graphische Darstellung über »Die Gewaltenteilung in der Bundesrepublik« ist ein schlechter Einstieg für die Spiegel-Affäre, weil sie die Suche nach dem Zusammenhang mit einer gewissen Perfektion vorwegnimmt. Sie wäre als Illustration erst im Verlaufe des Unterrichtsganges nützlich. Die Unvollständigkeit des Einstiegs ist kein pädagogischer Trick, sondern der Sache angemessen: Politische Informationen erreichen uns immer diffus und unvollständig. Wenn wir im politischen Unterricht vernünftige Urteilsbildung üben wollen, dann muß

man diese Normalsituation auch zum Ausgangspunkt des Unterrichts machen.

5. Der Einstieg muß verfremden; wenn er im Vergleich zu dem, was man sowieso schon denkt, meint und fühlt, nichts Ungewöhnliches und Neues enthält, kann er nur schwerlich auch zu neuen Erfahrungen führen.

6. Ein Einstieg, der verfremdet, ruft immer auch vorgefaßte Meinungen und Urteile, vielleicht sogar regelrechte Vorurteile hervor. Einstieg ist also niemals nur die Sache, sondern auch das Bündel an Vorurteilen und Affekten, das er hervorlockt. Wenn es also Ziel des politischen Unterrichtes ist, den Einstieg zu entfalten, auszufüllen und zu erklären, so gilt das auch für seine subjektiven Momente: auch sie sind Stoff des weiteren Unterrichts.

DRITTER TEIL: LEHRINSTITUTIONEN UND LERNSITUATIONEN

Die an der politischen Erziehung beteiligten Mächte

Zuerst haben wir zu ermitteln versucht, was der Heranwachsende lernen müsse, um fähig zur politischen Beteiligung zu werden. Dann haben wir versucht, dies in einem didaktischen Modell zusammenzufassen. Aber wo soll und kann man das alles lernen? Ist das nur eine Aufgabe der Schule, oder lernt man vieles auch außerhalb der Schule, gleichsam von selbst? Unsere viel zu sehr auf die Schule konzentrierte Erziehungswissenschaft hat sich dieser Frage selten gestellt. Sie hat es unterlassen, die Summe der durch das Leben selbst vollzogenen Erziehungseinflüsse im ganzen zu reflektieren und in ihre Vorstellung von der Schule produktiv einzubeziehen. Vielfach wurden Phänomene wie »Freizeit« und »Massenkommunikation« von vornherein lediglich als Störenfriede eines geordneten und geplanten Schulehaltens angesehen.
Wenn wir aber heute den Vorgang Erziehung noch einigermaßen überzeugend beschreiben wollen, dann müssen wir ihn als Resultante eines vielschichtigen Zusammenhangs sehen, in dem pädagogisch geplante Felder wie die Schule nur ein Faktor unter vielen sind. Deren Aufgaben können wir sinnvoll nur noch ermitteln, wenn wir ihre Ortsbestimmung im Zusammenhang der anderen Faktoren vornehmen. Wir müssen also wissen, welche erziehungswirksamen Einflüsse die einzelnen Sozialfelder haben und

welche Erwartungen an Denken und Verhalten sie stellen. Erst dann wird man in Zukunft sagen können, welche konkreten Aufgaben die Schule haben sollte. Aber ein solches Verfahren, das den pädagogisch geplanten Feldern gleichsam den Rest von dem zuwiese, was die anderen Faktoren nicht leisten, wird nicht genügen. Schon in der Vorstellung vom »Rest« steckt die andere vom »ganzen Volumen« der Erziehung und Bildung. Man wird diesen Rest nur ermitteln können, wenn man bei der synthetischen Betrachtung der einzelnen Einflüsse ein neues Moment einführt, das sich nicht einfach aus der Addition der einzelnen Aspekte ergibt.
Dieses neue Moment wäre das Bewußtsein, das sich unsere Gesellschaft von der heute notwendigen Erziehung und Unterrichtung bildet und das sie in den pädagogisch planbaren Feldern institutionalisiert. Dann wäre etwa die Schule nicht mehr nur ein Faktor unter all den anderen, sondern derjenige, in dem die Wirkungen aller anderen zum Bewußtsein gekommen sind. Mit anderen Worten: Pädagogen können nicht die Realität der Sozialverhältnisse ändern; aber sie können deren Wirkungen in ihr Selbstverständnis übernehmen und teils ergänzen, teils korrigieren. Werden solche Wirkungen in den pädagogischen Theorien nicht gebührend berücksichtigt, so kann es dahin kommen, daß die geplante Erziehung die tatsächlichen Probleme der Jugendlichen gar nicht mehr erreicht oder daß sie offene Türen einrennt, indem sie mit umständlicher Systematik zu lehren versucht, was die jugendlichen Partner längst wissen.
Im Hinblick auf unser Thema heißt das nun zu untersuchen, welchen Beitrag die einzelnen sozialen Felder für das politische Lernen leisten. Wir greifen damit auf neue Weise die schon vorher berührte Frage auf, ob unsere Gesellschaft wirklich den kritischen Bürger braucht und will. Dabei müssen wir uns im folgenden auf einige begründete Vermutungen stützen; wollten wir uns unter unserer Fragestellung gründlich mit diesen Zusammenhängen befassen, so müßten wir eine pädagogische Theorie der mo-

dernen Gesellschaft entwickeln, was den Rahmen dieser Arbeit vollends sprengen müßte. Es geht uns hier also nur um den prinzipiellen Nachweis, daß die Aufgaben der politischen Didaktik ohne einen solch weiten Fragehorizont nicht überzeugend gelöst werden können; die Präzisierung muß anderen Forschungen und Darstellungen überlassen bleiben. Seitdem die technischen und organisatorischen Bedingungen die einzelnen Sektoren der gesellschaftlichen Wirklichkeit stark vereinfacht und vereinheitlicht haben, kann man sie auch in dieser Weise zum Gegenstand einer allgemeinen pädagogischen Reflexion machen.

Arbeitsplatz

Für diejenigen Jugendlichen, die heute mit dem Volksschulabschluß in das Berufsleben eintreten, hat die Begegnung mit dem Arbeitsplatz eine solche Bedeutung, daß sie über lange Zeit stellvertretend für die Begegnung mit der politisch-gesellschaftlichen Welt im ganzen stehen dürfte. In dem Augenblick also, wo die rationalen Fähigkeiten erwachen, mit deren Hilfe man sich abstrakte politische Strukturen angemessen vorstellen könnte, werden sie mit den übermächtigen Erlebnissen der neuen beruflichen Umgebung ausgefüllt. Diese Erlebnisse führen leicht zu der Vorstellung, Staat und Gesellschaft seien nur ein noch größerer Betrieb als der eigene. Schon Theodor Litt (21, S. 17) hatte die Berufsschule nachdrücklich ermahnt, diesen Irrtum aufzuklären, anstatt ihn noch zu unterstützen. Gleichwohl wird man annehmen dürfen, daß wegen der subjektiven Bedeutsamkeit des Berufseintritts die betrieblichen Erfahrungen und Erlebnisse das politische Weltbild nachdrücklich bestimmen. Unsere Frage muß also lauten: In welcher Weise — gemessen an den eben beschriebenen vier Ebenen — beeinflußt der Arbeitsplatz das politische Lernen?

Nun wird man diese Frage verschieden beantworten müssen, je nach dem, ob es sich um einen handwerklichen Betrieb, eine Landwirtschaft oder einen großen Industriebetrieb handelt. Aber je technisierter und rationalisierter ein Arbeitsplatz und ein Betrieb im ganzen ist, um so weniger wird er der Ort sein, wo *Bildungswissen* erworben oder auch nur verlangt wird. Für die Ausfüllung der Rolle am Arbeitsplatz ist weder notwendig noch auch letztlich erwünscht, mehr als das zu wissen und zu lernen, was zur arbeitsteiligen Tätigkeit mittelbar oder unmittelbar erforderlich ist. Nach dem Sinn alles dessen zu fragen, was einem am Arbeitsplatz begegnet, widerspricht dem rationalen Ablauf und stört ihn sogar. Daran ändert auch nichts, daß im Zusammenhang mit den durch die Automation hervorgerufenen Anforderungen zum »Umlernen« allenthalben von der Notwendigkeit höherer »allgemeiner Bildung« gesprochen wird. Sieht man genauer nach, was damit gemeint ist, dann handelt es sich immer um die Ebene des Orientierungswissens und der Verhaltensweisen. Sie sollen bereichert werden, damit die Menschen disponibler werden. Gemeint ist also im Sinne von Karl Mannheim »funktionelle«, nicht »substantielle« Rationalität. Gerade letztere wäre aber die Ebene des Bildungswissens. Disponibilität als eine für alle beruflichen Zweige notwendige Einstellung verlangt sicher eine gewisse technische Allgemeinorientierung, eine gewisse — schon technisch verstandene — Menschenkunde, um persönliche Reibungen auf ein Minimum zu reduzieren, eine gewisse Wendigkeit und Anpassungsfähigkeit des Verhaltens; aber sie verlangt nicht, daß einem die Existenz Gottes ein Problem ist, daß man weiß, was ein Gedicht ist oder daß man Literatur und Musik angemessen versteht. Das gilt keineswegs nur für die sogenannten industriellen Massenberufe, sondern ebenso für das höchste staatliche und wirtschaftliche Management sowie schließlich für die wissenschaftliche Forschung selbst. Wer nicht gerade über »Bildungswissen« forscht, muß für seine Forschungen auch nichts von Bildungswissen verstehen.

Ganz anders liegen die Dinge für das *Orientierungswissen.*

Zwar werden unter dem Stichwort der »Bildungsaufgabe der Berufsschule und des Betriebes« die Inhalte des Orientierungswissens noch vor allem danach festgelegt, welchen »bildenden« Wert sie besitzen — ein Anspruch, der hier nicht hingehört. Ausbildung und Schulung gelten der traditionellen Pädagogik immer noch als recht verpönt. So blieben die Versuche, innerhalb der beruflichen Ausbildung mutig so etwas wie ein »System der Produktion und des Marktes« oder ein »System der Verwaltung« zu lehren, meist auf halbem Wege stecken. Gerade hier, auf der Ebene des systematisierten Orientierungswissens, läge aber die besondere Chance eines im Hinblick auf die modernen Bedürfnisse reformierten beruflichen Unterrichts — nicht nur in der Lehrlingsausbildung, sondern auch in der betrieblichen Weiterbildung. Für die in der Zukunft geforderte Disponibilität im weitesten Sinne ist nicht die Fähigkeit zur Begegnung mit Literatur, Kunst, Geschichte, Philosophie und Religion zwingend — dies bedarf ganz anderer Begründungen —, sondern mehr die Notwendigkeit, seine berufliche Position und Tätigkeit in einem zusammenhängend begriffenen System der Produktion und des Marktes oder der Verwaltung feststellen und verändern zu können. Nur so sind auch falsche berufliche Selbsteinschätzungen und Erwartungen, die eine solche Disponibilität emotional belasten würden, zu vermeiden.
Auch die Entwicklung und Übung *politischer Verhaltensweisen* wird im modernen Betrieb grundsätzlich beschränkt bleiben. Zwar wird die Institution in Gestalt des jeweiligen Vorgesetzten sichtbar. Aber die Neigung geht vorläufig wohl eher dahin, unter dem Stichwort der »human relations« die Illusion von der Ungebrochenheit intimer, oft gar patriarchalischer Verhältnisse aufrecht zu erhalten. Dennoch bleibt eine gewisse Chance — vor allem für diejenigen, die aus beruflichen Gründen mit mehreren institutionellen Repräsentanten umgehen müssen —, politische Verhaltensweisen durch die Praxis am Arbeitsplatz zu lernen. Die Versuche, den Betrieb auch zu einem gesellschaftlichen Zentrum zu machen, sind offenbar — mit

guten Gründen — weitgehend gescheitert oder doch nur auf einen bestimmten Kreis von Führungspositionen beschränkt, so daß das automatische Lernen *gesellschaftlicher Verhaltensweisen* kaum in Betracht kommt.

Solche Überlegungen sind, wenn sie sich verifizieren lassen, von ausschlaggebender Bedeutung für die künftige Schulreform. Von pädagogischer Seite hat bisher vor allem Karl Abraham (»Der Betrieb als Erziehungsfaktor«, 2. Auflage, Freiburg 1957) die Frage weiterverfolgt, welche Lernleistungen der moderne Betrieb eigentlich herausfordert und welche nicht. Leider setzt dabei sein unglücklicher Begriff der »funktionalen Erziehung« der Erkenntnis enge Grenzen. So meint er (S. 57ff.), daß die objektiv im gegenwärtigen Industriebetrieb wirksamen geschichtlichen Mächte auch subjektiv so erlebt werden müßten, was er »die funktionale Erziehung zum Geschichtsbewußtsein« nennt. Das aber ist eine Abstraktion, wie sie dem sozialwissenschaftlich geschulten Betrachter einleuchtet, keineswegs aber den Jugendlichen innerhalb der sozialen Bezüge am Arbeitsplatz. Daran ändert auch nichts, wenn man diesen Zusammenhang nicht funktional, sondern intentional deuten würde, also die betriebliche Situation des Jugendlichen zum Einstieg für eine Unterrichtung über die objektive geschichtliche und politische Lage des Betriebes nehmen würde, um von der »Individuallage« aus zur politischen Reflexion vorzustoßen. Auch das ist nur logisch, aber nicht sozialpsychologisch überzeugend. Entscheidend bleibt, daß solche Kenntnisse und Einsichten in den realen technischen und sozialen Bezügen am Arbeitsplatz nicht gebraucht werden, sondern überflüssig erscheinen — und hier auch sind! —, weil sie sich hier nicht reproduzieren können: Ein Industrielehrling, der ins Theater geht und sich für Lyrik interessiert, macht sich im Betrieb in der Regel lächerlich und zum Außenseiter. Deshalb sind auch die meisten allgemeinbildenden Bemühungen der Berufsschule relativ wirkungslos, weil ihnen außerhalb der Schultüre keine sozialen Erwartungen mehr entsprechen. Wer also für die Zukunft eine höhere Allgemeinbildung für berufstätige Jugendliche fordert — und damit mehr meint als größere rationale und emotionale Disponibilität —, der wird sie weder vom Arbeitsvollzug noch von den sozialen Beziehungen am Arbeitsplatz her begründen können. (Vgl. dazu Popitz/Bahrdt/Jüres/Kesting »Technik und Industriearbeit«, Tübingen 1957, sowie den Erfahrungsbericht von Horst Symanowski und Fritz Vilmar »Die Welt des Arbeiters. Junge Pfarrer berichten aus der Fabrik«, 3. Auflage, Frankfurt 1963.)

Ganz anders liegen die Dinge offensichtlich beim Freizeitsystem, worunter wir das System der Erwartungen und Angebote verstehen wollen, die den Menschen in der Freizeit gegenübertreten. Insofern es selbst weitgehend von den ökonomischen Gesetzen des Marktes beherrscht wird, wird es einerseits nicht zur Intensivierung des *Bildungswissens* animieren. Oder anders: um sich im Freizeitsystem souverän und anerkannt bewegen zu können, muß man nichts von Literatur, Kunst, Geschichte, Philosophie und Religion verstehen, es genügen einige Klischees für die ab und an notwendigen Konversationen. Dieser Tatbestand ist mit dem Terminus der »Halbbildung« genügend präzise charakterisiert worden. Aber diese Behauptung gilt nur, wenn wir vom tatsächlichen Freizeitverhalten ausgehen. Sie gilt nicht mehr, wenn wir es für erstrebenswert halten, daß die Jugendlichen lernen sollten, an der ganzen Breite des Freizeitangebotes teilzunehmen. Denn dazu gehört auch ein breiter Bereich kultureller Angebote und Ansprüche, an denen man nur mit einem Mindestmaß an Bildungswissen teilnehmen kann. Auf die Dauer ist die Intensivierung des Bildungswissens wohl weitgehend auf den Freizeitbereich verwiesen, insofern die Freizeit den Menschen wohl tatsächlich, aber keineswegs notwendig — wie am Arbeitsplatz — auf bestimmte Tätigkeiten und Einstellungen festlegt.

Im Hinblick auf das *Orientierungswissen* ist der Beitrag des Freizeitsystems recht dürftig. Die systematische Orientierung wird durch den Charakter der Konsumreklame eher verhindert als gefördert. Am ehesten werden noch Kauf- und Geldtechniken gelernt. Auch im Hinblick auf das Lernen *politischer Verhaltensweisen* bringt das Freizeitsystem wenig ein. Sein wichtigster Beitrag scheint mir in der Mitformung des gesellschaftlichen Umgangs und der *gesellschaftlichen Verhaltensweisen* zu liegen. Gerade der kommerzielle — und nicht der pädagogische — Teil des Freizeitsystems hat in den letzten Jahren den gesellschaftlichen Umgang ungemein kultiviert und differenziert — und dies nicht nur für einige Auserwählte, sondern für die Masse der Bevölkerung. Die so oft gelästerte Teenager-Mode hat nicht nur einen Massengeschmack hervorgebracht, sondern auch den Geschmack der jugendlichen Massen in einer ungeahnten Weise gehoben. Das ist besonders für Jugendliche wichtig; denn der Freizeitbereich ist diejenige Sozialsituation in ihrem Dasein, in der sie gleichberechtigt mit den Erwachsenen existieren dürfen. Kein Wunder also, daß sie ihn so ernst nehmen. Daß Jugendliche unreif sind, nichts mitzureden und einfach zu gehorchen haben — dies gilt im Freizeitbereich nur noch mit großen Einschränkungen. Derselbe Lehrling, der im Betrieb vielleicht noch nichts zu sagen hat, gilt, betritt er ein Geschäft, kaum weniger als sein Meister oder Lehrer. Ohne Zweifel ist die Sicherheit des gesellschaftlichen Verhaltens, die sich vorzugsweise im Freizeitsektor lernen läßt, eine wichtige Voraussetzung für die Souveränität des politischen Verhaltens im ganzen. Vielleicht wird sie auf lange Sicht zurückwirken auf die übrigen gesellschaftlichen Lebensbereiche, die heute noch wenig demokratisch strukturiert sind.

Bezugsgruppen

Es ist allgemein üblich, die Familie als eine eigenständige pädagogische Kraft zu betrachten. Das ist sicher richtig, wenn man von einer normativen Betrachtungsweise ausgeht. Hier geht es uns aber vor allem darum, die tatsächlichen prägenden Wirkungen festzustellen und sie einigermaßen zuverlässig zu katalogisieren. Unter diesem Gesichtspunkt ist es zweckmäßig, unter dem Begriff der »Bezugsgruppe« nicht nur die Familie zu verstehen, sondern zugleich alle jene anderen mehr oder weniger intimen Sozialverhältnisse, die von ähnlicher Wirkung sind: Freundschaften, Jugendgruppen, jugendliche Banden, Klubs usw.

Bezugsgruppen sind alle jene Gruppen, die für ein bestimmtes Individuum den normativen Bezugsrahmen für die fälligen Lebensentscheidungen abgeben, was nicht heißt, daß sich diese Entscheidungen immer und unbedingt in Übereinstimmung mit diesem Rahmen bewegen müssen. Selbst wenn sie aber davon abweichen, werden sie im Hinblick auf diesen Rahmen gefällt. Um das an einem Beispiel klarzumachen: Die Jugend der Jahrhundertwende ist uns in Erinnerung als eine Jugend, deren größtes Problem die sexuelle Reifung war, weil die damit zusammenhängenden Entscheidungen innerhalb des Bezugsrahmens der bürgerlichen Familie erfolgen mußten. Wir wissen andererseits, daß zur selben Zeit in der Arbeiterjugend die sexuelle Problematik von geringerer Bedeutung war, eben weil dafür ein anderer Bezugsrahmen herrschte.

Nun kann man nicht grundsätzlich bestimmen, welche Gruppe für einen bestimmten Menschen die dominante Bezugsgruppe ist. In den meisten Fällen dürfte es die Familie sein. Wohl aber läßt sich vermuten, daß diesen Gruppen eine große Bedeutung für die Bildung politischer Urteile und Vorurteile zukommt. Sehr wahrscheinlich werden im Bezugsrahmen solcher Gruppen die Mehrdeutigkeiten der Werte und Erscheinungen zu Eindeutigkeiten entschieden — oft wohl sogar so, daß die Mehrdeutigkeit erst gar nicht recht in den Blick kommt. Möglicherweise gehört *Bildungswissen* zum Prestige, das eine solche Gruppe verleiht. Gegenwärtig scheinen solche Gruppen die einzigen sozialen Felder zu sein, in denen Bildungswissen sozial praktiziert werden kann. Aber es kann auch genau umgekehrt sein, daß nämlich das Interesse daran einen Angehörigen der Gruppe zum Außenseiter stempelt und ihn sozial isoliert. Dann hat auch die Schule mit ihren Bemühungen kaum eine Chance. *Gesellschaftliche Verhaltensweisen* dürften kaum erforderlich sein, intime Kommunikationsstile werden vorherrschen. *Politische Verhaltensweisen* lernt man hier ebensowenig wie *Orientierungswissen.* Am wichtigsten bleibt wohl die Tatsache, daß diese Gruppen vornehmlich der Ort der politischen und sozialen

Urteils- und Entscheidungsbildung sind. Das aber würde bedeuten, daß gerade hier und unter der Kontrolle des jeweiligen Bezugsrahmens immer wieder *Aktionswissen* mobilisiert wird, wobei die Art und Weise der Mobilisierung wohl nicht nur vom Bezugsrahmen, sondern sicher auch von Art und Zahl der zur Verfügung stehenden Kommunikanten abhängt sowie davon, wie direkt die zur Entscheidung stehende Frage die Gruppe selbst betrifft. Aber man wird sich nicht darauf verlassen dürfen, daß ein solches Aktionswissen den Maßstäben politischer Bildung entspricht. Gerade die Praxis der politischen Bildung hat in den letzten Jahren immer wieder gezeigt, wie schwer es ist, seitens der Schule gegen die Urteilsmaßstäbe solcher Gruppen — etwa der Familien — anzugehen.

Massenkommunikation

Daß die Massenkommunikationsmittel die Erziehung der Jugendlichen erheblich mitformen, bedarf keines Beweises mehr. Relativ wenig aber wissen wir darüber, in welcher Weise dies geschieht. Auch müßte man wohl zwischen den einzelnen Massenmedien sorgsam unterscheiden. Wir wollen der Einfachheit halber die Betrachtung auf das Fernsehen einschränken, das ja aus vielen Gründen das interessanteste Phänomen aus diesem Bereich ist.
Ohne Zweifel leistet es einen wirksamen Beitrag auf der Ebene des *Bildungswissens,* allerdings eingeschränkt auf das, was sich in diesem spezifischen Medium darbieten läßt. Geschichte, Philosophie und Religion scheinen weitgehend seinen Darstellungsmitteln zu widersprechen, während die Literatur vor allem durch das Fernsehspiel ganz neue Möglichkeiten bekommen hat. Im großen und ganzen aber sind die Bildungswirkungen des Fernsehens noch zu wenig erforscht, als daß man heute schon Gültiges darüber sagen könnte.
Viel offensichtlicher ist dagegen, daß das Fernsehen einen sehr erheblichen Beitrag zum Aufbau eines *Orientierungs-*

wissens leistet. Viele politische Informationssendungen sind ein Beweis dafür, daß man mit Hilfe aller optischen Mittel in verhältnismäßig kurzer Sendezeit tatsächlich so etwas wie ein System der Produktion entfalten kann.

Noch wichtiger ist aber wohl die Übung des *Aktionswissens* durch das Fernsehen. Informative Sendungen sind aktualitätsbezogen. Sie versuchen im Grunde genau das, was wir in dem didaktischen Modell analysiert haben. Sie gehen aus von einer aktuellen Kontroverse, versuchen sie mit dem notwendigen Orientierungswissen sachlich aufzuhellen und benutzen dabei durchaus Kategorien, an denen sich die Auswahl der Informationen orientiert. Rein formal könnte unser didaktisches Modell auch so etwas wie eine dramaturgische Theorie für politische Informationssendungen sein. Diese Übereinstimmung ist keineswegs zufällig, sie zeigt nur, daß die Vermittlung von Informationen überall vor den gleichen Problemen steht. Es wäre eine interessante und wichtige Aufgabe für die empirische Erziehungswissenschaft, politische Fernsehsendungen einmal auf ihre didaktische Struktur zu untersuchen. Auch im günstigsten Falle bleibt eine prinzipielle Grenze: die Flüchtigkeit des Eindrucks, der Mangel an Kontinuität.

Politische Verhaltensweisen werden durch das Fernsehen zwar weniger aktiviert, aber immerhin vorgemacht. Das Interview und die Diskussion mit institutionellen Repräsentanten führen uns vor, wie man institutionsgerecht, kritisch und kontrollierend verfahren kann. Der Zuschauer findet sich dabei gleichsam durch die Fragenden auf dem Bildschirm vertreten. Er lernt politische Verhaltensweisen durch das Zuschauen. Ebenso geht es ihm bei vielen Unterhaltungssendungen für den Bereich *gesellschaftlicher Verhaltensweisen*. Vermutlich beruht die Beliebtheit vieler Unterhaltungssendungen nicht nur auf dem Vergnügen, sondern auch auf der oft gar nicht bewußten Lernbereitschaft, die man den Vorbildern ungezwungenen gesellschaftlichen Umgangs entgegenbringt. Die Bewunderung für manche Bosse der Unterhaltung hängt sicher damit zusammen.

Zu den wenigen Pädagogen, die sich unter solchen Aspekten mit dem Fernsehen beschäftigt haben, gehört Paul Heimann. Er hat auch klar erkannt, daß das Fernsehen den überlieferten engen Begriff von »Erziehungswirklichkeit« sprengen muß: »Wir werden gut daran tun, uns an den Gedanken zu gewöhnen, daß wir es im gesamten Erziehungsraum von nun an mit zwei konkurrierenden Bildungsmodellen zu tun haben, die nicht nur unterschiedlichen Bildungsideen folgen, sondern die sich auch in Gehäusen sehr verschiedener gesellschaftlicher Struktur installiert haben. Auf der einen Seite steht das öffentliche Schulwesen vom Kindergarten bis zur Universität, auf der anderen die großen Sendestationen mit mehr oder weniger Öffentlichkeitscharakter« (»Optisch-akustische Mittel in Erziehung und Bildung«, München 1961, S. 28).

Schule

Schon aus der recht oberflächlichen Skizzierung der gesellschaftlichen Faktoren dürfte die fundamentale Bedeutung der Schule für die Ebene des *Bildungswissens* deutlich geworden sein. Manches wird von den anderen Faktoren übernommen und kann vielleicht sogar am effektivsten von ihnen wahrgenommen werden, aber die Begegnung mit kulturellen Objektivitäten und vor allem die kontinuierliche Beschäftigung mit ihnen wird und kann wohl von niemandem außerhalb des geplanten Erziehungsfeldes wahrgenommen werden. Selbst wenn das sogenannte Bildungsfernsehen eine mediengerechte Sendeform werden sollte — was heute noch heftig umstritten ist —, wird man kaum damit rechnen können, daß genügend jugendliche Zuschauer regelmäßig und kontinuierlich daran teilnehmen. Bildungswissen bleibt nicht nur die zentrale Aufgabe der Schule, sondern diese Aufgabe wird gerade durch eine pädagogische Betrachtung der gesellschaftlichen Faktoren neu begründet.
Dafür kann sich die Schule aber auch auf anderen Ebenen

zunehmend als entlastet betrachten. Das gilt schon für die Ebene des *Orientierungswissens.* Hier kann sie zunehmend voraussetzen, daß der Jugendliche außerhalb der Schule Erfahrungen und Informationen erwirbt, die sie selbst nicht mehr so gründlich wie bisher in ihren Lehrplan zu pressen braucht. Manche didaktische Frage, wie die »Elementarisierung« der politischen Welt, das Suchen nach jugendgemäßen Einstiegen, werden zweitrangig, wenn nicht überhaupt hinfällig. Das gilt ebenso für die Probleme der »Verfrühung« und der »Vorwegnahme«, weil das Kriterium ihrer Diskussion, die jugendliche Erfahrung, sich wesentlich geändert hat. Erfahrung ist nicht länger mehr allein das, worauf man im »Umgang« stößt. Auch die Massenmedien vermitteln Erfahrungen, die sicher anders geartet sind, aber dennoch in der Vorstellungswelt dieselbe Funktion übernehmen. In den Fächern des Orientierungswissens hat der Unterricht immer weniger die Aufgabe, die Welt in Form des geplanten Lehrgangs in den Vorstellungshorizont der Jugendlichen zu bringen, als vielmehr umgekehrt die bereits vorhandene Fülle und Diffusität der Vorstellungen auf zweierlei Weise zu ordnen: durch *sachlich elementarisierte Systematik* und durch *kategoriale Infrage-Stellung.* Es geht nicht mehr so sehr darum, in Form von Lebenskreisen den sozialkundlichen Stoff zu ordnen, sondern bewußt aufs Ganze des realen politisch-sozialen Zusammenhangs zu zielen, also zu systematisieren. *Unterhalb dieser Forderung leisten die Massenmedien bessere Arbeit als die Schule.* Ähnliches gilt für die kategoriale Durchdringung der bereits vorhandenen Vorstellungen und Erfahrungen. Kategorien, so haben wir gesagt, enthalten Momente der Distanz von der Unmittelbarkeit des Daseins, die nur im Zusammenhang des Bildungswissens erworben werden können. Ohne solche bildende Begegnung, das heißt ohne Benutzung der den jeweiligen kulturellen Bereichen angemessenen Kategorien, ist ein Ordnen der Vorstellungen und Erfahrungen nicht möglich.

Auch angemessene Verhaltensweisen müssen und können

nicht unbedingt mehr vollständig in der Schule gelernt werden. Gewiß muß die Schule für bestimmte Altersphasen dem Gemeinschaftsdrang der Kinder Rechnung tragen, aber für das Jugendalter bieten sich heute derart viele Möglichkeiten der Gemeinschaftsbildung, daß die Schule nur verkrampft bieten kann, was sich draußen viel selbstverständlicher ereignet. Für die Ausbildung und Förderung *gesellschaftlicher Verhaltensweisen* ist sie in den meisten Fällen denkbar ungeeignet. Dies würde Kommunikationsformen zwischen Schule und Öffentlichkeit voraussetzen, wie sie wohl nur in Ausnahmefällen bestehen und vielleicht sogar wegen der Konzentration auf das der Schule Eigentümliche nicht einmal bestehen sollten. Anstatt über Schulfeiern und Elternabende eine gesellschaftliche Offenheit vorzutäuschen, sollte man klar sehen, daß das Freizeitsystem diese Aufgabe besser und gleichsam natürlicher erfüllt.

Anders stünde es schon mit den *politischen Verhaltensweisen*, wenn man einige recht liebgewordene Vorstellungen überprüfte. Der Lehrer tritt dem Schüler ja in mindestens zwei verschiedenen Rollen gegenüber, als Erzieher und als Repräsentant einer Institution. Beides versucht man immer wieder unter dem Begriff der »Autorität« zur Deckung zu bringen, was dann als Versöhnung der personalen mit der institutionellen Autorität immer nur gewaltsam gelingt. Insofern der Lehrer aber nun Repräsentant der Institution Schule ist, entscheidet er in erheblichem Maße über das künftige soziale Schicksal seines Zöglings. In dem Maße, wie die Schule heute die frühere Funktion der Klassengesellschaft erfüllt, nämlich soziale Schichten zu produzieren und zu reproduzieren, tritt politische Macht dem Jugendlichen in Gestalt seiner Lehrer unmittelbar gegenüber. Und nur einer undemokratischen pädagogischen Tradition wie der unseren kann es zweifelhaft erscheinen, daß überall dort, wo politische Macht auftritt, es legitime Interessenvertretungen gegen diese Macht geben muß. Würde man die Folgerungen aus dieser Tatsache ziehen, dann würde derselbe Schüler demselben Lehrer einmal im

Vertrauen des erzieherischen Umgangs und ein andermal in der Form der kritischen Loyalität begegnen. Welch eine produktive Situation für das politische Lernen beider Seiten! Man müßte nicht künstlich politische Konflikte in die Schule hineinholen, sondern brauchte nur die aufzugreifen, die objektiv in ihr selbst enthalten sind.
Seitdem als Folge der politischen Macht der Schule, der Lehrer und der Eltern unter bestimmten Voraussetzungen Zeugnisse, Zensuren und Versetzungen einklagbar sind, ist diesem Grundsatz in der Rechtsprechung längst Rechnung getragen. Der Rechtsweg ist eine zwar legale, aber letztlich doch unpädagogische Weise, diesen Konflikt auszutragen; denn so lernt niemand etwas dabei, weder die Lehrer noch die Schüler oder die Eltern.
Ich meine, daß unter den genannten Umständen der Schüler nicht nur ein menschliches, sondern auch ein unmittelbar politisches Interesse an gerechter Behandlung in der Schule hat; daß er sein politisches Interesse vertritt, wenn er eine höchstmögliche Förderung seiner wie immer bescheidenen Fähigkeiten fordert; wenn er die Unterrichtsweise eines Lehrers kritisiert; wenn er unentgeltliche Nachhilfe fordert, falls er trotz Fleiß und guten Willens dem normalen Unterricht nicht folgen kann; wenn er bei Schulstrafen eine schriftliche Darstellung aus seiner Sicht entweder selbst oder durch seine Schülervertretung in die Unterlagen zu bringen trachtet.
Man sieht, es ließe sich einiges anführen. Aber die bisherige Diskussion über die Schülermitverwaltung hat zur Genüge bewiesen, daß das ein auf lange Sicht müßiges Unterfangen wäre, weil beinahe alle pädagogischen Tabus über das Verhältnis von Schule und Gesellschaft aufgewühlt würden. Vielleicht ist das auch nicht ohne großen Schaden für die pädagogische Aufgabe der Schule zu ändern. Aber dann muß man sich darüber klar sein, daß in unseren Schulen bislang keine politischen Verhaltensweisen gelernt werden können. Was gegenwärtig unter dem Stichwort des »demokratischen Unterrichtsstiles« diskutiert wird, ist eine ganz andere Ebene des Problems,

weil nämlich hier die Identität von personaler und institutioneller Autorität aufrecht erhalten und damit an der Totalität der Lehrerrolle festgehalten wird. Die Verhaltensweisen, um die es bei dem Terminus »demokratischer Unterrichtsstil« geht, sind eben nicht politische, sondern jene, die wir als unspezifische bezeichnet haben.
Bleibt also als Schwerpunkt des schulischen Anteils an der politischen Bildung und Erziehung die rationale Seite des Ordnens der Vorstellungen und Erfahrungen durch sachlich-elementarisierte Systematik und kategoriale Infragestellung.

Jugendarbeit

In einer sehr groben Vereinfachung könnte man sagen, die Schule sei als pädagogisches Feld der Berufs- und Arbeitswelt zugeordnet, während die Jugendarbeit mit ihren Institutionen der Freizeitwelt entspreche. Das ist in dem Sinne falsch, daß weder die Schule etwas lehrt, was nur in der Berufswelt zu verwerten ist, noch die Jugendarbeit etwas tut, was nur in der Freizeit von Nutzen ist. Richtig ist dieser Satz aber in dem Sinne, daß die gesellschaftlichen und organisatorischen Bedingungen der Berufs- und Arbeitswelt die Schule viel stärker prägen als die Jugendarbeit, die umgekehrt wieder sehr viel stärker den Bedingungen des Freizeitfeldes verhaftet ist.
Wie immer man das Verhältnis von Schule und Jugendarbeit bestimmen mag, sicher ist, daß es bestimmte Merkmale gibt, die diese beiden Felder unaustauschbar machen. Wie schwer es ist, für den Bereich der Jugendarbeit zu brauchbaren Theorien zu kommen, zeigen der Sammelband »Was ist Jugendarbeit?« (München 1964) und die daran anschließende Diskussion in der Zeitschrift »deutsche jugend«. Unter dem Begriff »Jugendarbeit« werden heute so viel verschiedene Institutionen, Formen und Inhalte der pädagogischen Arbeit zusammengefaßt, daß es fast unmöglich scheint, sie auf einen Nenner zu bringen. Das

bedeutet aber, daß sich Jugendarbeit ganz allgemein gar nicht eindeutig auf unsere verschiedenen Lernaufgaben zuordnen läßt. In der Form der langfristigen Tagung kann sie durchaus einen Beitrag zum *Bildungswissen* leisten, in ihren kurzfristigen Veranstaltungsformen kaum. Auch die Systematisierung des *Orientierungswissens* ist in der Regel nicht der ihr gemäße Arbeitsinhalt. Sie müßte das auf eine schulische Weise tun, wozu sie meist nicht die rechten Mitarbeiter und äußeren Möglichkeiten hat. Für das Erlernen politischer und gesellschaftlicher *Verhaltensweisen* hingegen hat sie nahezu unbeschränkte Möglichkeiten. Dies nicht nur deshalb, weil sie auf eigentümliche Weise selbst Bestandteil des Freizeitsystems ist, sondern auch deshalb, weil zur Durchführung von Maßnahmen Umgang mit politischen Institutionen erforderlich ist (zum Beispiel zur Sicherstellung der Finanzierung der Maßnahme). Außerdem kann die Jugendarbeit immer wieder Situationen schaffen, die zu ihrer Bewältigung politische und gesellschaftliche Verhaltensweisen erfordern. Auch für die Übung von *Aktionswissen* bestehen hier große Chancen, weil die Bildungsbemühungen in diesem pädagogischen Feld auf langfristige Planung, Lehrpläne und Kontinuität verzichten müssen und sich statt dessen auf eine Stoffgliederung einlassen, die sehr viel stärker als in der Schule aktualitätsbezogen ist. Die Jugendarbeit kann immer wieder neue Aufgaben in Angriff nehmen.
Objektiv gesehen ist dieses Feld also am wenigsten von allen vorgeprägt und zu bestimmten gesellschaftlichen Leistungen verpflichtet, weshalb es sich noch am ehesten solchen Lernaufgaben zuwenden kann, die in den anderen Feldern nicht zum Zuge kommen. Ob sich in der Praxis das Bewußtsein dieser besonderen Chance durchsetzen kann, ist eine ganz andere Frage. Vorläufig ist diese Praxis eher von traditionellen Klischees und — im Bereich des stofflichen Lernens — von schulischen Vorbildern bestimmt, wie das etwa im häufigen Gebrauch des Wortes »Lehrgang« für ihre Unterrichtsveranstaltungen zum Ausdruck kommt.

Solange sich die Pädagogik vornehmlich als Wissenschaft vom Schulehalten verstand, war es nicht zwingend, der Lernsituation Schule größere Aufmerksamkeit in den didaktischen Überlegungen zu widmen; denn es fehlte der Vergleich zu anderen Situationen, und die verschiedenen Lernsituationen in den Schulen selbst verrieten trotz aller Besonderheit soviel Gemeinsamkeiten, daß man sie unberücksichtigt lassen konnte. In der klassischen Formel vom didaktischen Dreieck (Lehrer - Sache - Schüler) ist die Situation, in der das Dreieck angewandt wird, nicht weiter fraglich.

Obwohl dieser Komplex bisher von der empirischen pädagogischen Forschung noch wenig berücksichtigt wurde, darf man mit guten Gründen vermuten, daß die verschiedenen Lehrinstitutionen nicht nur objektiv spezifische Chancen und Grenzen haben, sondern daß sie auch subjektiv in dieser Verschiedenheit erlebt werden. Das heißt aber nichts anderes, als daß die objektiven gesellschaftlichen, institutionellen und organisatorischen Bedingungen, die ja letztlich eine solche Lernsituation bestimmen, pädagogische Implikationen annehmen, insofern sie sich subjektiv in bestimmter Weise widerspiegeln — zum Beispiel als größere oder geringere Lernmotivation. Wo etwa eine Schule dem Schüler vornehmlich als gesellschaftliche Zwangsinstitution gegenübertritt, wird er schwerlich gerade politische Verhaltensweisen wie kritische Loyalität lernen wollen, die die Situation, in der er das lernen soll, gar nicht von ihm verlangt. Wir haben schon früher gefragt, ob unsere Gesellschaft eigentlich wirklich jene kritischen Staatsbürger will, die die politische Pädagogik zu erziehen trachtet, und man muß diese Frage auch für die Schule stellen. Die Gefahr ist groß, daß die vielleicht vorhandene kritische Bereitschaft der Jugendlichen angesichts einer Situation, in der sie nicht zum Zuge kommen kann, umschlägt in Ressentiment — nicht nur gegen die Institution, um die es sich jeweils handelt, sondern schlechthin in politische Ressentiments. Der unermüdliche Appell, sich kritisch und souverän zu verhalten, erhält aus der Sicht des Jugendlichen zwingend den Charakter hämischer Täuschung, wenn sich dieser Appell nicht einmal in der pädagogischen Situation, in der er formuliert wird, realisieren läßt. Schule und Arbeitsplatz sind wohl die beiden Lernsituationen, die die größte Macht über den Alltag des Jugendlichen ausüben, und man darf sich nicht darüber täuschen, daß diese Tatsache tief eindringt in das, was hier gelernt wird und wie das Gelernte verstanden und gedeutet wird. Solange zum Beispiel die Schule »soziale Verteilerstelle« (Schelsky) ist, wird das zur Folge haben, daß die Schüler für die Zeugnisse lernen und alles als zweitrangig ansehen, was nicht unbedingt dafür nötig ist. Solange dann politischer Unterricht nicht zensiert wird, muß er hier auch als unwesentlich gelten.

Nur die pädagogisch geplanten Lernsituationen — also vor allem Schule und Jugendarbeit — sind in einem gewissen Rahmen änderbar, die übrigen sind vorgegeben. Damit taucht aber die Frage auf, wie Schule und Jugendarbeit beschaffen sein müssen, damit das, was sie lehren wollen, auch wirklich gelernt werden kann. Im Grunde ist dies die Frage, wieweit Schule und Jugendarbeit den wirklichen Lebensverhältnissen entsprechen sollen oder nicht. Nimmt man die oft geforderte »Verbindung von Schule und Leben« allzu wörtlich, dann gleichen sich die pädagogischen Situationen vollends denen des Lebens, das heißt der gesellschaftlichen Wirklichkeit an. Da aber dieses Leben — wie wir sahen — gegenwärtig noch sehr wenig Möglichkeiten für die politische Beteiligung junger Leute bereithält, würde das bedeuten, daß die Forderung nach dem kritischen Staatsbürger schon dort, wo sie gelernt werden soll, unwahr ist — oder man muß bekennen, daß man mit dieser Forderung eigentlich nur den disponiblen und funktionsfähigen Staatsbürger meint. Kritische Distanz zu lernen ist nur möglich, wenn man dem unmittelbaren Zwang dessen, was da kritisiert werden soll, wenigstens zeitweilig entzogen ist. Das führt zu einer nur scheinbar paradoxen Folgerung: Schule und Jugendarbeit können ihre Aufgabe der politischen Bildung nur erfüllen, wenn sie sich in erheblichem Maße als »pädagogische Provinz« verstehen.

Zusammenfassung und Übergang

Die Frage nach den politischen Lehrinhalten für die Jugendbildung, die uns in diesem Buch beschäftigt, ist eigentlich mit dem zweiten Teil unserer Arbeit schon beantwortet worden. Es handelt sich — so wurde gesagt — um mindestens vier sehr verschiedene Lehr- und Lernaufgaben, nämlich um »Bildungswissen«, »Orientierungswissen«, »politische Verhaltensweisen« und »Aktionswissen«. Aber diese Antwort war im Hinblick auf die praktische pädagogische Arbeit immer noch unbefriedigend. Wenn daraus nämlich zu folgern wäre, daß all dies unbedingt in den Schulen gelernt werden muß, würden die Schulen weiterhin hoffnungslos in der Stoffülle ertrinken.

Es wird aber immer klarer, daß man in den Schulen nicht mehr alles Wichtige »ein für allemal« lernen kann, so daß es für das ganze Leben ausreicht: Man müsse vielmehr »lernen lernen«, heißt es oft. Aber auch das ist ja zunächst nur eine inhaltsleere Formel, die solange nicht weiterhilft, wie nicht im einzelnen bestimmt ist, was im Jugendalter nun unbedingt gelernt werden muß und was man getrost aus den Lehrplänen streichen kann. Die vielbeklagte Stofffülle hat zunächst ganz sicher ihre Ursache darin, daß heute eben sehr viel mehr gelernt werden muß als früher. Insofern muß sie hingenommen werden. Sie kommt aber auch noch durch zwei weitere Tatsachen zustande, die wir abändern können.

Erstens haben wir keine rechten Maßstäbe mehr, um für einen bestimmten Lebensbereich — wie den der Politik — Wichtiges von Unwichtigem scheiden zu können. Wir versuchen das immer noch mit dem sogenannten »Bildungs-

gehalt« eines Lebensbereiches, aber der erste Teil unseres Buches hat schon gezeigt, daß dieser Maßstab für das Problem der politischen Bildung so gut wie nichts hergibt. Wir brauchen also didaktische Maßstäbe, die uns jenseits aller »Bildungsmetaphysik« erlauben, einigermaßen zuverlässig zwischen Wichtigem und Unwichtigem zu unterscheiden. Solche Maßstäbe haben wir im zweiten Teil des Buches zu formulieren und zu begründen versucht.
Aber das allein reicht offenbar nicht mehr aus, denn die Stoffülle ist damit immer noch nicht genügend eingedämmt. Wir müssen uns vielmehr zweitens an den Gedanken gewöhnen, daß die Schule nicht die einzige Lehrinstitution ist, in der etwas Wichtiges gelernt wird, ja, daß man manches Wichtige vielleicht gerade dort gar nicht mehr richtig lernen kann. Schon aus rein »ökonomischen« Gründen dürfen wir in der Schule nicht länger umständlich wiederholen, was mit einiger Sicherheit außerhalb der Schule schon längst gelernt ist. Vielleicht heißt »politische Bildung« in Zukunft viel eher, die Menschen zu kritischen und interessierten »Fernseh-Lesern« zu machen — weil das besonders wichtig für ihre politische Beteiligung ist —, als ihnen über Jahre eine Fülle von politischen Stoffen beizubringen, die in dem Augenblick, wo sie gelernt werden sollen, gänzlich nutzlos sind und erst dann wichtig werden, wenn das Fernsehen sie sendet, weil sie dann nämlich aktuell sind und zur Lösung eines kollektiven Problems auch wirklich gebraucht werden. — Diesen zweiten Gesichtspunkt, der Stoffmassen Herr zu werden, haben wir im dritten Teil des Buches — wenn auch sehr fragmentarisch — zu explizieren versucht.
Nun bleibt noch übrig, einiges über den Begriff »Didaktik« zu sagen, wie wir ihn in unserer »politischen Didaktik« verwendet haben. Damit greifen wir unter neuem Aspekt noch einmal Überlegungen aus dem ersten Teil des Buches auf, die dem Leser bisher vielleicht überflüssig vorgekommen sind. In der Einleitung wurde gesagt, »Didaktik« solle die Frage nach dem »Was« des Lernens klären. Aber schon der erste Teil enthielt implizit eine

Theorie der Didaktik, die von den heute herrschenden Theorien mehr oder weniger abweicht. — »Didaktik« ist gemeinhin eine Schul- und Lehrerwissenschaft; aber wir haben nicht gesagt, ob unser didaktisches Modell für das Gymnasium, die Mittelschule, die Berufsschule oder die Volksschul-Oberstufe gelten soll. — Den Begriff der »Bildung«, der in den meisten didaktischen Vorstellungen die verschiedenen Unterrichts- und Erziehungsaufgaben integriert und sie zugleich bestimmt, haben wir mehrmals und mit verschiedenen Argumenten dieser Funktion enthoben; aber wir haben bisher verschwiegen, welche leitenden Gesichtspunkte nun unserem Begriff von Didaktik zugrunde liegen. Gerade der pädagogisch geschulte Leser wird mit Recht erwarten, daß dies noch erklärt wird. Dazu aber müssen wir nun zum Schluß noch so kurz wie möglich in die allgemeine didaktische Diskussion eingreifen.

VIERTER TEIL: POLITISCHE DIDAKTIK ALS PÄDAGOGISCHE THEORIE DES POLITISCHEN

Die politische, wissenschaftliche und pädagogische Unbestimmbarkeit der Lehrinhalte

Es ist kein Zufall, daß die Neubesinnung der Erziehungswissenschaft nach dem Zweiten Weltkrieg eng mit dem Begriff der Didaktik verknüpft ist. Wie nie zuvor ist dieser Begriff zu einem Schlüsselbegriff geworden, von dem man sich die Lösung zahlreicher Schwierigkeiten der pädagogischen Theorie und Praxis verspricht. Es ist unmöglich, in einem knappen Schlußteil die Fülle der Anregungen und Überlegungen auch nur einigermaßen zuverlässig wiederzugeben oder sich gar in die zum Teil weit vorgetriebenen Einzelerörterungen zu diesem Thema einzulassen. Dazu müssen wir den Leser auf die im Literaturverzeichnis genannten Arbeiten von Heimann, Klafki und Scheuerl verweisen, die selbst wiederum zahlreiche Arbeiten zusammenfassen. Wir lassen diese Diskussion weitgehend unberücksichtigt und konzentrieren uns auf eine nähere Bestimmung des Begriffes »politische Didaktik« unter Berücksichtigung der allgemeinen didaktischen Problematik, wie sie sich aus unserem Blickwinkel stellt. — Wenn wir weiterhin davon ausgehen, daß Didaktik sich mit den Lehr- und Lern*inhalten* beschäftige, so muß man zunächst fragen, weshalb diese Inhalte denn so problematisch geworden sind. Warum bleiben alle Versuche, diese Inhalte zu fixieren, fragwürdig?

1. *Die Lehrinhalte sind politisch unbestimmbar geworden.* Die Kritik an den Lehrplänen und Bildungszielen der Schulen ist in ihrem Kern eine politische Kritik. Sie bricht in dem Augenblick auf, wo die »Fundamentaldemokratisierung« der Gesellschaft zur Debatte steht. Bis 1918 waren Lehrplanentscheidungen in Deutschland solche des autoritären Staates, der sich dabei der Hilfe der Kirchen und anderer konservativer Gruppen bediente. Die Schule geriet damit in den Widerspruch zwischen gesellschaftlicher und politischer Demokratisierung. In dieser Zeit war die Kritik an der Schule in ihrem Kern auch immer politische Kritik — selbst dort, wo sie sich scheinbar nur pädagogischer Argumente bediente. Spätestens nach der Revolution von 1918 stellte sich das politische Problem der Erziehungs- und Bildungsinhalte in unüberhörbarer Weise. Nachdem das politische Entscheidungsmonopol der bis dahin bestimmenden konservativen Gruppen gebrochen war, mußte neu geklärt werden, wie in einer nun pluralistischen Gesellschafts- und Staatsverfassung Erziehungs- und Bildungsziele und damit auch Stoff- und Lehrplanentscheidungen trotz der widersprüchlichen gesellschaftlichen Kräfte einheitlich hergestellt werden könnten. Einerseits benötigt die großorganisierte Gesellschaft ein relativ einheitliches und klar gegliedertes Erziehungs- und Bildungssystem; andererseits werden die Ziele und Inhalte in dem Maße umstritten, wie nun alle gesellschaftlichen Gruppen grundsätzlich an ihrer Festsetzung beteiligt werden müssen. Aber in den Jahren von 1918 bis 1933 wurde die Gelegenheit verspielt, die notwendig gewordene Politisierung des Bildungswesens vernünftig, das heißt nach demokratischen, rational kontrollierbaren Spielregeln zu gestalten. Gerade die Erziehungswissenschaft wich mit ihrem Autonomiebegriff und mit reformpädagogischen Vorstellungen diesem Problem — teilweise ganz bewußt — aus. Insofern die herrschende Pädagogik der zwanziger Jahre den Zusammenhang zwischen der Fundamentaldemokratisierung und den Lehr*inhalten* nicht begriff, war sie Teil des damaligen antidemokratischen Denkens.

2. *Die Lehrinhalte sind wissenschaftlich unbestimmbar geworden.* Mit dem Aufkommen der positiven Wissenschaften zerfällt die Einheit von Theorie und Praxis, und dieser Zerfall dringt nachdrücklich in das allgemeine Bewußtsein ein. Die »Lebensphilosophie« und die weltanschaulichen Theorien der Jahrhundertwende sind sich dieses Problems mehr oder weniger genau bewußt. Wissenschaftliche Erkenntnis der Welt einerseits und Anwendung der Erkenntnisse zur Verbesserung menschlicher Verhältnisse andererseits beruhen nicht mehr auf demselben Denkakt. Der Fortschritt wissenschaftlicher Erkenntnis gründet sich auf der wissenschaftlichen Arbeitsteilung und entwickelt sie weiter. Aber der spezialisierte Gesichtspunkt der einzelnen Wissenschaft verrät selbst nicht mehr den Zugang zum Ganzen einer politischen oder pädagogischen Handlungssituation, von dem er nur ein Teilaspekt ist. Die Folge ist, daß sich der Zusammenhang einer Vorstellungswelt nicht mehr von selbst aus dem Erkenntniszusammenhang der Wissenschaften ergibt — was noch die große Hoffnung der Aufklärer war —, sondern erst dann, wenn eine bestimmte Handlungssituation sie erfordert oder wenn sie wie in der Schule eigens geplant und veranstaltet wird. Das läßt sich am nachdrücklichsten für das politische Handeln zeigen. Ein Politiker, der Wissenschaftler zu Beratern hat, stiftet dadurch die Einheitlichkeit der Vorstellungen, daß er die Ergebnisse der Beratung in seinen politischen Willen integriert. Ähnliches gilt für den handelnden Pädagogen. Eine psychologische Untersuchung zum Beispiel über Reifungsprobleme von 17jährigen ist an sich nur potentiell pädagogisch. Sie wird pädagogisch manifest erst in dem Augenblick, wo der handelnde Pädagoge deren Einsichten — sagen wir im Lateinunterricht — berücksichtigt. Dann aber hat sie aufgehört, eine bloß psychologische Aussage zu sein, weil sie nun nämlich in einem ganz bestimmten Zusammenhang mit anderen Aussagen steht und als benutzte Aussage neu interpretiert wurde. In dem Maße also, wie Theorie und Praxis auseinanderfallen, werden eigentümliche wissenschaftliche Anstren-

gungen erforderlich, beides wieder zusammenzubringen. Wissenschaftliche Ergebnisse ändern aber ihren Charakter, wenn sie zur Verbesserung einer Praxis benutzt werden.

Die damit auftauchenden Probleme sind nicht dadurch gelöst, daß Naturwissenschaftler philosophieren oder Historiker sich Gedanken über Geschichtspädagogik machen. Es geht nicht darum, daß einzelne den begrenzten Gesichtspunkt ihres Faches überwinden, sondern darum, ein Strukturproblem aller gegenwärtigen Wissenschaft zu beschreiben: daß nämlich die Integration der fächerübergreifenden Wissenschaftserkenntnisse eigener methodischer Kontrollen bedarf, die nicht mehr selbstverständlich aus den Methoden des normalen Forschungszusammenhangs erwachsen.
Da nutzt auch wenig der Hinweis auf die Wissenschaftlichkeit der einzelnen Fächer und auf die wissenschaftliche Ausbildung der Lehrer. Gewiß ist jede Lehre, die wissenschaftlich unhaltbar ist, auch pädagogisch unsinnig. Aber damit lassen sich eben immer nur bestimmte Teilprobleme entscheiden. Der innerhalb eines Schulfaches oder gar durch die Kombination mehrerer Fächer gestiftete geistige Zusammenhang ist auch dann nicht unbedingt ein wissenschaftlicher, wenn in den einzelnen Fächern selbst mit wissenschaftlicher Redlichkeit unterrichtet wird. Der planend-systematische Gang des Unterrichts stellt selbst erst eine bestimmte Weltvorstellung her, die es ohne ihn gar nicht gäbe. Übersieht man diese Schwierigkeit — wie im Falle der von uns kritisierten »Fächerkombination« —, so können sich zahlreiche Lehrinhalte als fachwissenschaftlich begründet gebärden, die es ihrer Natur nach nicht sein können, und damit der Entstehung dem Anschein nach wissenschaftlich legitimierter Vorurteile Tür und Tor öffnen. Die bloße Meinung reicht dann weit in das hinein, was in Wahrheit wissenschaftlich nach »richtig« und »falsch« zu klären wäre, und der notwendige irrationale Spielraum wird unter wissenschaftlichen Vorwänden mit problematischen Eindeutigkeiten ausgestattet.

3. *Die Lehrinhalte sind pädagogisch unbestimmbar geworden.* Dem widerspricht aber die überlieferte Autonomievorstellung der Pädagogik. Lehrplanentscheidungen und Fragen der Lehrinhalte der einzelnen Fächer gelten ihr im wesentlichen als pädagogische Fachfragen, für die insbesondere Lehrer und Erzieher zuständig zu sein haben. In Gegnerschaft gegen die Politisierung einerseits, aber auch gegen die wissenschaftliche Rationalität andererseits wurde vor allem seit 1918 mit Begriffen wie »Bildungsgehalt«, »Bildungssinn«, »Bildungsziel« oder »Bildungsaufgabe« der Anschein erweckt, als ob Lehrplan- und Stoffplanentscheidungen so getroffen werden könnten, daß man nur mit hinreichender pädagogischer Intuition die »bildenden« Teile aus den übrigen Stoffmassen heraussondern müsse. Wenn heute noch in einem ernstzunehmenden Sinne von »pädagogischer Autonomie« gesprochen wird, dann ist damit die einfache Wahrheit gemeint, daß alle kritische Reflexion einer gewissen Unabhängigkeit vom Kritisierten bedarf. Die pädagogische Autonomievorstellung verwandelte in Wahrheit politische Entscheidungen in pädagogische Fachfragen. Diese Denkweise wirkt noch heute nach, wenn es etwa bei Klafki heißt, daß das didaktische Feld von *einem* Punkte aus aufgeschlüsselt werden müsse: »von der *pädagogischen Verantwortung* vor dem jungen Menschen, der den Sinn seines Lebens als Kind und Jugendlicher erfüllen und zugleich schrittweise in seine Mündigkeit hineinwachsen soll. Hier, in der pädagogischen Verantwortung, liegt die ›Generalinstanz‹ didaktischer Entscheidungen ...« (70, S. 101).

Klafki setzt offenbar voraus, daß über »den (!) Sinn« des jugendlichen Daseins und über die »Mündigkeit« des Erwachsenen in unserer Gesellschaft hinreichende Einigkeit besteht oder wenigstens bestehen könnte. Nur dann hätte es Sinn, die »Verantwortung« des Erziehers derart in den Mittelpunkt einer allgemeinen Didaktik zu stellen. Gilt diese Voraussetzung aber nicht, dann täuscht der Terminus »Verantwortung« nur eine Aufklärung des pädagogischen Handelns vor, das er in Wahrheit nur weiter verdunkelt;

denn selbstverständlich kann diese Voraussetzung gar nicht allgemein gelten. Wer »Mündigkeit« sagt, identifiziert sich — wenn damit überhaupt etwas gesagt sein soll — mit der aufklärerischen Tradition: also mit Kant, Marx, Nietzsche und Freud. Damit tritt er aber für etwas ein, was in unserer Gesellschaft erst noch *politisch* durchgesetzt werden muß, bevor es *allgemeiner Konsensus* in der Erziehung sein kann. Während alle gesellschaftlichen Teilgruppen sicherlich ihre Glieder politisch »mündig« machen wollen, weil sonst ihre politische Existenz auf dem Spiele steht, wird die Forderung nach Mündigkeit auf anderen, immer noch von den Bezugsgruppen kontrollierten Gebieten auf erbitterten Widerstand stoßen (zum Beispiel auf dem Felde der Sexualerziehung). Solche gewichtigen Unterschiede geraten aus dem Blick, wenn man den Begriff der Mündigkeit undifferenziert in grundsätzlichen Zusammenhängen benutzt.

Die Klafkis Argumentation zugrunde liegende Vorstellung von der Stellvertretung des Erziehers für den Zögling ist heute in dieser Form nicht mehr aufrechtzuerhalten. Entweder bezieht man sie auf den je einzelnen Erzieher, dann ist aber der subjektiven und willkürlichen Weltansicht Tür und Tor geöffnet. Oder man bezieht sie auf die pädagogische Theorie und Praxis im ganzen, dann aber ist sie an eine unzuständige Allgemeinheit gekoppelt; denn das, was jeweils damit konkret gemeint ist (Kindgemäßheit, Jugendgemäßheit, Schutz für das Ausreifen usw.), ist heute Bestandteil des allgemeinen Bewußtseins über die Bedürfnisse des Menschen. Seitdem der Erzieher als Erzieher angesichts der wirklichen gesellschaftlichen Verhältnisse gar nicht mehr die Möglichkeit hat, auch nur für einen einzigen Zögling diese Vorstellungen selbst zu realisieren, ist er auf den politischen Weg verwiesen, bestimmte Verhältnisse mit herzustellen und andere zu bekämpfen. Nicht mehr als Erzieher, sondern nur noch als Staatsbürger — also gerade unter Abstraktion von der Tatsache, daß er Erzieher ist — kann er das mit »Stellvertretung« Gemeinte zusammen mit anderen Bürgern realisieren. Bewegt man sich dennoch weiterhin im Raum traditionell begrenzter pädagogischer Fragestellungen, umgibt man also weiterhin etwa die Unterrichtsinhalte mit dem nicht zufälligen Pathos solcher Begriffe wie »Verantwortung«, »Mündigkeit« und »Stellvertretung«, dann wird die pädagogische Reflexion zu einem Alibi für möglicherweise jugendfeindliche gesellschaftliche Verhältnisse und zu einer unentwegten Täuschung für alle am Erziehungsprozeß Beteiligten.

Auch der Versuch, mit den Begriffen des »Fundamentalen«, »Elementaren« und »Exemplarischen« die Lehrinhalte zu bestimmen, kann nicht befriedigen. Dies sind in Wahrheit gar keine didaktischen Begriffe, weil sie nämlich voraussetzen, für was etwas »fundamental«, »elementar« und »exemplarisch« sein soll. Keine Sache hat einen pädagogischen Gehalt, den man nicht vorher hineingelegt hätte. Die wissenschaftlich aufgeklärten Sachverhalte lassen sich nur dann verkürzen, wenn jemand diese Kürzung unter außerhalb der Sache selbst liegenden Gesichtspunkten — zum Beispiel solchen des Unterrichts — vornimmt. Wenn man nun nicht mehr genau unterscheidet, ob »das Elementare« dem Sein der Sache selbst entspricht oder nur eine Form ihrer Widerspiegelung im Bewußtsein ist, dann kann es auch keine rationalen Orientierungspunkte für die Diskussion über Lehr- und Lerninhalte mehr geben.

Die kritische Funktion der politischen Didaktik

Der erste Ausgangspunkt aller Didaktik muß also sein, daß die Lehrgehalte weder politisch noch wissenschaftlich oder pädagogisch eindeutig bestimmbar sind. Sie sind in politischer, in wissenschaftlicher und pädagogischer Hinsicht mehrdeutig. Gerade deshalb aber wird didaktische Reflexion notwendig. Denn nun stehen wir vor einer ganzen Reihe von Verlegenheiten, Problemen und Schwierigkeiten, die schon deshalb der wissenschaftlichen Aufklärung bedürfen, weil anders offenbar keine Verbesserung der pädagogischen Verhältnisse erreicht werden kann. Die Lehrinhalte müssen entschieden werden, aber was entschieden werden muß, muß zunächst einmal aufgeklärt werden. Für die Aufklärung dieser Zusammenhänge steht die wissenschaftliche Bemühung der Didaktik. Damit ist schon gesagt, daß Didaktik wohl in der herkömmlichen Spezialisierung der Wissenschaften begründet, aber keineswegs einfach als neue Spezialität aus ihr entlassen worden ist. Sie gehört vielmehr zu jener neuen Gruppe von Wissenschaften, die sich nicht in der Spezialisierung der Fachwissenschaften angesiedelt haben, sondern sich von vornherein der Aufklärung bestimmter kollektiver Daseinsfragen zugeordnet wissen. So wie es seit einiger Zeit in den USA eine »Wissenschaft vom Frieden« gibt, deren Aufgabe es ist, in fächerübergreifender Weise sorgfältig die Bedingungen und Möglichkeiten des Friedens zu untersuchen, genauso und aus ähnlichen Gründen muß es eine wissenschaftliche Beschäftigung mit den Fragen geben, die durch die Mehrdeutigkeit der Erziehungs- und Bildungsinhalte aufgeworfen sind. Klafki (70, S. 114) irrt, wenn er annimmt, wir benötigten auch dann eine Didaktik der politischen Bildung, wenn es keine politische Wissenschaft gäbe. Es sind vielmehr dieselben Gründe, die beide Formen der politischen Reflexion hervorgebracht haben.

Der Gegenstand

Damit ist der Gegenstand der politischen Didaktik im allgemeinen Sinne bereits bezeichnet. Die politische Didaktik geht davon aus, daß in unserer Gesellschaft allenthalben politische Bildung und Erziehung geschieht, daß das, was da geschieht, umstritten ist und nicht mehr auf selbstverständlicher Übereinstimmung beruht. Da aber andererseits eine solche Übereinstimmung, wenn auch nur als pragmatischer Kompromiß, hergestellt werden muß, weil anders kein durchrationalisiertes Erziehungssystem bestehen könnte, versucht sie alle dafür und dabei wesentlichen Zusammenhänge soweit wie möglich aufzuklären. Vereinfacht gesagt: sie kritisiert, was ist. Dabei wird ihr Gegenstand von zahlreichen anderen Wissenschaften, insbesondere den Sozialwissenschaften, ebenfalls erreicht, und ohne deren Ergebnisse kann sie selbst gar nicht arbeiten. Aber in zweierlei Weise ist sie dem Gegenstand der politischen Erziehungs- und Unterrichtsinhalte in besonderer Weise verbunden: Erstens beschäftigt sie sich gleichsam hauptberuflich mit ihnen, also in kontinuierlicher Reflexion. Zweitens versteht sie ihn als Totalität, als einen ungemein komplexen Zusammenhang von Theorie und Praxis. Wenn man will, kann man daraus weiterhin eine »Autonomie« der Didaktik ableiten.

Überall dort, wo Erziehungswissenschaft sich heute auf begrenzte Fragestellungen einstellt, gerät sie mit anderen hochspezialisierten Wissenschaften in eine hoffnungslose Konkurrenz. Der »pädagogische Bezug« zum Beispiel ist — für sich genommen — ein Gegenstand der Kommunikationsforschung, der ja auch normative Probleme nicht fremd sein müssen. Erst von einer bestimmten Reichweite an fällt dieser Gegenstand wieder aus dem Forschungsbereich der Kommunikationsforschung heraus, und erst dann, wenn er so umfangreich vorgestellt wird, daß Probleme der Synthese entstehen, wird eine erziehungswissenschaftliche Betrachtung notwendig. Oder anders: es kann schon deshalb keine positivistische Erziehungswissenschaft geben, weil deren mögliche Gegenstände immer in die kompetentere Zuständigkeit einer anderen positivistischen Disziplin fallen würden. Deshalb ist es auch erst dann sinnvoll, von einer politischen Didaktik zu sprechen, deren Gegenstand die politischen Lehr- und Lerngehalte seien, wenn das Problem der Inhalte als ein fächerübergreifender Zusammenhang bestimmt wird, der deshalb geklärt werden muß, weil er sich auch dem politischen und pädagogischen Handeln so und nicht etwa spezialistisch stellt.

Es ist nützlich, auch hier wieder zunächst mit einem operativen Modell zu arbeiten. Wenn wir also im folgenden die Reichweite der politisch-didaktischen Fragestellung beschreiben, so muß man im Gedächtnis behalten, daß jede Frageebene für sich genommen in den Zuständigkeitsbereich bestimmter Fachwissenschaften fällt, daß also erst ihr Zusammenhang die didaktische Fragestellung ausmacht.

Kritik der politischen Entscheidung

Zunächst muß die politische Didaktik offensichtlich die politischen Verfahren von Lehr- und Stoffplanentscheidungen kritisch überprüfen. Für das Schulwesen entstehen solche Entscheidungen ja in Kultusministerien. Es gibt Menschen, die sie treffen und Begründungen, mit denen sie getroffen werden. Wenn es aber stimmt, daß solche Entscheidungen innerhalb bestimmter Grenzen politische, nämlich kulturpolitische Entscheidungen sind, dann taucht damit für die Didaktik der erste große Problemkreis auf. Insofern nämlich unsere Didaktik hic et nunc innerhalb einer demokratischen Gesellschaft ihre Reflexionen anstellt, muß sie zuallererst die Aufklärung solcher kulturpolitischer Entscheidungen zu ihrem Programm machen. Sie muß klären, *was* da festgesetzt wird, *wer* das festsetzt, *mit welcher Legitimation* das festgesetzt wird, *wie* so etwas festgesetzt wird, das heißt in welchem institutionellen und kommunikativen Rahmen. Insofern es sich um politische Entscheidungen handelt, müssen sie in einer demokratischen Gesellschaft als solche deklariert, öffentlich, mit der Möglichkeit der Kontrolle und in einer klar institutionalisierten Form getroffen werden. Vor allem gilt es auf dieser Problemebene auch zu kontrollieren, ob solche Entscheidungen nicht den Rahmen dessen überschreiten, was tatsächlich von der Wissenschaft nach »richtig« und »falsch« geklärt werden kann. Wir haben diesen Teil der Aufgabe in dieser Untersuchung nur zum Teil erfüllt, nämlich bei der Kritik der Rahmenvereinbarung.

Es könnte eingewendet werden, daß die Hereinnahme kulturpolitischer Entscheidungen in die pädagogische Reflexion zu einer unheilvollen Verquickung politischer und pädagogischer Ebenen führen müsse. Mir scheint aber gerade, daß eine sorgfältige Kompetenzzuweisung dieser in der Tat unterschiedlichen Ebenen eher möglich ist, wenn man sich grundsätzlich zunächst auf ihren unlösbaren Zusammenhang einläßt. Selbstverständlich kann die *Erforschung* solcher Zusammenhänge nur im Rahmen bestimmter, dafür zuständiger Fachwissenschaften erfolgen, aber innerhalb der politischen Didaktik bekäme die *Interpretation* der Ergebnisse erst einen für die Aufhellung der Lehrinhalte bedeutsamen Stellenwert: Ohne Berücksichtigung des politischen Zusammenhanges können die jeweils vorliegenden Lehrinhalte überhaupt nicht verstanden werden. Wenn wir zum Beispiel heute überprüfen wollen, warum welche Lehrstoffe in der politischen Bildung unserer Schulen eine Rolle spielen und andere nicht, dann bedarf es dazu unter anderem einer Analyse der konservativen Mentalität, die ihre Ansichten in diese Stoffauswahl eingebracht hat.

Kritik der Lehrinstitutionen

Politisches Lernen geschieht immer in irgendwelchen Lehrinstitutionen oder Lernsituationen. Die politische Didaktik hat kritisch zu prüfen, inwieweit diese Institutionen den Auftrag, den sie sich selbst stellen oder der ihnen gestellt werden müßte, auch tatsächlich erfüllen bzw. erfüllen können; die sozialen und gesellschaftlichen Lernfelder untersucht sie daraufhin, welche Chancen und Behinderungen sie für das politische Lernen enthalten; den pädagogisch geplanten Lernfeldern zeigt sie, welche Lerngrenzen in ihren institutionellen und organisatorischen Bedingungen liegen; schließlich überprüft sie, was einzelne Schularten im Zusammenhang ihres Bildungsauftrages unter politischer Beteiligung verstehen. Da die Fähigkeit zur

politischen Beteiligung für alle Heranwachsenden grundsätzlich in gleicher Weise gelten muß, kann eine bestimmte Schulart nicht länger mehr einfach festsetzen, was sie darunter zu verstehen gedenkt.
In diesen Zusammenhang gehört auch die Kritik dessen, was die Lehrer in den einzelnen Schularten unter ihrer Aufgabe verstehen. Die im ersten Teil unseres Buches erläuterte Kontroverse zwischen Wilhelm Hennis und A. Flitner hatte ja den grundsätzlichen Ideologieverdacht gegen die politische Weltvorstellung der Lehrer schon aufgeworfen. Auf welcher Seite man bei dieser Kontroverse auch stehen mag, das Problem selbst wird dadurch nicht aus der Welt geschafft. Wir wissen inzwischen, daß die Lehrer einer bestimmten Schulart ein charakteristisches Gruppenbewußtsein über ihre politisch-pädagogische Aufgabe haben. Dieses Bewußtsein hängt offenbar eng mit den organisatorischen und institutionellen Bedingungen zusammen, in denen sie arbeiten müssen. Die Meinung, didaktische Entscheidungen seien vor allem pädagogische Fachfragen, gehört ebenso dazu wie der Widerstand dagegen, aus der objektiven politischen Beziehung zwischen Lehrern und Schülern die entsprechenden Folgerungen zu ziehen.

Kritik der anthropologischen Grundlagen

Auf dieser Ebene müssen die Vorstellungen über den jugendlichen Partner kontrolliert werden. Stimmt das, was über seine Fähigkeiten, Interessen und Möglichkeiten vermutet wird, mit den Erkenntnissen der modernen Jugendforschung überein? Kann der Jugendliche das, was ihm in der politischen Bildung angesonnen wird, in seiner Umwelt auch wirklich praktizieren? Trifft es zu, daß ihm bestimmte Unterrichtsmethoden wie das heimatkundliche Prinzip das Lernen erleichtern? Wird das Politische dort aufgesucht, wo es dem Jugendlichen selbst begegnet, nämlich vor allem in seinen täglichen Konflikten? Helfen die

Lehrinhalte dem späteren Erwachsenen zur politischen Beteiligung?
Solange die Pädagogik ihre Erfahrungen mit den Jugendlichen lediglich aus der Schule bezog, war sie immer einem geradezu beruflich bedingten Irrtum ausgeliefert. Es schien zu genügen, den Sinn, die Aufgabe, die Inhalte und Methoden des Lernens aus den Grundsätzen der Entwicklungspsychologie abzuleiten. Pädagogische Jugendkunde war vor allem entwicklungspsychologische Jugendkunde. Die neuere sozialwissenschaftliche Jugendforschung hat aber gezeigt, daß dieses Blickfeld zu eng ist. Jugenduntersuchungen in außerschulischen Bereichen wie in der freien Jugendarbeit oder im Tourismus haben gezeigt, daß gerade die sozio-kulturellen Bedingungen der Umwelt den entwicklungspsychologischen Merkmalen erst die konkrete Ausprägung geben. »Pubertät« etwa ist auch heute noch ein Luxus, den sich die wenigsten Jugendlichen leisten können. Unser jugendkundliches Blickfeld ist also erheblich erweitert worden und stellt, wie wir schon im ersten Teil dargelegt haben, zahlreiche Grundsätze der heutigen Lehrplangestaltung in Frage: Indem Jugendliche heute eine Schule besuchen oder in einem Betrieb arbeiten, stehen sie bereits durchaus im Ernst der politischen Auseinandersetzung. Die Konflikte der Umwelt muß man ihnen nicht mehr mühsam elementarisieren. Was junge Leute in der Schule nicht lernen wollen, wollen sie vielleicht durchaus auf einer Tagung ihres Jugendverbandes lernen. — Eine der wichtigsten Aufgaben der pädagogischen Anthropologie des Jugendalters besteht heute darin, die »Schallmauer« der klassischen Entwicklungspsychologie zu durchbrechen und sozio-kulturelle Gegebenheiten so genau wie möglich in die Betrachtung einzubeziehen. Dabei wird man dann allerdings auch entdecken, daß trotz einer umfangreichen empirischen Jugendforschung noch viele Zusammenhänge nicht genügend untersucht und geklärt sind, daß in vielen Fällen lediglich Symptome beschrieben werden, während die gesellschaftlichen Bedingtheiten bestimmter Einstellungen und Verhaltensweisen im Dunkel bleiben.

Kritik der wissenschaftlichen Zuverlässigkeit der Lehrinhalte

Die politischen Lehrinhalte müssen fachwissenschaftlich kontrolliert werden. Sind die einzelnen Aussagen richtig? Sind sie in ihrem Zusammenhang richtig? Entsprechen sie dem gegenwärtigen Stand wissenschaftlicher Erkenntnisse? Ist das, was heute gelernt wird, wirklich für die absehbare Zukunft von Bedeutung? Die Didaktik kann diese Fragen nicht von sich aus beantworten. Sie ist dabei eindeutig auf die Forschungsergebnisse der Fachwissenschaften angewiesen.

Das Verhältnis von Wissenschaft und Didaktik gehört zu den »heißen Eisen« der gegenwärtigen didaktischen Diskussion. Auch hier müssen wir wieder Wolfgang Klafki entgegentreten. Klafki schreibt: »Aber die Wissenschaften fungieren im Zusammenhang didaktischen Fragens nicht als konstitutiv ..., sie fungieren als helfende, als Disziplinen, die vom Didaktiker um Rat gefragt werden« (70, S. 112). Und er zitiert W. Helmich: »Der Fachlehrer lernt fragen: Ist das Wissen über meinen Lehrgegenstand für junge Menschen möglich, erträglich, dienlich, ist es für sie eine Hilfe, ihr Leben zu führen?« — Sicherlich ist die Wissenschaftlichkeit kein ausreichendes Kriterium, um sich für einen bestimmten Lehrstoff zu entscheiden. Andererseits aber kann heute kein Lehrstoff mehr gelehrt werden, der sich nicht auch wissenschaftlich halten läßt. Wenn zum Beispiel in einem Geschichtsbuch zur Zeitgeschichte wissenschaftlich falsche Aussagen über das NS-Regime stehen, dann kann es gar kein Argument mehr für dieses Geschichtsbuch geben. Jede öffentliche politische Argumentation, die sich wissenschaftlich angreifen läßt, ist dadurch auf die Dauer auch politisch erledigt, wie »menschlich« immer ihr »Anliegen« auch sein mag. Und dann sollten Ergebnisse der politischen Wissenschaften nicht »konstitutiv« für die politische Didaktik sein? Klafkis Satz müßte also richtiger lauten: Die Wissenschaften sind zwar konstitutiv für das didaktische Fragen, aber sie determinieren es nicht. — In diesem Zusammenhang stellt sich außerdem die Frage, ob es vernünftig ist, jeden Fachlehrer daran herumrätseln zu lassen, ob sein »Lehrgegenstand für junge Menschen möglich, erträglich, dienlich« sei. Kann er das allein überhaupt beurteilen, und kann er eine solche Dauerreflexion in seiner beruflichen Praxis überhaupt durchhalten?

Auf dieser Ebene der Kritik kommt nun der Unterrichtsprozeß im engeren Sinne in das Blickfeld. Viele Didaktiker verstehen Didaktik überhaupt als »Lehre vom Unterricht«. Paul Heimann hat für die Analyse solcher Prozesse ein überzeugendes Faktorenmodell entwickelt (50). Deshalb können wir hier anstatt weiterer Ausführungen auf seinen Aufsatz verweisen. Die neuere Lerntheorie und vor allem die Kybernetik werden hier zweifellos noch weitere empirische Klärungen bringen.

Die konstruktive Funktion der politischen Didaktik

Über weite Strecken spielt die politische Didaktik also eine *kritische* Rolle. Sie kritisiert bestimmte Grenzüberschreitungen mit wissenschaftlichem Anspruch und wissenschaftlichen Mitteln, das heißt mit nachprüfbaren Methoden und Verfahren: zum Beispiel, daß Entscheidungen über Lehrinhalte nicht demokratisch angemessen getroffen werden; daß Lesebuchtexte wissenschaftlich unhaltbar sind; daß etwas fälschlich als Literatur ausgegeben wird; daß bestimmte Stoffe und Verfahren nicht kindgemäß sind usw. Hier versteht sich also die politische Didaktik als kritisches Gegenüber einer immer schon vorhandenen und vorgegebenen Erziehungswirklichkeit, die sie zwar durch kritische Aufklärung verbessern, nicht aber im ganzen faktisch oder auch nur im geistigen Entwurf eindeutig herstellen kann. In diesem negativen Sinne schafft sie gleichsam unentwegt das schlechte Gewissen für eine verbesserungswürdige und verbesserungsfähige Praxis. Sobald aber die politische Didaktik von der Kritik zu positiven Vorschlägen übergeht, muß sie ausgesprochen vorsichtig operieren. Nur in zwei denkbaren Fällen könnte sie *eindeutig positiv* die Lehrinhalte festsetzen: Entweder müßte sie dazu ein politisches Entscheidungsmonopol wie in der DDR haben, oder aber sie müßte nachweisen, daß aus der wissenschaftlichen Reflexion eindeutige Lehrinhalte zu folgern wären. Sieht man sich jedoch die eben beschriebenen Ebenen der kritischen Reflexion näher an, so stellt man fest, daß zur Frage der Lehrinhalte von allen diesen Ebenen her ein Beitrag geleistet wird. Die politische Entscheidung trifft die allgemeinste Auswahl der Inhalte; die Lehrinstitutionen treffen eine weitere Auswahl, insofern sie zum Beispiel die Aufgaben des politischen Unterrichts mit den übrigen kombinieren müssen. Mit dem Blick auf den jugendlichen Partner wiederum gelten bestimmte Inhalte gegenüber anderen als zu bevorzugen; die fachwissenschaftliche Perspektive sondiert ebenso wie der Vermittlungsprozeß selbst, sofern eben nur das gelehrt werden kann, was auch gelernt werden kann. Dies wären gewissermaßen die Instanzen, die in Wirklichkeit an der Festsetzung der Lehrinhalte beteiligt sind. Kombiniert man aber diese Instanzen miteinander, so folgt daraus noch keineswegs eine eindeutige Lösung der inhaltlichen Probleme. Hier tut sich vielmehr ein Spielraum auf, den die politische Didaktik nun positiv und produktiv mit ihren Vorschlägen füllen kann. Aber alle solche Vorschläge wären Kompromisse, die statt so eben auch anders aussehen könnten.

So ist auch unsere eigene didaktische Konstruktion nur ein möglicher, keineswegs ein zwingender Vorschlag. Sein operativer, fragmentarischer Charakter, der aus dem Zweck der Unterrichtung erwächst, macht ihn von allen Seiten her angreifbar, sobald man von diesem Zweck absieht.

Zusammenfassend können wir sagen, daß die politische Didaktik eine eigentümliche Theorie des Politischen entwickeln muß. Ihre Fragerichtung unterscheidet sich einerseits von solchen politischen Theorien, wie sie die politischen und sozialen Wissenschaften zur Erkenntnis der gesellschaftlichen Prozesse entwickeln; andererseits geht es ihr auch nicht um solche politischen Theorien, die bestimmte Aktionsgruppen — etwa die politischen Parteien — unter dem Aspekt von Strategie und Taktik des politisch möglichen Handelns entwickeln. Es geht ihr vielmehr um eine Sicht des Politischen, die auf den sogenannten Normal- oder Durchschnittsbürger zugeschnitten ist — gewissermaßen auf den politischen Laien —, der weder Sozialwissenschaftler ist noch sich Politik zum Hauptberuf wählen will.

Politische Didaktik als politische Theorie der Pädagogik

Wenn die politische Didaktik eine eigentümliche pädagogische Theorie des Politischen entwickelt, so läßt sich nun dieser Gedanke auch umkehren. In gewisser Weise ist sie nämlich auch eine politische Theorie der Pädagogik. Indem sie nämlich eine Teilaufgabe der Erziehung und Unterrichtung — die politische Beteiligung — untersucht, erlaubt sie Folgerungen und Rückschlüsse auf alle anderen Erziehungs- und Unterrichtsaufgaben, insofern sie mit jener zusammenhängen. In diesem Sinne macht die politische Didaktik für die Erziehungswissenschaft die politischen Implikationen aller ihrer Aufgaben und Probleme bewußt. Oder anders ausgedrückt: Mit der politischen Didaktik schafft sich die Erziehungswissenschaft eine politische Kontrollinstanz für alle ihre Reflexionen und Untersuchungen.

So konnten wir zeigen, daß etwa das pädagogische Problem der Autorität, bisher vorwiegend im Rahmen des pädagogischen Bezuges interpretiert, in der Fragestellung der politischen Didaktik in ein neues Licht rückt. Oder die Frage nach den politischen Verhaltensweisen rief notwendig die Relativierung des herkömmlichen pädagogischen Tugendkatalogs hervor. Versteht man zudem im Sinne der politischen Didaktik das allgemeinbildende Schulwesen als eine politische Bestimmungsleistung der ganzen, gleichwohl pluralistischen Gesellschaft, so folgt daraus auch zwingend eine relative, politisch begründbare

Autonomie des Schülers gegenüber dem Lehrer. Diese Beispiele ließen sich vermehren. Entscheidend bleibt, daß mit einer rechtverstandenen politischen Didaktik die politische Kritik zum konstitutiven Moment des pädagogischen Selbstverständnisses wird oder jedenfalls werden kann, während sie ihm bisher im wesentlichen als Ideologiekritik gegenüberstand.

Auf der Suche nach einer »allgemeinen Didaktik«

Damit sind wir nun noch einmal auf die Frage verwiesen, wie sich denn nun die politische Didaktik in den Zusammenhang der allgemeinen Didaktik einordnen läßt. Wolfgang Klafki (70, S. 91f.) hat mit Recht darauf hingewiesen, daß alle didaktischen Einzelentscheidungen so lange unvollständig reflektiert werden, wie man sie nicht auf das wünschenswerte Gesamtergebnis des Erziehungs- und Bildungsprozesses hin bedenkt. Für dieses wünschenswerte Gesamtergebnis steht bei ihm der Begriff der »Bildung«. Aber gerade dieser Begriff erweckt die bedenkliche Vorstellung, als ob eine solche Reflexion noch innerhalb einer modifizierten, gleichwohl traditionellen pädagogischen Problemisolierung möglich sei. So sehr wir Klafki im Prinzip hier zustimmen, so sehr muß andererseits betont werden, daß ein zutreffendes Bewußtsein vom Gesamtzusammenhang heutiger Erziehungs- und Bildungsprozesse nur möglich ist, wenn man den Gesamtzusammenhang von Erziehung und Gesellschaft in den Blick nimmt; wenn man ausgeht von den tatsächlichen Lernerwartungen und Lernprozessen, die in der Gesellschaft statthaben; wenn man neben der schulischen Vermittlung die anderen gesellschaftlich institutionalisierten Vermittlungsfelder berücksichtigt; wenn man vom hohen Podest spekulativer Mutmaßungen über das Verhältnis von Bildung und Gesellschaft in die

Niederung konkreter pädagogischer Analysen der konkreten gesellschaftlichen Strukturen hinuntersteigt. Mit anderen Worten: wenn es endlich eine pädagogische Theorie der industriellen Gesellschaft gibt, die es heute nicht einmal in Ansätzen gibt und im Rahmen traditioneller pädagogischer Begriffssysteme auch gar nicht geben kann.

Dies bleibt also eine der wichtigsten Aufgaben künftiger erziehungswissenschaftlicher Reflexion. Was wir vorläufig tun können, ist, bestimmte Lernaufgaben so konkret wie möglich inhaltlich zu beschreiben, wie wir es hier für die Aufgabe der politischen Beteiligung versucht haben. In ähnlicher Weise müßte man andere Lernaufgaben durchdenken. Ich schlage vor, in Zukunft solche Analysen »Aufgaben-Didaktiken« zu nennen. Den zweiten Komplex didaktischen Fragens könnte man als »Institutions-Didaktik« bezeichnen. Hier geht es darum, daß man die Ergebnisse der »Aufgaben-Didaktik« auf eine bestimmte pädagogische Situation — zum Beispiel die Berufsschule — konzentriert. Die Kombination der wünschenswerten Lehrinhalte wird für die Berufsschule anders aussehen als für die Oberstufe des Gymnasiums.

Ob es sinnvoll ist, weiterhin am Begriff der »Fachdidaktik« festzuhalten, wage ich zu bezweifeln. Dieser Begriff wird sinnlos, sobald man nicht mehr »Bildung« als integrierendes Prinzip aller Unterrichtung versteht. Kein Fach hat von sich aus einen Bildungswert, den man nicht vorher erst eingeschmuggelt hätte. Was ein Fach für eine bestimmte Unterrichtsaufgabe — zum Beispiel politische Beteiligung — leisten kann und soll, kann weder vom Fachlehrer noch vom Fach her entschieden werden. Allenfalls die zuständige Fachwissenschaft kann dazu einen Beitrag leisten, aber diese Frage muß von mehreren Instanzen her entschieden werden, von denen nämlich, die wir eben skizziert haben. Der Weg führt nicht vom »Fach« zur »Aufgabendidaktik«, sondern umgekehrt von der »Aufgabendidaktik« zum »Fach«.

So kann man also didaktische Analysen von zwei verschiedenen Fragerichtungen aus anstellen: erstens von einer bestimmten Erziehungsaufgabe und zweitens von einer bestimmten Erziehungssituation her. Wenn in Zukunft nun von allen Erziehungsaufgaben und Situationen her solche Reflexionen angestellt werden, dann werden sich Probleme und Lösungen mannigfach miteinander verschränken. Ebenso werden sich die Vorschläge der Didaktik hinsichtlich der Stoffauswahl und der modellhaften Integration im Unterricht teils ergänzen, teils überschneiden, teils auch widersprechen.

Didaktik als Problem aller geplanten Vermittlung

Für die weiteren Überlegungen im Hinblick auf eine allgemeine Didaktik dürfte es nützlich sein, sich klarzumachen, daß sich die Probleme, als deren Antwort »Didaktik« entstand, keineswegs nur im Raume der Schule stellen. Sie zeigen sich vielmehr überall dort, wo überhaupt einigermaßen planmäßig Informationen vermittelt werden.
So muß zum Beispiel auch das Fernsehen aus der Fülle der möglichen Informationen und Sendestoffe auswählen. Auch hier wird die Auswahl teils politisch, teils fachlich entschieden. Auch hier muß man sich mit den anthropologischen Grundlagen im Hinblick auf den Fernseher vertraut machen, die durch den Vermittlungsprozeß selbst entstehenden Veränderungen der Inhalte im Blick behalten, die Grenzen und Möglichkeiten der eigenen Institution und des Mediums beachten und schließlich sich nicht nur der politischen, sondern auch der fachlichen Kritik offen stellen und sie entsprechend verarbeiten. Auch hier kann man nicht einfach Tatsachen aneinanderfügen, man muß sie ordnen und in einen Zusammenhang bringen. Man muß diese Ordnung schließlich auch vor sich selbst verantworten können — das heißt auch hier ist man nolens volens auf kategoriale Reflexion angewiesen. Gewiß ist das schulische Kommunikationsfeld von anderer Art als das des Fernsehens oder der Journalistik. Aber diese Andersartigkeit

ergibt sich aus der verschiedenen Konkretion der Bezüge und Zusammenhänge, keineswegs aus deduzierbaren Grundsätzen.

»Politische Didaktik« als »allgemeine Didaktik«?

Wenn außer der »politischen Beteiligung« auch die übrigen Lernaufgaben hinreichend analysiert sind, wird sich vielleicht herausstellen, daß die politische Didaktik heute die einzig mögliche Form einer allgemeinen Didaktik ist. Aber dies ist natürlich nur eine Vermutung, für die sich allerdings einige Gründe anführen lassen.

Daß jeder Mensch von einem bestimmten Alter an das gleiche Recht und auch die gleiche Chance haben soll, sich in unserem Gemeinwesen politisch zu beteiligen — dies ist fast das einzige, was wir allen Heranwachsenden im Jugendalter voraussagen können. Die Staatsbürgerrolle ist die einzige allgemeine und zugleich konkrete Erwartung der Gesellschaft; sie ist allgemein, weil sie für jeden vollmündigen Bürger ohne Rücksicht auf seinen sonstigen sozialen Status gilt; sie ist konkret, weil sie sich angesichts der gegenwärtigen politischen Welt und ihrer heute absehbaren Entwicklungstendenzen relativ genau inhaltlich bestimmen läßt.

Wir wissen weder, welchen Beruf der spätere Erwachsene ausüben und wie oft er ihn wechseln wird, noch, in welcher sozialen Umgebung er sich bewegen wird. Aber wir wissen, daß er bei den zu erwartenden politischen und gesellschaftlichen Änderungen soweit wie möglich Subjekt und sowenig wie nötig Objekt sein soll.

Wenn wir bisher immer wieder betont haben, daß die »Bildungsgehalte« durch die Aufgaben der politischen Beteiligung nicht einseitig politisiert werden dürften, so übernahmen wir damit bereits ein weit verbreitetes Mißverständnis über den Zusammenhang von Bildung und demokratischer Gesellschaft. Das Mißverständnis liegt in der Annahme, der Demokratisierungsprozeß der Neuzeit habe nur ganz bestimmte Bereiche des sozialen und kulturellen Lebens erfaßt — eben das Politische —, und man müsse nun darauf achten, daß die damit verbundene allgemeine Politisierung nicht auch unzulässig in den Bereich von Kultur und Bildung eindringe. Kaum jemandem wird klar, daß er damit einer bestimmten, historisch gewordenen liberalistischen Vorstellung über das Verhältnis von Staat, Gesellschaft und Kultur folgt. Die unaufhaltsame Politisierung aller Lebensbereiche ist nämlich nur die eine Seite der Sache. Die andere Seite ist, daß in diesem Prozeß die einzelnen sozialen und kulturellen Bereiche eine gewisse Autonomie gegenüber den Ansprüchen von Staat und Gesellschaft erhalten: Erst mit dem Aufkommen der allgemeinen Demokratisierung gibt es die Freiheit der Forschung und Lehre, ist Literatur nicht mehr einfach in weltanschauliche oder politische Aufgaben zu pressen. Erst seitdem gibt es überhaupt die Vorstellung, daß möglichst jeder etwas von Literatur und Kunst verstehen müsse. Solange man also unter dem Begriff »Demokratie« nicht das Ensemble historischer Prozesse versteht, sondern daraus isolierte Einzelheiten, wird man der Gefahr einer Politisierung der Bildungsgehalte nicht deshalb erliegen, weil das in der Natur der Sache läge, sondern weil man einem Mißverständnis darüber erlegen ist, was Demokratisierung in Wahrheit sozial- und geistesgeschichtlich heißt. Die Autonomisierung der Künste und Wissenschaften ist ebenso Teil des fundamentalen Demokratisierungsprozesses wie der Fortfall der alten gesellschaftlichen Kontrollen für die Freizeit oder das allgemeine Wahlrecht. Man kann das eine nicht ohne das andere haben. Das soll heißen: gerade aus einer gründlichen Interpretation der politischen Beteiligung folgt, was konservative Gruppen bei uns mit Recht, aber oft mit falschen Begründungen fordern: das Bestehen auf der »Sache« in Distanz zu jeder gesellschaftlichen und politischen Nützlichkeit und Brauchbarkeit.

Wem die letzten Bemerkungen trotzdem das Gespenst einer »politisierten Bildung« an die Wand gemalt haben, der mag sich damit trösten, daß unsere Vermutungen ja noch keineswegs erwiesen sind. Sie werden sich erst verifizieren lassen, wenn alle didaktischen Aufgaben gründlich durchdacht sind. Aber was immer in Zukunft »allgemeine Didaktik« heißen mag, sicher ist, daß sie etwas leisten können muß, was sie heute noch nicht leistet: Sie muß sich von einer mehr oder weniger magischen Berufswissenschaft für Lehrer zu einer umfassenden erziehungs- und bildungspolitischen Planungswissenschaft entwickeln, ohne die wir zwischen törichten Ressentiments, wissenschaftlich kaschierten Berufsideologien und kurzsichtigen Verbandsinteressen mit Sicherheit die Chance verspielen werden, uns ein Erziehungswesen zu schaffen, dessen Organisation und dessen Lehrpläne so rentabel wie möglich und so unrentabel wie nötig konzipiert sind.

LITERATURVERZEICHNIS

1. Abendroth, Wolfgang: Zum Begriff des demokratischen und sozialen Rechtsstaates im Grundgesetz der Bundesrepublik Deutschland, in: Aus Geschichte und Politik, Festschrift für Ludwig Bergstraesser, Düsseldorf 1954, S. 279ff.
2. Adorno, Theodor W.: Theorie der Halbbildung, in: Der Monat, Nr. 132, September 1959, S. 30ff.
3. Adorno, Theodor W.: Was bedeutet: Aufarbeitung der Vergangenheit? In: Gesellschaft-Staat-Erziehung, Heft 1, 1960, S. 3ff.
4. Adorno, Theodor W.: Prismen. Kulturkritik und Gesellschaft, München 1963.
5. Deutscher Ausschuß für das Erziehungs- und Bildungswesen: Gutachten zur politischen Bildung und Erziehung, in: Empfehlungen und Gutachten des Deutschen Ausschusses, Folge 1, Stuttgart 1955.
6. Bahrdt, Hans Paul: Wissenschaft und Politik, in: Die neue Gesellschaft, Heft 3, 1964, S. 175ff.
7. Ballauff, Theodor: Zum Problem der politischen Bildung in Schule und Volkshochschule, in: Pädagogische Rundschau, Heft 8, 1961, S. 441ff.
8. Bergstraesser, Arnold: Das Wesen der politischen Bildung, in: Freiheit und Verantwortung, Heft 1, 1956, S. 4ff.
9. Bergstraesser, Arnold: Die Lehrgehalte der politischen Bildung, in: Bundeszentrale für Heimatdienst (Hrsg.), Möglichkeiten und Grenzen der politischen Bildung in der höheren Schule, Bonn 1960.
10. Bergstraesser, Arnold: Warum ist politische Bildung nötig? In: Offene Welt, Heft 52, 1957, S. 555ff.
11. Bergstraesser, Arnold: Politik in Wissenschaft und Bildung. Schriften und Reden, Freiburg 1961.
12. Bergstraesser, Arnold: Der Beitrag der Politikwissenschaft zur Gemeinschaftskunde, in: Heinrich Roth (Hrsg.),

Gemeinschaftskunde und politische Bildung. Ein Arbeitsbericht. Zweites Sonderheft der »Neuen Sammlung«, Göttingen 1963, S. 57ff.
13. Besson, Waldemar: Zur gegenwärtigen Krise der deutschen Geschichtswissenschaft, in: Gesellschaft-Staat-Erziehung, Heft 3, 1963, S. 156ff.
14. Besson, Waldemar: Politische Bildung im Zeitalter der Gruppengesellschaft, in: Gesellschaft-Staat-Erziehung, Heft 7, 1958, S. 302ff.
15. Bodensieck, Heinrich: Zur Aufgabe der Gegenwartskunde in unserer Zeit, in: Gesellschaft-Staat-Erziehung, 1958, S. 310ff.
16. Bolte, Martin: Soziologie und Gemeinschaftskunde, in: Gegenwartskunde, Heft 1, 1963, S. 1ff.
17. von Borch, Herbert: Der Auslandskorrespondent. Zu einer publizistischen Theorie der Wirklichkeit, in: Merkur, Nr. 182, April 1963, S. 376ff.
18. Borinski, Fritz: Der Weg zum Mitbürger. Die politische Aufgabe der freien Erwachsenenbildung in Deutschland, Düsseldorf-Köln 1954.
19. Buchheim, Max: Aufgaben und Möglichkeiten der politischen Bildung in der Schule, in: Die Sammlung, 1951, S. 419ff.
20. Bundeszentrale für Heimatdienst (Hrsg.): Die Praxis der politischen Bildung in der Volksschule, Bonn 1957.
21. Bundeszentrale für Heimatdienst (Hrsg.): Politische Bildung und Erziehung im Bereich der Berufsschulen, Bonn 1956.
22. Bundeszentrale für Heimatdienst (Hrsg.): Möglichkeiten und Grenzen der politischen Bildung in der höheren Schule, Bonn 1960.
23. Bundeszentrale für Heimatdienst (Hrsg.): Die Praxis der politischen Bildung in der Berufsschule, Bonn 1958.
24. Dahrendorf, Ralf: Gesellschaft und Freiheit. Zur soziologischen Analyse der Gegenwart, München 1961.
25. Dahrendorf, Ralf: Demokratie und Sozialstruktur in Deutschland, in: Offene Welt, Heft 71, 1961, S. 92ff.
26. Dirks, Walter: Politische Bildung, in: Offene Welt, Heft 28, 1953, S. 30ff.
27. Ellwein, Thomas: Das Regierungssystem der Bundesrepublik Deutschland. Leitfaden und Quellenbuch, Köln-Opladen 1963.
28. Ellwein, Thomas: Pflegt die deutsche Schule Bürgerbewußtsein? Ein Bericht über die staatsbürgerliche Erziehung in den höheren Schulen der Bundesrepublik, München 1955.

29. Ellwein, Thomas: Erziehung zum Recht? In: deutsche jugend, Heft 10, 1961, S. 457ff.
30. Ellwein, Thomas: Was geschieht in der Volksschule? Ein Bericht, Berlin-Bielefeld 1960.
31. Ellwein, Thomas: Politische Verhaltenslehre, Stuttgart 1964.
32. Erdmann, Karl-Dietrich: Entwurf einer historischen Gegenwartskunde, in: Geschichte in Wissenschaft und Unterricht, Heft 1, 1963, S. 28ff.
33. Eschenburg, Theodor: Staat und Gesellschaft in Deutschland, Stuttgart 1962.
34. Fischer, Kurt Gerhard, Herrmann, Karl, u. Mahrenholz, Hans: Der politische Unterricht, Bad Homburg v. d. Höhe 1960.
35. Flitner, Andreas: Die politische Erziehung in Deutschland. Geschichte und Probleme 1750-1880, Tübingen 1957.
36. Flitner, Andreas: Soziologische Jugendforschung. Darstellung und Kritik aus pädagogischer Sicht, Heidelberg 1963.
37. Flitner, Andreas: Ein neues Bürgermodell? In: Gesellschaft-Staat-Erziehung, Heft 9/10, 1957, S. 448ff.
38. Flitner, Wilhelm: Theorie des pädagogischen Weges, 5. Aufl., Weinheim 1960.
39. Flitner, Wilhelm: Die zwei Systeme politischer Erziehung in Deutschland, in: Aus Politik und Zeitgeschichte. Beilage zur Wochenzeitung »Das Parlament«, Nr. 32, 1955, S. 481ff.
40. Friese, Martin: Ziel und Inhalt der Gemeinschaftskunde, in: Gesellschaft-Staat-Erziehung, Heft 5, 1962, S. 262ff.
41. Glum, Friedrich: Über politische Erziehung, in: Vierteljahresschr. für wissenschaftl. Pädagogik, 1952, S. 124ff.
42. Greiffenhagen, Martin: Perspektiven zum Problem der politischen Erziehung, in: Zeitschrift für Pädagogik, Heft 2, 1964, S. 113ff.
43. Greiffenhagen, Martin: Nationalsozialismus und Kommunismus im Sozialkundeunterricht, in: Frankfurter Hefte, Heft 3, 1963, S. 168ff.
44. Groothoff, Hans Hermann: Struktur und Problematik der Diskussion über die politische Erziehung und Bildung in Deutschland, in: Neue politische Literatur, Heft 4/5, 1959, Sp. 273ff. und Sp. 371ff.
45. Groothoff, Hans Hermann: Vom rechten Selbstverständnis des Lehrers als eines politischen Erziehers. Grundsätzliche Überlegungen zum Moment des »Mitbürgerlichen« und »Partnerschaftlichen« im Prozeß der

Erneuerung unserer politischen Erziehung in der Schule. Berufspädagogische Beiträge der berufspädagogischen Zeitschrift, Heft 5, Braunschweig 1957.
46. GROOTHOFF, Hans Hermann: Grundfragen der politischen Bildung und Erziehung, in: Die deutsche Berufs- und Fachschule, Heft 7, 1961, S. 505ff.
47. HABERMAS, Jürgen, v. FRIEDEBURG, Ludwig, OEHLER, Christoph, u. WELTZ, Friedrich: Student und Politik. Eine soziologische Untersuchung zum politischen Bewußtsein Frankfurter Studenten, Neuwied 1961.
48. HABERMAS, Jürgen: Theorie und Praxis. Sozialphilosophische Studien, Neuwied 1963.
49. HECKEL, Hans: Rechtserziehung als politische Erziehung, in: Gesellschaft-Staat-Erziehung, Heft 7, 1957, S. 320ff.
50. HEIMANN, Paul: Didaktik als Theorie und Lehre, in: Die deutsche Schule, 1962, S. 407ff.
51. HEINRICH, Hans: Sozialkunde und Sozialerziehung. Politische Bildung in der Volksschule. 2. Aufl., Ansbach 1964.
52. HEINTZ, Peter (Hrsg.): Soziologie der Schule. Sonderheft 4 der Kölner Zeitschrift für Soziologie und Sozialpsychologie, Köln-Opladen 1959.
53. HENNIS, Wilhelm: Das Modell des Bürgers, in: Gesellschaft-Staat-Erziehung, Heft 7, 1957, S. 330ff.
54. HENNIS, Wilhelm: Zum Begriff und Problem des politischen Stiles, in: Gesellschaft-Staat-Erziehung, Heft 4, 1964, S. 225ff.
55. HENNIS, Wilhelm: Politik und praktische Philosophie. Eine Studie zur Rekonstruktion der politischen Wissenschaft, Neuwied 1963.
56. VON HENTIG, Hartmut: Der Beitrag der Oberstufe zur politischen Bildung, in: Merkur, Heft 192, Februar 1964, S. 164ff.
57. HILLIGEN, Wolfgang: Plan und Wirklichkeit im sozialkundlichen Unterricht, Frankfurt 1955.
58. HILLIGEN, Wolfgang: Worauf es ankommt. Überlegungen und Vorschläge zur Didaktik der politischen Bildung, in: Gesellschaft-Staat-Erziehung, 1961, S. 339ff.
59. HILLIGEN, Wolfgang: Die Jugend verlangt nach Orientierung, in: Gesellschaft-Staat-Erziehung, 1958, S. 20ff.
60. HOFSTAETTER, Peter R.: Einführung in die Sozialpsychologie, Stuttgart-Wien 1954.
61. HOFSTAETTER, Peter R.: Gruppendynamik. Die Kritik der Massenpsychologie, Hamburg 1957.
62. HOLZAPFEL, Heinrich (Hrsg.): Philosophie und politische Bildung an Höheren Schulen, Düsseldorf 1960.

63. HORNUNG, Klaus: Etappen politischer Pädagogik in Deutschland, in: Aus Politik und Zeitgeschichte, Beilage zur Wochenzeitung »Das Parlament«, Nr. 9/10, 1961.
64. JAIDE, Walter: Das Verhältnis der Jugend zur Politik. Empirische Untersuchungen zur politischen Anteilnahme und Meinungsbildung junger Menschen der Geburtsjahrgänge 1940-1946, Berlin-Neuwied 1963.
65. KADELBACH, Gerd: Individualerfahrung und Gesellschaft, in: Die berufsbildende Schule, Heft 12, 1962, S. 827ff.
66. VON KEMPSKI, Jürgen: Gemeinschaftskunde ist Unfug, in: »Die Zeit«, Nr. 7, 1962.
67. KINDLER, Karl Friedrich: Not und Aufgabe der politischen Erziehung, in: Gesellschaft-Staat-Erziehung, Heft 2, 1960, S. 62ff.
68. KLAFKI, Wolfgang: Macht und Ideal in der Demokratie und in der politischen Erziehung und Bildung, in: Westermanns Pädagogische Beiträge, Heft 8, 1961, S. 343ff.
69. KLAFKI, Wolfgang: Das pädagogische Problem des Elementaren und die Theorie der kategorialen Bildung, Weinheim-Berlin 1959.
70. KLAFKI, Wolfgang: Studien zur Bildungstheorie und Didaktik, Weinheim 1964.
71. KLATT, Rudolf: Gemeinschaftskunde und Geschichte am Gymnasium. Ein Beitrag zur Diskussion der Rahmenvereinbarung von Saarbrücken. Sonderheft der Zeitschrift Gesellschaft-Staat-Erziehung, Stuttgart o. J. (1962).
72. KNOLL, Joachim: Die Gemeinschaftskunde. Eine kritische Betrachtung der bisherigen Diskussion, in: Zeitschrift für Pädagogik, Heft 1, 1964, S. 83ff.
73. KÖNIG, René: Grundformen der Gesellschaft: Die Gemeinde, Hamburg 1958.
74. KÖRNER, Hermann: Der Historiker und die Gemeinschaftskunde, in: Heinrich Roth (Hrsg.), Gemeinschaftskunde und politische Bildung. Zweites Sonderheft der »Neuen Sammlung«, Göttingen 1963, S. 39ff.
75. KUDRITZKI, Gerhard: Die Kategorie des Volkstümlichen. Eine Erkenntnisgrenze gegenüber politischen, gesellschaftlichen und wirtschaftlichen Strukturen? In: Die deutsche Schule, Heft 3, 1962, S. 113ff.
76. LANDSHUT, Siegfried: Die Schwierigkeiten der politischen Erziehung in der egalitären Massengesellschaft, in: Gesellschaft-Staat-Erziehung, Heft 7, 1957, S. 311ff.
77. LEMBERG, Eugen: Ideologie und Utopie unserer politischen Bildung, in: Gesellschaft-Staat-Erziehung, Heft 2, 1958, S. 57ff.

78. LEMBERG, Eugen: Nationalismus. Band II. Soziologie und politische Pädagogik, Reinbek 1964.
79. LENK, Kurt: Sinn und Unsinn der Forderung nach einer Gegenideologie, in: Gesellschaft-Staat-Erziehung, 1962, S. 135ff.
80. LITT, Theodor: Der freie Mensch in der versachlichten Welt, in: Aus Politik und Zeitgeschichte. Beilage zur Wochenzeitung »Das Parlament«, Nr. 25, 1956, S. 381ff.
81. LITT, Theodor: Die politische Selbsterziehung des deutschen Volkes. Schriftenreihe der Bundeszentrale für Heimatdienst, Heft 1, 3. Aufl., Bonn 1957.
82. MAIER, Hans: Zur Lage der deutschen politischen Wissenschaft, in: Vierteljahreshefte für Zeitgeschichte, Heft 3, 1962, S. 225ff.
83. MANNHEIM, Karl: Die Gegenwartsaufgaben der Soziologie, Tübingen 1932.
84. MANNHEIM, Karl: Ideologie und Utopie. 3. Aufl., Frankfurt 1952.
85. MANNHEIM, Karl: Diagnose unserer Zeit. Gedanken eines Soziologen, Zürich-Wien-Konstanz 1951.
86. MANNHEIM, Karl: Mensch und Gesellschaft im Zeitalter des Umbaus, Darmstadt 1958.
87. MATTHEWES, Ernst: Erziehung zum politischen Denken, in: Gesellschaft-Staat-Erziehung, 1959, S. 193ff.
88. MESSERSCHMID, Felix: Politische Bildung und Höhere Schule, in: Bundeszentrale für Heimatdienst (Hrsg.), Möglichkeiten und Grenzen der politischen Bildung in der Höheren Schule, Bonn 1960.
89. MESSERSCHMID, Felix: Die Ausbildung der Lehrer für den Unterricht in Politik, in: Gesellschaft-Staat-Erziehung, 1958, S. 121ff.
90. MESSERSCHMID, Felix: Historische und politische Bildung, in: Heinrich Roth (Hrsg.), Gemeinschaftskunde und politische Bildung. Zweites Sonderheft der »Neuen Sammlung«, Göttingen 1963, S. 12ff.
91. MESSERSCHMID, Felix: Gedanken zum Fach »Gemeinschaftskunde« in den Primen der Höheren Schulen nach der Saarbrücker Rahmenvereinbarung der Kultusminister, in: Geschichte in Wissenschaft und Unterricht, 1961, S. 469ff.
92. MINSSEN, Friedrich: Fug und Unfug der Gemeinschaftskunde, in: Gesellschaft-Staat-Erziehung, Heft 3, 1962, S. 129ff.
93. MITSCHERLICH, Alexander: Revision der Vorurteile, in: Der Monat, Nr. 165, Juni 1962, S. 7ff.

94. Mitscherlich, Alexander: Auf dem Weg zur vaterlosen Gesellschaft. Ideen zur Sozialpsychologie, München 1963.
95. Mollenhauer, Klaus: Pädagogik und Rationalität, in: Die deutsche Schule, Heft 12, 1964, S. 665ff.
96. Mommsen, Hans: Zum Verhältnis von politischer Wissenschaft und Geschichtswissenschaft in Deutschland, in: Vierteljahreshefte für Zeitgeschichte, Heft 4, 1962, S. 341ff.
97. Monsheimer, Otto: Politische Bildung als Forderung, als didaktisches Problem und als akademisches Studienfach, in: Erziehung und Bildung im Zeitalter der Technik. Festgabe für Paul Luchtenberg, Neustadt/Aisch 1960.
98. Müller, Hermann: Der Reihe nach? Zur Kritik des heimatkundlichen Prinzips, in: Gesellschaft-Staat-Erziehung, Heft 1, 1963, S. 4ff.
99. Müller, Lorenz: Probleme eines Sozialkundelehrplanes, in: Gesellschaft-Staat-Erziehung, 1956, S. 64ff.
100. Müller, Lorenz: Und wo bleibt das Politische? In: Gesellschaft-Staat-Erziehung, 1959, S. 2ff.
101. Newe, Heinrich: Der exemplarische Unterricht als Idee und Wirklichkeit. 2. Aufl., Kiel 1961.
102. Newe, Heinrich: Der politische und demokratische Bildungsauftrag der Schule, Kiel 1961.
103. Newe, Heinrich: Die neue Gemeinschaftskunde als Problem des Fachdenkens, in: Gesellschaft-Staat-Erziehung, Heft 5, 1962, S. 286ff.
104. Oetinger, Friedrich: Partnerschaft. Die Aufgabe der politischen Erziehung. 3. Aufl., Stuttgart 1956.
105. Petzelt, Alfred: Grundsätzliches zum Problem der staatsbürgerlichen Erziehung, in: Vierteljahresschrift für wisenschaftliche Pädagogik, 1955, S. 77ff.
106. Pringsheim, Friedrich: Rechtserziehung und politisches Denken, Freiburg 1960.
107. Rathert, Hans Jürgen: Ideologiekritik als Prinzip politischen Unterrichts, in: Gesellschaft-Staat-Erziehung, Heft 5, 1964, S. 314ff.
108. Rödl, Peter: Jugend in Staat und Gesellschaft. Ein Beitrag zur politischen Bildungsarbeit, Berlin-Spandau-Neuwied 1961.
109. Röhrig, Paul: Politische Bildung. Herkunft und Aufgabe, Stuttgart 1964.
110. Rohlfes, Joachim: Stoffauswahl in der Gemeinschaftskunde der Höheren Schule, in: Gesellschaft-Staat-Erziehung, 1960, S. 162ff.
111. Roth, Heinrich: Pädagogische Psychologie des Lehrens und Lernens. 5. Aufl., Berlin-Hannover-Darmstadt 1961.

112. ROTH, Heinrich (Hrsg.): Gemeinschaftskunde und politische Bildung. Ein Arbeitsbericht. Zweites Sonderheft der »Neuen Sammlung«, Göttingen 1963.
113. SCHEIBE, Wolfgang: Grundlagen der Rechtserziehung, in: Gesellschaft-Staat-Erziehung, 1959, S. 14ff.
114. SCHELSKY, Helmut: Schule und Erziehung in der industriellen Gesellschaft, Würzburg 1957.
115. SCHELSKY, Helmut: Anpassung oder Widerstand? Soziologische Bedenken zur Schulreform. 2. Aufl., Heidelberg 1961.
116. SCHEUERL, Hans: Die exemplarische Lehre. Sinn und Grenzen eines didaktischen Prinzips, Tübingen 1958.
117. SCHNEIDER, Heinrich: Der Staat als Thema der politischen Bildung in der Höheren Schule, in: Bundeszentrale für Heimatdienst (Hrsg.), Möglichkeiten und Grenzen der politischen Bildung in der Höheren Schule, Bonn 1960.
118. SCHNEIDER, Heinrich: Person, Gesellschaft, Freiheit, in: Gesellschaft-Staat-Erziehung, Heft 4, 1962, S. 197ff.
119. SCHNEIDER, Heinrich: Staatliche Ordnung und politische Bildung, München o. J.
120. SCHWAGER, Karl H.: Wesen und Formen des Lehrgangs im Schulunterricht, Weinheim o. J. (1959).
121. SOLMS, Max Graf: Die Methode der sozialkundlichen Kasuistik, in: Gesellschaft-Staat-Erziehung, 1958, S. 65ff.
122. SONTHEIMER, Kurt: Politische Wissenschaft und Gemeinschaftskunde, in: Aus Politik und Zeitgeschichte. Beilage zur Wochenzeitung »Das Parlament«, Nr. 34/35, 1963, S. 11ff.
123. SONTHEIMER, Kurt: Politische Bildung zwischen Utopie und Verfassungswirklichkeit, in: Zeitschrift für Pädagogik, Heft 2, 1963.
124. SONTHEIMER, Kurt: Das Staatsbewußtsein in der Demokratie, in: Der Bürger im Staat, Heft 4, 1962, S. 74ff.
125. SPRANGER, Eduard: Gedanken zur staatsbürgerlichen Erziehung. Schriftenreihe der Bundeszentrale für Heimatdienst, Bonn 1957.
126. STERNBERGER, Dolf: Politische Bildung, Frankfurt 1954.
127. STRZELEWICZ, Willy: Volkshochschule und politische Bildungsarbeit, in: Offene Welt, Heft 52, 1957, S. 563ff.
128. TESCHNER, Manfred: Politische Bildung an Höheren Schulen, in: Max Horkheimer (Hrsg.), Zeugnisse. Theodor W. Adorno zum 60. Geburtstag, Frankfurt 1963, S. 402ff.
129. TIETGENS, Hans: Probleme der politischen Bildung außerhalb von Schulen und Verbänden, in: Kulturarbeit, Heft 2, 1959, S. 21ff.

130. Tietgens, Hans: Zum Selbstverständnis des politischen Erziehers, in: Berliner Arbeitsblätter für die Volkshochschule, Heft 13, 1960, S. 37ff.
131. Tietgens, Hans: Falsche Ansätze in der politischen Bildung, in: Gesellschaft-Staat-Erziehung, 1960, S. 296ff.
132. Tietgens, Hans: Nationalsozialismus und politische Bildung, in: Die neue Gesellschaft, Heft 5, 1960, S. 346ff.
133. Tietgens, Hans: Skeptische Generation und politische Bildung, in: Gesellschaft-Staat-Erziehung, 1958, S. 215ff.
134. von Uexküll, Gösta: Die Nachricht als Widersacher der Wahrheit, in: Merkur, Nr. 182, April 1963, S. 363ff.
135. Weber, Heinrich: Der rechtskundliche Aspekt der politischen Bildung, Weinheim 1961.
136. Weber, Heinrich: Theorie und Praxis der politischen Bildung, in: Die deutsche Berufs- und Fachschule, Heft 6, 1961, S. 430ff.
137. Weber, Heinrich: Exemplarisches Lehren und Lernen im politischen Unterricht, in: Die berufsbildende Schule, Heft 12, 1962, S. 830ff.
138. Weber, Werner: Universität und Höhere Schule, in: Die Höhere Schule, Nr. 8, 1957, S. 165ff.
139. Weinstock, Heinrich: Der Nationalsozialismus im Schulunterricht, in: Gesellschaft-Staat-Erziehung, Heft 8, 1959, S. 339ff.
140. Weinstock, Heinrich: Die politische Verantwortung der Erziehung in der demokratischen Massengesellschaft des technischen Zeitalters, in: Aus Politik und Zeitgeschichte. Beilage zur Wochenzeitung »Das Parlament«, Nr. 3/4, 1958, S. 21ff.
141. Weniger, Erich: Zur Geschichte der politischen Erziehung in Deutschland, in: Die Sammlung, Heft 7/8, 1958, S. 422ff.
142. Weniger, Erich: Die Forderungen der Pädagogik an die politische Bildung, in: Aus Politik und Zeitgeschichte. Beilage zur Wochenzeitung »Das Parlament«, 14. September 1955.
143. Weniger, Erich: Politische und mitbürgerliche Erziehung, in: Die Sammlung, 1952, S. 304ff.
144. Weniger, Erich: Politische Bildung und staatsbürgerliche Erziehung, Würzburg 1954.
145. Weniger, Erich: Dressur und Erziehung in der Demokratie. Wilhelm Flitner zum 70. Geburtstag, in: Die Sammlung, Heft 7/8, 1959, S. 341ff.
146. Weniger, Erich: Didaktik als Bildungslehre. Teil 1: Theorie der Bildungsinhalte und des Lehrplans. 3. Aufl., Weinheim 1960.

147. WILHELM, Theodor: Das Stoffgebiet der politischen Bildung in der Volksschule. Auswahl und Schwerpunkte, in: Bundeszentrale für Heimatdienst (Hrsg.), Die Praxis der politischen Bildung in der Volksschule, Bonn 1957, S. 36ff.
148. WILHELM, Theodor: Zum Begriff »Sozialpädagogik«, in: Zeitschrift für Pädagogik, Heft 3, 1961, S. 226ff.
149. WILHELM, Theodor: Für und wider die politische Gefühlsbildung, in: Die deutsche Berufs- und Fachschule, Heft 6, 1961, S. 442ff.
150. WILHELM, Theodor: Pädagogik der Gegenwart. 3. Aufl., Stuttgart 1963.
151. WILHELM, Theodor: Bausteine der Demokratie in der Volks- und Mittelschule, Kiel 1961.
152. WURZBACHER, Gerhard: Der Bundesbürger und der soziale Wandel, in: Gegenwartskunde, Heft 2, 1963, S. 83ff.
153. WURZBACHER, Gerhard: 15 Thesen zur Gestaltung der Gegenwarts- und Gemeinschaftskunde auf den Höheren Schulen, in: Gegenwartskunde, Heft 2, 1963, S. 94ff.

NACHTRAG ZUM LITERATURVERZEICHNIS

154. Adorno, Theodor W.: Tabus über dem Lehrberuf, in: Neue Sammlung, Heft 6, 1965, S. 487ff.

155. Adorno, Theodor W., und Becker, Hellmut: Erziehung wozu? In: Neue Sammlung, Heft 1, 1967, S. 1ff.

156. Becker, Egon, Herkommer, Sebastian, und Bergmann, Joachim: Erziehung zur Anpassung? Eine soziologische Untersuchung der politischen Bildung in den Schulen, Schwalbach 1967.

157. Bergmann, Joachim: Konsensus und Konflikt, in: Argument 42, Februar 1967, S. 41ff.

158. Beutler, Kurt: Die konservative Pädagogik und ihr Verhältnis zur Politik, in: Blätter für deutsche und internationale Politik, Heft 5, 1966, S. 301ff.

159. Politische Bildung heute — Unterrichtsbeispiele aus der Praxis, Opladen 1967.

160. Blankertz, Herwig, und Hoffmann, Dietrich: Geschichtsunterricht und Politische Bildung, in: Ilse Dahmer, Wolfgang Klafki: Geisteswissenschaftliche Pädagogik am Ausgang ihrer Epoche — Erich Weniger, Weinheim 1967, S. 175ff.

161. Borcherding, Karl: Wege und Ziele politischer Bildung in Deutschland. Eine Materialsammlung zur Entwicklung der politischen Bildung in den Schulen 1871-1965, München 1965.

162. Bodensieck, Heinrich: Herkunft, Didaktik und Methodik der politischen Bildung, in: Neue Politische Literatur, Heft 4, 1965, S. 362ff.

163. Bodensieck, Heinrich: Didaktik der politischen Bildung, in: Neue Politische Literatur, Heft 2, 1967, S. 167-185.

164. Borinski, Fritz: Die Bildung aktiver Minderheiten als Ziel demokratischer Erziehung, in: Kölner Zeitschrift für Soziologie und Sozialpsychologie, Heft 3, 1965, S. 528ff.

165. BUSSHOFF, Heinrich: Politikwissenschaft und politische Bildung, in: Beilage zu »Das Parlament«, B 17, 1967.

166. CLAESSENS, Dieter, KLÖNNE, Arno, und TSCHOEPE, Armin: Sozialkunde der Bundesrepublik Deutschland, Düsseldorf-Köln 1965.

167. DAHMER, Helmut: Politische Bildung als politisierende Bildung. Drei Berichte über neue Methoden der gewerkschaftlichen Jugendarbeit in der IG Chemie. II: Politisierung der »Unbefangenen«, in: Werkhefte, Heft 10, 1967, S. 287ff.

168. DAHRENDORF, Ralf: Gesellschaft und Demokratie in Deutschland, München 1965.

169. DÖRNER, Klaus: Antisemitismus bei Jugendlichen — Vorurteil, Informiertheit und Abwehr, in: Neue Sammlung, Heft 5, 1965, S. 251ff.

170. DUFNER, Reinhard: Zur politisch-pädagogischen Relevanz der Berliner Studentenaktionen, in: deutsche jugend, Heft 2, 1968, S. 75ff.

171. ELLWEIN, Thomas: Politische Verhaltenslehre, 3. Aufl., Stuttgart 1965.

172. ENGELHARDT, Rudolf: Politisch bilden — aber wie? Essen 1964.

173. ENGELHARDT, Rudolf: Die Fallmethode im politischen Unterricht, in: Die deutsche Berufs- und Fachschule, Heft 6, 1966, S. 453ff.

174. EHRMANN, Henry W.: Politische Bildung, Weinheim 1966.

175. Politische Erziehung als psychologisches Problem — Politische Psychologie, Band 4, Frankfurt 1966.

176. FILTHAUT, Theodor: Politische Erziehung aus dem Glauben, Mainz 1965.

177. FISCHER, Kurt Gerhard: Der Begriff der Einsicht im didaktischen Bedenken politischer Bildung, in: Pädagogische Rundschau, Heft 1, 1966, S. 16ff.

178. FISCHER, Kurt Gerhard: Von der Notwendigkeit der »Gesellschaftskunde« in unserer Zeit, in: Gesellschaft-Staat-Erziehung, 1966, S. 18ff.

179. FISCHER, Kurt Gerhard: Das Exemplarische und der Politische Unterricht, in: Pädagogische Rundschau, Heft 2. 1967, S. 94ff.

180. FISCHER, Kurt Gerhard: Politische Bildung — eine Chance für Demokratie, Linz 1965.

181. VON FRIEDEBURG, Ludwig, und HÜBNER, Peter: Das Geschichtsbild der Jugend, München 1964.

182. GIESECKE, Hermann: Dienen statt Denken? Zum Jugendbericht der Bundesregierung, in: deutsche jugend, Heft 1, 1966, S. 23ff.

183. GIESECKE, Hermann: Braucht die deutsche Jugend Nationalgefühl? In: deutsche jugend, Heft 12, 1966, S. 541ff.

184. GIESECKE, Hermann: Politische Bildung in der Jugendarbeit, München 1966.

185. GIESECKE, Hermann: Didaktik der Politischen Bildung im außerschulischen Bereich, in: deutsche jugend, Heft 9, 1967, S. 411ff.

186. GIESELER, Walter: Musische Ideologie und politische Bildung, in: Gesellschaft-Staat-Erziehung, Heft 4, 1965, S. 308ff.

187. GREIFENHAGEN, Martin: Zum Problem der Übertragbarkeit politischer Verhaltensweisen, in: Gesellschaft-Staat-Erziehung, Heft 3, 1966, S. 164ff.

188. GREIFENHAGEN, Martin: Zur wissenschaftlichen Grundlegung der politischen Erziehung, in: Geschichte in Wissenschaft und Unterricht, Heft 8, 1966, S. 457ff.

189. HARTWICH, Hans Hermann: Ordo-Modell und Konfliktgesellschaft, in: Gegenwartskunde, Heft 4, 1966, S. 315ff.

190. HENNINGSEN, Jürgen: Lüge und Freiheit. Ein Plädoyer zur politischen Bildung, Wuppertal 1966.

191. HENTIG, Hartmut von: Die politische Rolle des Lehrers, in: Neue Sammlung, Heft 6, 1965, S. 398ff.

192. HENTIG, Hartmut von: Das Böse und die heile Welt, in: Neue Sammlung, Heft 2, 1966, S. 183ff.

193. HERRLITZ, Hans Georg: Vom politischen Sinn einer modernen Aufsatzrhetorik, in: Gesellschaft-Staat-Erziehung, Heft 4, 1966, S. 310ff.

194. HERRMANN, Karl: Das Ungenügen der politischen Bildung in unseren Schulen, in: Die deutsche Berufs- und Fachschule, Heft 11, 1966, S. 825ff.

195. HILLIGEN, Wolfgang: Didaktische und methodische Handreichungen zur politischen Bildung und Sozialkunde, Frankfurt o.J.

196. HOFFMANN, Walter: Politische Bildung und politische Wirklichkeit des Gymnasiums, in: Gesellschaft-Staat-Erziehung, Heft 5, 1965, S. 396ff.

197. HORNUNG, Klaus: Zum Ideologieproblem in der politischen Erziehung, in: Beilage zu »Das Parlament«, B 35—36, 1967.

198. HORNUNG, Klaus: Politik und Zeitgeschichte in der Schule. Didaktische Grundlagen, Villingen 1966.

199. Ivo, Hubert: Gymnasialer Deutschunterricht und politische Bildung, in: Gesellschaft-Staat-Erziehung, Heft 4, 1966, S. 328ff.
200. Jacobsen, Walter: Zur Diskussion um die politische Bildungsarbeit, in: Beilage zu »Das Parlament«, B 4, 1968.
201. Jaide, Walter: Die jungen Staatsbürger, München 1965.
202. Kniffler, C., u. Schlette, Hanna: Politische Bildung in der Bundesrepublik Deutschland. Analyse, Definition, Versuche, Neuwied 1967.
203. Knoll, Joachim H.: Gemeinschaftskunde. Methoden-Ansichten-Erfahrungen, Heidelberg 1965.
204. Krockow, Christian Graf von: Politik als praktische Wissenschaft, in: Gesellschaft-Staat-Erziehung, Heft 2, 1966, S. 84ff.
205. Kudera, Lucian: Führen zur Wirklichkeit. Prolegomena einer politischen Bildung, München 1964.
206. Lemberg, Eugen: Ostkunde — Grundsätzliches und Kritisches zu einer deutschen Bildungsaufgabe, Hannover 1964.
207. Lingelbach, Karl-Christoph: Der Konflikt als Grundbegriff der politischen Bildung, in: Pädagogische Rundschau, Heft 1, 1967, S. 48ff., und Heft 2, 1967, S. 125ff.
208. Meyer, Hermann: Politische Bildung, Hannover 1967.
209. Mickel, Wolfgang W.: 20 Jahre politische Bildung in der Bundesrepublik, in: Beilage zu »Das Parlament«, B 51—52, 1965.
210. Mickel, Wolfgang W.: Methodik des politischen Unterrichts, Frankfurt 1967.
211. Mickel, Wolfgang W.: Politische Bildung an Gymnasien 1945—1965, Stuttgart 1967.
212. Minssen, Friedrich: Politische Bildung als Aufgabe, Frankfurt-Stuttgart 1966.
213. Raasch, Rudolf: Zeitgeschichte und Nationalbewußtsein, Berlin-Neuwied 1964.
214. Rohlfes, Joachim: Literaturbericht: Pädagogik-Geschichtsunterricht - Politische Bildung, Teil III, in: Geschichte in Wissenschaft und Unterricht, Heft 12, 1967, S. 748ff.
215. Rumpf, Horst: Politische Bildung nur konformistisch, in: Frankfurter Hefte, Heft 11, 1965, S. 784ff.
216. Schmiederer, Rolf: Zur Problematik politischer Bildung in der Schule, in: Argument 40, Oktober 1966, S. 386ff.
217. Schmiederer, Rolf: Zur Theorie der politischen Bildung, in: Argument 43, Juli 1967, S. 117ff.
218. Schmiederer, Rolf und Ingrid: Neuere Literatur zur politischen Bildung, in: Argument 40, Okt. 1966, S. 406ff.

219. Schön, Konrad: Die Praxis des Unterrichts in Politischer Bildung, Ratingen 1967.

220. Tietgens, Hans: Zur Didaktik politischer Bildung, in: Volkshochschule im Westen, Heft 2, 1966, S. 77ff.

221. Tietgens, Hans: Politische Bildung und Fernsehen, in: Beilage zu »Das Parlament«, B 27, 1967.

222. Tjaden, K. H.: Politische Bildung als Affirmation und Kritik, in: Argument 40, Oktober 1966, S. 361ff.

223. Wasser, Hartmut: Politische Bildung am Gymnasium. Problematik und Praxis, Hamburg 1967.

224. Weber, Heinrich: Gegenstand und Didaktik des politischen Unterrichts. Anmerkungen zu einer Neuerscheinung, in: Die deutsche Berufs- und Fachschule, Heft 11, 1966, S. 832ff.

225. Wilhelm, Theodor: Theorie der Schule, Stuttgart 1967.

226. Wilhelm, Theodor: Die »politische Weltkunde« und der Horizont des Rechts, in: Zeitschrift für Pädagogik, Heft 5, 1965, S. 417ff.

227. Zur Wirksamkeit politischer Bildung, Teil I: Eine soziologische Analyse des Sozialkundeunterrichts an Volks-, Mittel- und Berufsschulen. Teil II: Volker Nitschke: Schulbuchanalyse. Hrsgg. von der Max-Traeger-Stiftung, Frankfurt 1966.

DOKUMENTATION DER KRITIK

Diese Dokumentation versucht, nur die kritischen Einwände zusammenzustellen, sie läßt die zustimmenden bzw. die nur den Inhalt des Buches beschreibenden Partien weg.

I.

Heinrich Bodensieck: »... Gieseckes Plädoyer für eine formale Bildung (S. 75) entspricht seiner formalen Definition von Politik und politischem Wissen, die auf den ersten Blick an Carl Schmitts Politik-Begriff erinnern könnte. Giesecke erfaßt Politisches als das noch nicht Entschiedene, politisches Wissen folglich als Wissen von Konflikten (S. 24). Müßten nicht Konkurrenztheorien am besten geeignet sein, politisch relevante Sachverhalte zu erfassen? Man könnte an Ernst Fraenkels Auffassungen denken (Ernst Fraenkel, Deutschland und die westlichen Demokratien, Stuttgart 1964, S. 62 f.). Hoffentlich geht der Verfasser diesen Zusammenhängen weiter nach. Auch müßte er seine Auffassung vom ›Gemeinwohl‹ (S. 106) klarer erläutern (er versteht es offenbar im Sinn einer Integrationstheorie). Im Hinblick auf die politische Verhaltensweise hat er es beim Begriff ›Partnerschaft‹ seines Lehrers Th. Wilhelm-Oetinger getan (S. 97, vgl. S. 107), ebenso beim Zielbegriff der ›politischen Beteiligung‹ anstelle eines undifferenziert verwendeten Begriffs der ›Mündigkeit‹ (S. 66, vgl. aber S. 164). Schade, daß dieser anregende Band kein Namens- und Stichwortregister enthält! ...« (Quelle: 163, S. 176)

II.

Heinrich Bußhoff: »... Zum Thema ›politische Bildung‹ hat sich in jüngster Zeit ausführlich Hermann Giesecke geäußert. Der Titel dieser Arbeit, ›Didaktik der politischen Bildung‹, rührt bereits an den Kern der gesamten Problematik, nämlich mit der Frage: Ist politische Bildung ein Fach neben anderen, das eine eigene Didaktik erfordert? Diese Frage beantwortet Giesecke schon in der Einleitung mit der Feststellung, daß für den Begriff ›Didaktik der politischen Bildung‹ der Begriff ›Politische Didaktik‹ aus sachlichen Gründen sich rechtfertigen lasse (S. 15). In dieser Feststellung liegen die Widersprüche der Arbeit von Giesecke beschlossen. Denn es ist sachlich nicht ganz richtig, ›Didaktik der politischen Bildung‹ mit ›Politischer Didaktik‹ gleichzusetzen, wohl kann man sagen, daß die politische Bildung eine zweifache Blickrichtung, einen doppelten Aspekt, eine zweifache Aufgabe einschließe, nämlich einmal eine mit wissenschaftlichen Mitteln betriebene Kontrollfunktion — die Giesecke anerkennt — wahrzunehmen, als deren Grundlage die Wissenschaft von der Politik zu gelten hat, und zum anderen die didaktischen Grundüberzeugungen für die politische Erziehung der Jugend zu formulieren, die die didaktischen Umsetzungen der Ergebnisse der Wissenschaft von der Politik sind. Nur unter dem letzten Aspekt darf ›Politische Didaktik‹ mit ›Politischer Bildung‹, nicht mit ›Didaktik der politischen Bildung‹ gleichgesetzt werden. Diesen Zusammenhang hat Giesecke nicht deutlich erkannt, so daß seine Aussagen im vierten Teil seiner Arbeit über die politische, wissenschaftliche und pädagogische Unbestimmbarkeit der Lehrinhalte seine Ausführungen in den vorhergehenden Abschnitten wieder aufheben, zumindest sehr fragwürdig erscheinen lassen, obwohl seine Arbeit viele wertvolle Hinweise und Anregungen gibt. Die Widersprüche in der Arbeit von Giesecke sind nur dann aufzuheben, wenn der letztlich gemeinsame Grund allen politischen und pädagogischen Fragens und Handelns auch als konstitutives Bedingungselement allen politischen und pädagogischen Fragens und Handelns erkannt und anerkannt wird. ... « (Quelle: 165, S. 21 f.)

III.

Helmut Dahmer: »... Selbst aufgeschlossene, um Demokratie besorgte Pädagogen propagieren statt engagierter politischer Aktion die ›politische Beteiligung‹.
›Was muß man alles lernen, um sich erfolgreich und produktiv politisch betätigen zu können?‹ heißt die Grundfrage einer im

Jahre 1965 erschienenen politischen Didaktik. Was heißt hier ›erfolgreich‹, und was bedeutet ›produktiv‹? Und warum überhaupt soll man sich politisch ›betätigen‹? Man erfährt dann, daß ein von der Ausgangsfrage inganggebrachtes Lernen nur das Verständnis ermöglichen soll, ›warum es so und nicht anders zugeht‹ (Hermann Giesecke, Didaktik der politischen Bildung, München 1965, S. 13 und 62). Die politischen Verhältnisse, mit denen wir es zu tun haben, sind aber derart, daß eine Katastrophe nur vermieden werden kann, wenn möglichst viele Staatsbürger auf ›erfolgreiche‹ Integration verzichten, um die Freiheit zu gewinnen, sich gegen das, ›was ohnehin geschieht‹, zu stemmen, weil nur im Widerstand noch Hoffnung auf Rettung liegt. Politik ist nicht Spiel, sondern Kampf — die Kategorie des Destruktiven liegt ihr näher als die des Produktiven; sie beginnt dort, wo sich einer wehrt dagegen, daß ›es so und nicht anders zugeht‹. Pädagogisch-politischer Optimismus, der zur ›politischen Beteiligung‹ erziehen will, versteht unter ›Beteiligung‹ entweder nur informiertes Mitläufertum oder rechnet mit einem imaginären Feld offener politischer Möglichkeiten. ...

Politische Pädagogik, die heute wirklich etwas lehren will, hätte als ›negative‹ Pädagogik zunächst einmal zu zeigen, wie beschränkt die Aussichten politischen Handelns sind, wie eng bemessen der Horizont und wie hart die Widerstände; daß die Macht schon verteilt ist und daß es nicht einfach auf ›Beteiligung‹ ankommt, sondern auf ›Gegen-den-Strom-Schwimmen‹, nicht auf bloße Informiertheit, sondern auf kritisches Durchdringungsvermögen, nicht auf guten Willen, sondern auf List, Hartnäckigkeit, Selbständigkeit und Phantasie: auf menschliche Fähigkeiten also, die jedem einzelnen von früh auf ausgetrieben werden, weil sie für den Bestand des Systems, wie es ist, nicht ›funktional‹ sind. ... « (Quelle: 167, S. 290 f.)

IV.

Karl-Christoph Lingelbach: » ... Hermann Gieseckes ›Didaktik der Politischen Bildung‹ geht von der Analyse einer aktuellen politischen Konfliktsituation, der ›Spiegel-Affaire‹, aus und untersucht in diesem Zusammenhang die Art der politischen Anteilnahme jenes ›politischen Laien‹, dessen Engagement sich auf fünf bis zehn wirklich ›wichtige Probleme‹ des Jahres konzentriert und der im übrigen das politische Geschäft den ›Fachleuten‹ überläßt (S. 64). Entscheidend ist nun, daß Giesecke diesen Typus des politischen ›Normalbürgers‹ zum Leitbild und sein politisches Verhalten, das er mit dem Terminus ›politische Beteiligung‹ treffend kennzeichnet, zum ›Zielbegriff politischer Bildung‹ erhebt (S. 65 f.).

In der Begründung seiner ›realistischen‹ Zielbestimmung hat der Hinweis auf die besorgniserregenden Folgen einer politischen Pädagogik, deren übersteigerter Anspruch in unüberbrückbarem Gegensatz zur erzieherischen und politischen Realität steht, erhebliches Gewicht (S. 61 ff.). Er macht den Wunsch nach der Formulierung solcher Ziele verständlich, die mit den tatsächlichen Möglichkeiten politischer Einflußnahme, die unsere Gesellschaft dem Normalbürger einräumt, in Einklang stehen. Andererseits weiß aber Giesecke, daß politisches Leben immer gerade der Spannung zwischen ›Wünschbarem und dem Möglichen‹ entspringt und daß die auf die Zukunft gerichtete politische Bildung für Veränderungen der Gesellschaft stets offen bleiben muß. Die allmähliche Erstarrung der Gesellschaftsstruktur in zwei unvermittelt einander gegenüberstehende Gruppen der gesellschaftlichen Machtträger auf der einen und der Masse der beherrschten Bürger auf der anderen Seite, die Giesecke im Anschluß an Hennis konstatiert, scheint ihm jedoch ›offensichtlich‹ unvermeidbar — und so folgert er: die politische Bildung hat sich darauf einzustellen (S. 61 f.).

Problematisch an diesem Denkansatz ist die durchgängige Identifikation des Educandus mit dem ›Durchschnittsbürger‹. Dem Jugendlichen wird von vornherein eine Rolle zukünftiger politischer Lebensbewältigung angesonnen, die dem politischen Verhalten des gegenwärtigen Durchschnittsbürgers entspricht. Damit erweist sich Gieseckes ›Politische Didaktik‹ als eine Theorie pädagogischer und politischer Resignation, die wenig Spielraum für solche Perspektiven künftigen politischen Handelns des Zöglings bietet, die geeignet wären, dem keineswegs unbedenklichen Stabilisierungsprozeß gesellschaftlicher Machtpositionen entgegenzuwirken.

Wir müssen daher fragen, ob es nicht eigentlich naheliegender wäre, aus Gieseckes Analyse der politischen Willensbildung in unserer Gesellschaft die gerade umgekehrte Forderung abzuleiten: das aus der Spannung zwischen der demokratischen Intention und der gesellschaftlichen Realität resultierende Unbehagen des Jugendlichen bewußt herauszufordern, um Bereitschaft zu politischer Aktivität zu wecken. Denn gerade auf die Bereitschaft und Fähigkeit des künftigen Bürgers zu sinnvollem politischem Handeln kommt es doch an, wenn wir jenen Erstarrungsprozeß unserer Gesellschaft mit neuen politischen Perspektiven durchbrechen wollen. Damit freilich ist bereits eine wesentliche Aufgabe unserer an der Zielvorstellung ›politische Aktivität‹ festhaltenden Auffassung politischer Bildung anvisiert: die Vermittlung von Kenntnissen über konkret nachweisbare Möglichkeiten politischer Einflußnahme, die unsere Gesellschaft bietet....

Wir sollten also die politische Bildung des Jugendlichen an den Bedürfnissen desjenigen künftigen Bürgers orientieren, der bereit und fähig ist, seine Chancen zu nutzen. Es ist der Typus, den Ellwein mit den Begriffen des ›Demokraten‹ oder ›Aktivbürgers‹ gekennzeichnet hat (Th. Ellwein, Politische Verhaltenslehre, 3. Aufl., Stuttgart 1965, S. 218 ff.). Würden wir dagegen Gieseckes Plädoyer für die Aufgabe eben dieser Leitvorstellung politischer Bildung Folge leisten, so bestünde nicht nur die Gefahr, daß wir den aus der breiten Schicht der ›Normalbürger‹ heranwachsenden ›demokratischen Eliten‹ wenig Hilfen böten, sondern daß der Jugendliche den Konflikt zwischen Sollen und Sein im Bereich des gesellschaftlich-politischen Lebens und als dessen Folge die Spannung zwischen dem eigentlich Geforderten und seinem tatsächlichen Verhalten nicht mehr erführe. Damit aber entfiele eine wesentliche anthropologische Voraussetzung ›politischer Beteiligung‹ überhaupt....

Die Diskussion um die didaktischen Probleme der politischen Bildung hat Hermann Giesecke insofern entscheidend vorangetrieben, als er den Konflikt als dasjenige Phänomen des Politischen, das allein nicht auf Zusammenhänge anderer Lebensbereiche zurückzuführen ist, ins Zentrum seiner didaktischen Theorie stellt (S. 100). Die Analyse einer konkreten Konfliktsituation erschließt die wesentlichen Dimensionen (Kategorien), die Giesecke in ›Grundeinsichten‹ und ›sinnvolle Leitfragen‹ für die konkrete Unterrichtssituation umwandelt und zu einem ergänzungsfähigen ›operativen Denkmodell‹ zusammenfügt (S. 119). Die Mehrdimensionalität sowie die Dynamik politischen Lebens kommen in diesem Modell überzeugend zum Ausdruck.

Allerdings bezieht Giesecke den Begriff des politischen Konflikts auf alle Kontroversen, die verschiedene Seinsbereiche implizieren und, durch die Massenkommunikationsmittel verbreitet, allgemeines Interesse erregen (S. 111). Eine so weite Auslegung ist für die Didaktik bedenklich, weil sie mit den Begriffen ›Aktualität‹, ›allgemeines Interesse‹ und ›Mehrdimensionalität‹ zwar notwendige, aber nicht ausreichende Auswahlkriterien der Bildungsinhalte bietet. Uns scheint die Lösung überzeugender, die von vornherein von jenen aktuellen Konflikten ausgeht, in denen die übergreifenden, Gesellschaft und Staat als ganzes betreffenden Gegensätze signifikant werden, die das Leben des Zöglings prägen und mit denen er als verantwortungsbewußter Aktivbürger später rechnen muß.

Die entscheidende Schwäche von Gieseckes Modell ist jedoch die mangelnde Unterscheidung der Akte des ›Erkennens‹ und ›Wertens‹, die er mit der didaktischen Theorie Fischer/Hermann/Mahrenholz' teilt.

Auch Gieseckes ›Grundeinsichten‹ verbinden unreflektiert kategoriale ›Analyse‹ und ›Einsicht‹ in die Wertvoraussetzungen politischen Lebens. Folgerichtig wird zum Beispiel der didaktische Ort der ›politischen Parteinahme‹ aus der lebendigen Spannung widerstreitender Interessen in die Problematik einer Entscheidung verlegt, in der die ›allgemeinverbindlichen moralischen Maßstäbe des Politischen dann eine ›mehrdeutige‹ Situation herbeiführen, wenn sie in einem konkreten Fall zusammentreffen (S. 119 f.). Erst wenn wir im Entwurf politischen Unterrichts die beiden Akte der auf Orientierung und Erkenntnis gerichteten ›Analyse‹ und der wertenden ›Stellungnahme‹ bewußt trennen, bieten wir dem jungen Menschen die Chance, das Spannungsfeld politischen Lebens, in das er hineinwächst, geistig zu bewältigen. . . . « (Quelle: 207, S. 49, 50 und S. 129, 130)

V.

Joachim Rohlfes: » . . . Hermann Gieseckes ›Didaktik der politischen Bildung‹ ist die bemerkenswerte Arbeit eines noch jungen Wissenschaftlers (Jahrgang 1932), der sich anschickte, die theoretischen Grundlagen und praktischen Ausformungen der politischen Pädagogik radikal in Frage zu stellen, und der voller Eifer auch das zertrümmerte, was Anerkennung verdient hätte. Der Autor . . . ist mit seiner Kritik nicht zimperlich, aber auch nicht ängstlich, wenn es gilt, den eigenen kühnen Entwurf zur Diskussion zu stellen. . . . Man muß dem Verfasser für seine polemischen Analysen dankbar sein; er hat recht, wenn er vor der Akademisierung des Politischen warnt, vor den vorschnellen Verallgemeinerungen, manchen schönen bildungstheoretischen Phrasen. Aber er macht es sich oft zu leicht, wenn er seine wissenschaftlichen Kontrahenten als altmodisch, verstiegen, unkritisch karikiert. Er schießt weit über das Ziel hinaus, wenn er die politische Aktualität den ›einzig realen Gegenstand politischen Denkens‹ nennt. Es gibt durchaus einen strukturierten Wissenszusammenhang von der Politik, den kennen muß, wer politisch urteilen will; ihn sollte man nicht als unpolitisch bagatellisieren. Zudem ist nicht alles wichtig, was aktuell ist; die Offenheit des Aktuellen in allen Ehren — ein didaktisches Auswahlprinzip kann sie nicht abgeben. Unhaltbar ist auch die Behauptung, der pädagogische Aspekt werde den Gegenständen künstlich aufgepfropft. Es gibt Inhalte, die für den Lernenden ergiebiger sind als andere; es gibt eine Stufenfolge von Einsichten, die in der richtigen Reihenfolge durchlaufen werden muß, wenn der Lernende sie angemessen anwenden will. Ohne Grundkenntnisse faktischer Art kann man politische Informationen nicht verstehen, und schließlich gibt es Grundprobleme, ja Urphänomene des Politischen, denen man in einer vorbedachten Ordnung begegnen sollte, wenn man das rechte Verhältnis zur Politik gewinnen will. Gieseckes Buch ist an vielen Stellen überspitzt, ja unhaltbar; dennoch wird niemand, der sich um politische Bildung bemüht, in Zukunft an ihm vorübergehen können. ... « (Quelle: 214, S. 757 f.)

VI.

Rolf und Ingrid Schmiederer: » ... Problematisch wird es, wenn Giesecke eine Aufspaltung des politischen Unterrichts selbst vorschlägt und die Vermittlung des ›notwendigen Stoffes‹ in einen ›Fachunterricht‹, die Diskussion des eigentlich Politischen aber in ›politische Arbeitsgemeinschaften‹ verlegen will. Dies würde mit Sicherheit wieder zur üblichen sinnlosen Anhäufung unverdauter Stoffmassen und damit zur Umgehung eben des Politischen führen. Die ›reine Wissensvermittlung‹ im Fachunterricht würde die Aufnahmebereitschaft stark einschränken, so daß die Diskussion des Konflikts dann am fehlenden Grundwissen scheitern würde. Außerdem werden gerade bei der Vermittlung sogenannten reinen Faktenwissens vom Schüler unkontrollierbare Wertungen und Ideologien mitgeliefert.
Bei der zentralen Frage nach dem Bildungsziel politischer Erziehung verläßt Giesecke seinen kritischen Ansatz. Während er noch mit Recht fragt, ›ob unsere Gesellschaft für ihre realen Funktionsabläufe wirklich den kritischen und aufgeklärten Bürger braucht und wünscht‹ (S. 53), verlangt er hier ›eine Sicht des Politischen, die auf den sogenannten Normal- und Durchschnittsbürger zugeschnitten ist‹ (S. 173). Die Forderung nach dem ›politisch-mündigen‹ Bürger wird mit Besson als ›tiefes Mißverständnis‹ bezeichnet. Weil unter den bestehenden Verhältnissen eine politische Mitbestimmung des Bürgers fehlt, weil auch in den Parteien keine Chance der Mitbestimmung gegenüber dem Parteiapparat besteht, wird die Aufforderung zur politischen Aktivität als ›unrealistisch‹ bezeichnet. Im Anschluß an Hennis werden die bestehenden Herrschaftsverhältnisse hypostasiert (›offensichtlich nicht zu ändern‹ — S. 62) und die politische Tätigkeit auf die Wahl beschränkt (S. 61). Statt zu Mündigkeit

und politischem Engagement möchte Giesecke zur ›politischen Beteiligung‹, statt zur Aktivität möchte er — mit Hennis — zur ›Reaktion‹ erziehen. Was mit ›reagieren‹ und ›Beteiligung‹ gemeint ist, bleibt unter diesen Umständen schleierhaft. Trotz der Aussichtslosigkeit, sich beteiligen zu können, soll zur ›Mitwirkung‹ aufgefordert werden, und zwar ›unter dem Gesichtspunkt des sozialen Lernens‹ (S. 62); die jungen Menschen sollen begreifen, ›warum es so und nicht anders zugeht‹ (S. 62).

Aus Angst vor ständigen Frustrationen warnt Giesecke vor dem ›nicht realisierbaren Wunschbild‹, der Bürger könne sich ›um alle politischen Maßnahmen und Entscheidungen sachverständig kümmern‹. Der Normalbürger soll sich auf einige wenige Konflikte im Jahr beschränken und ansonsten das ›Geschäft‹ der Politik den ›Fachleuten‹ überlassen (S. 110). Vollends obskur wird es, wenn ›der Wechsel der Solidarität‹ als ›die wirksamste Form politischer Beteiligung‹ bezeichnet wird (S. 110).

Mit dieser Reduktion des Bildungsziels auf den Normalbürger mit vorwiegend reaktiver Einstellung zum politischen Geschehen verzichtet Giesecke auf den fruchtbaren Konflikt zwischen dem Bestehenden und dem Wünschenswerten zugunsten der Anpassung an den Status quo. . . . « (Quelle: 218, S. 408 f.)

VII.

Hans Tietgens: » . . . Die Kategorien bleiben . . . relativ formal. Giesecke kann aber aus ihnen ›Leitfragen‹ und ›Grundeinsichten‹ entwickeln, ohne daß er gezwungen wäre, über die Interdependenz hinaus eindeutige systematische Zusammenhänge unterstellen zu müssen.

In einem Punkt müssen aber auch dem Bedenken kommen, der in der Aktualität, der Konfliktauseinandersetzung und der Kritik wesentliche Aufgaben der politischen Bildung sieht. Bei aller Dynamisierung wird politische Bildung auf ein Ordnungsmoment nicht verzichten können. Wenn man schon in der Beobachtung und der Beschreibung der Gesellschaft und ihrer Funktionen einen Sieg der blinden Anpassung sieht und demgegenüber den Konfliktcharakter ausschließlich betont, dann besteht erst recht die Gefahr, die ›haltenden Mächte‹ in der Vergangenheit und bei Werten zu suchen, die mehr durch Tradition als durch Reflexion legitimiert sind. Aus der entgegengesetzten Sicht bedeutet dies: Giesecke wehrt sich mit Recht dagegen, das Aktuelle zum Einstieg, zum Aufhänger zu degradieren. Wenn aber die Aktualisierung eine vorrangige Aufgabe ist, wird trotz aller Problematisierung und aller Auseinandersetzungen und Kontroversen schwer zu verhindern sein, daß Politik als eine Kette von Aufhängern erscheint, deren Zusammenhang in ähnlich magischem Zwielicht bleibt wie die Folge deduktiver, abstrakter Ideen. Man sollte sich fragen, ob das Ausgehen von den Konflikten nicht ebenso ein Vorgriff ist, der eine spezifische Gesellschaftsstruktur unterstellt, die in der Tat festzustellen, damit aber noch nicht erschöpfend zu erfassen ist. Es entsteht ein überspitztes Bild von der Gesellschaft, wenn alle ihre Funktionen dem Gesetz der Spannung unterworfen werden.

Neben dem Prinzipiellen sei noch ein praktisches Bedenken angeführt. Da die Erwachsenenbildung nicht an feste, zentral gelenkte und tradierte Lehrpläne gebunden ist, dürfte sie geringere Schwierigkeiten haben, Vorstellungen im Sinne Gieseckes zu verwirklichen. Deshalb sollte das Buch auch im Bereich der Volkshochschulen diskutiert werden. Soweit sein Ansatz aber schon erprobt wurde, mußte die Erfahrung gemacht werden, daß die Bedürfnisstruktur der potentiellen Teilnehmer keineswegs so situationsgerecht auf die Demokratie bezogen ist, wie es wünschenswert und für die Realisierung von Gieseckes Konzeption notwendig wäre. Schon in der außerschulischen Jugendarbeit hat man mit Vorformungen und Verformungen des Bewußtseins zu rechnen, die den Zugriff auf Konfliktsituationen erschweren. In einer Gesellschaft, in der alleweil Menschen auftreten, deren gewaltigster Körperteil die Hühneraugen zu sein scheinen, auf die zu treten man Gefahr läuft, ist es nicht nur politisch riskant, sondern unter Umständen auch menschlich unergiebig, auf das Umstrittene zu insistieren. Es ist Giesecke zugegeben, daß politische Bildung ihre wichtigste Funktion aufgeben würde, wenn sie nicht trotzdem so zu verfahren versucht, wie er es vorschlägt. Aber man sollte sich auch darüber im klaren sein: das Verhältnis des Menschen zum Phänomen Politik wird wesentlich früher vorgeformt, als politische Bildung beginnt. Diese Vorformung geschieht nicht erst im Betrieb, worauf Giesecke hinweist, sondern schon in der Kinderstube. ... « (Quelle: 220, S. 79)

VIII.

Heinrich Weber: » ... Gemeinsam mit anderen Stoffplänen hat dieser Plan [gemeint sind die 4 Systeme des Orientierungswissens, H. G.], daß seine Themen aus mehreren Einzeldisziplinen stammen, daß sie nicht streng abgegrenzt sind, daß dem Lehrer die Möglichkeit der Auswahl gelassen ist. (Vermutlich wird er sich am wenigsten an das ›System der Verwaltung‹

heranwagen. Denn wer weiß schon Zuverlässiges etwa über ›Befehlsstruktur und Grundsätze der Finanzverwaltung‹ — ganz abgesehen davon, daß derartige Themen für eine sozialkundliche Unterweisung viel zu speziell und auch zu trocken und langweilig sind.) Außerdem ist der Plan — trotz der wiederholten Bezeichnung ›System‹ — ebenso wie ähnliche Pläne systemlos und ohne organischen Aufbau. Es ist also im Grunde einerlei, ob der Lehrer, wie hier, mit der Wirtschaft, oder, wie in andern Plänen, mit dem Arbeitsrecht oder mit der Staatslehre beginnt. Aber in einem Punkt unterscheidet sich der vorgelegte Stoffplan von den üblichen: nämlich darin, daß er nicht den Anspruch erhebt, ›Politische Bildung‹ zu bieten. Er will nur sozialkundliches Orientierungswissen vermitteln, das weder im eigentlichen Sinne ›politisch‹ noch ›Bildung‹ ist, sondern bloß eine — wenn auch notwendige — Bedingung und Voraussetzung der ›politischen Beteiligung‹ darstellt. Diese wirkliche politische Bildung und Erziehung soll, wie erwähnt, in besonderen Schulveranstaltungen, in ›politischen Arbeitsgemeinschaften‹, vor sich gehen. ... Lassen sich die Vorschläge von Giesecke und Engelhardt [gemeint ist 172, H. G.] in der Praxis der Schule durchführen?

Selbst wenn man ihren grundlegenden Ansichten zustimmt, nämlich der Aufteilung in Sozial- und Bürgerkunde einerseits und ›politischen Unterricht‹ andererseits, wird man die Schwierigkeiten nicht übersehen dürfen, die sich ihrer Verwirklichung entgegenstellen.

Sie sind einmal technisch-organisatorischer Art. Woher soll man die dafür erforderliche Zeit nehmen? Die Stundenpläne der meisten Schulen sind bereits so überfüllt, daß sich schwerlich weitere Stunden für die politische Bildung gewinnen lassen. In den Gymnasien ist das so gut wie ausgeschlossen. In der Berufsschule könnte man allenfalls die beiden Stunden, die gewöhnlich für Sozialkunde (Gemeinschaftskunde) und für Wirtschaftskunde nebst Schriftverkehr zur Verfügung stehen, zusammenfassen und sie dem Politik-Unterricht widmen. Dabei wäre es der Entscheidung des Lehrers überlassen, wohin er das Schwergewicht legen will: entweder auf die bisherige Wissens- und Kenntnisvermittlung oder auf die eigentlich ›politische Beteiligung‹.

Dies aber setzt wiederum voraus, daß — abgesehen von einer entsprechenden Umstellung der Stundentafel — die maßgeblichen Stellen, nämlich die Referenten in den Kultusministerien, die vorgeschlagenen Änderungen nicht nur zur Kenntnis genommen, sondern auch begriffen und gebilligt haben. Ist damit aber in absehbarer Zeit zu rechnen?

Eine andere Lösung wäre, daß die Teilnahme an der ›politischen

Arbeitsgemeinschaft‹ für die Schüler freiwillig ist. Doch damit wäre dem Zweck der Reform nicht gedient. Denn es ist wohl vorauszusehen, daß sich an einer fakultativen Veranstaltung nur wenige Schüler beteiligen — überdies nur diejenigen, die ohnehin politisch interessiert sind, während es gerade auf die andern, die Uninteressierten und die Gleichgültigen, in erster Linie ankommt.

Hinzu kommen sachliche und persönliche Schwierigkeiten. Die in Rede stehenden Reformen erfordern besonders qualifizierte Lehrkräfte. Sie müßten nicht nur auf allen Gebieten der Sozial- und Bürgerkunde beschlagen sein, sondern auch ständig die politische Entwicklung verfolgen. Sie müßten intensiv Zeitungen und Zeitschriften lesen und die einschlägigen Rundfunk- und Fernsehsendungen aufnehmen. ... « (Quelle: 224, S. 837 und S. 840)

KRITIK DER KRITIK

Die in der »Dokumentation der Kritik« wiedergegebenen Einwände, aber auch verschiedene Fragen, die sich in zahlreichen Diskussionen über das hier entwickelte Modell ergeben haben, sollen dazu dienen, im folgenden einige wichtige Aspekte weiterzuentwickeln. Dabei scheinen mir vor allem folgende Probleme, die in dem vorliegenden Buch nur relativ knapp behandelt worden sind, einer Ergänzung zu bedürfen:

1. Die politischen Prämissen dieser Didaktik

Sehr oft wurde in Diskussionen der Einwand erhoben, daß dieses didaktische Modell auf bestimmten politischen Prämissen beruhe, die aber nicht genügend offengelegt worden seien, so daß Mißverständnisse möglich seien. Insofern die in diesem Buche vorgeschlagenen politisch-didaktischen Kategorien nicht als irgendwelche beliebigen ausgegeben wurden, sondern als solche, die in ihrem normativen Anspruch dem Selbstanspruch unserer demokratischen Gesellschaft entsprächen, ist darauf allerdings bereits eine Antwort erteilt worden. Ich will versuchen, sie etwas ausführlicher zu geben.

»Demokratisierung« wird in diesem Buch als ein historischer Prozeß verstanden, als das fundamentale Generalthema der neueren Geschichte überhaupt. In unserem Staat mit seiner Basis des Grundgesetzes und der Verfassungen wurden die Voraussetzungen dafür geschaffen, diesen Prozeß legitim weiter voranzutreiben. Unsere gegenwärtige Gesellschaft ist also keineswegs das *Ende* des Demokratisierungsprozesses. Ihre Realität ist vielmehr eine ständige Herausforderung, die jeweils konkreten Möglichkeiten weiterer Demokratisierung als *Aufgabe* zu thematisieren und praktisch in Angriff zu nehmen. Dabei geht es nicht nur um die Erhaltung formaler Rechte (wie Wahlrecht, Koalitionsrecht usw.), sondern um das, was Karl Mannheim »Fundamentaldemokratisierung« nannte: um den Abbau überflüssiger Herrschaft von Menschen über Menschen und die allgemeine Kontrolle der notwendigen Herrschaft, und dies nicht nur im Hinblick auf die Rechte und Machtbefugnisse des Staates, sondern im Rahmen *aller* gesellschaftlichen Beziehungen, nicht zuletzt auch der pädagogischen. Auch die im Begriff der »Erziehung« implizierten Herrschaftsverhältnisse müssen sich daran messen lassen: Was davon ist notwendig wegen der durch die Konstitution des Kindes gegebenen »Unmündigkeit«, was davon ist aber der mehr oder weniger schlecht kaschierte Anspruch, mit den Mitteln der Erziehung den Heranwachsenden so früh wie möglich fremden Interessen dienstbar zu machen? Eine schwierige Frage, der im größeren Zusammenhang einmal nachgegangen werden müßte! Auf keinen Fall aber darf diese Frage durch noch so subtile Unterscheidungen von »echter« und »falscher« Autorität oder von »Herrschaft«, »Macht« und »Gewalt« überspielt werden! Meine Ansicht, daß die *Inhalte* der Demokratisierung (der bereits erfolgten wie der noch ausstehenden) überhaupt nur historisch-kritisch zu ermitteln sind — und *geschichtliches Bewußtsein* deshalb ein unabdingbarer Bestandteil des *demokratischen Bewußtseins* ist —, impliziert, daß von »politischer Bildung« sinnvoll überhaupt nur im Rahmen der neueren Geschichte gesprochen werden kann. Was *vorher* Ähnlichkeit damit hatte, konnte nichts anderes sein als eine Art »Berufsausbildung« derjenigen, die zur Ausübung von Herrschaft privilegiert waren. Und als dann politische Bildung als »allgemeine« pädagogische Aufgabe in Gestalt des Geschichtsunterrichts eingerichtet wurde, ging es — mit nicht unerheblichen Resten bis in die Gegenwart herein — primär darum, jene in ihrer Selbstverständlichkeit bereits erschütterten Privilegien mit pädagogischen Mitteln zu stabilisieren oder wenigstens zu verlängern. Aber gerade die *Abschaffung* solcher Privilegien ist wesentlicher Inhalt der Demokratisierung. Es gibt wohl in der Realität, aber nicht mehr der Idee nach privilegierte Einzelinteressen. Und die Legitimität von »Konflikten« — ihre bloße Realität ist geschichtlich nichts Neues! — entsteht aus eben dieser Antinomie: daß einerseits das Einzelinteresse mit dem allgemeinen Interesse nicht übereinstimmt — was erst in der Utopie von der klassenlosen Gesellschaft der Fall wäre — und daß es andererseits keine privilegierten Interessen mehr gibt bzw. geben darf. Insofern werden die Konflikte nicht »ontologisch hypostasiert« (Schmiederer 218, S. 408), sondern gerade *geschichtlich* im Sinne des Demokratisierungsprozesses verstanden, und insofern ist es von der Sache her auch gerechtfertigt, die Konflikte in den Mittelpunkt der didaktischen Reflexion zu stellen.

Die politische Beteiligung aller an der Produktion und Reproduktion politischer und gesellschaftlicher Herrschaft — keineswegs nur an der Wahl — besteht demnach aus zwei miteinander korrespondierenden Prozessen: aus den objektiven *politischen* Prozessen der Emanzipation — einschließlich der Widerstände dagegen — und den subjektiven Prozessen des je individuellen politischen Lernens — ebenfalls einschließlich der sich dagegen erhebenden Widerstände, z. B. in Gestalt pädagogischer Theorien, die diesen Emanzipationsprozeß objektiv verzögerten oder noch verzögern.

Aus dem bisher Gesagten ergibt sich eine Implikation: Auf dem formalen Boden unserer Verfassung können Gruppen und Kräfte operieren, die aufgrund ihrer Interessen — oder was sie dafür halten — *gegen* Fortschritt an Demokratisierung verbal oder durch ihr Verhalten optieren. Damit meine ich nicht nur oder gar in erster Linie die vielberufenen »Radikalen«, sondern einen großen Teil unserer offiziellen politischen Führung und ihrer Bürokratien selbst sowie die wirtschaftlichen mächtigen Gruppen. Nicht, daß ich ihnen pauschal antidemokratische Gesinnung unterstellen wollte! Darum geht es nicht. Es geht vielmehr um die jedem Historiker geläufige Erkenntnis, daß ein Interesse an weiterer Demokratisierung im allgemeinen nicht haben kann, wer dabei an Macht und Einfluß verlieren würde.

Gegen diese Interessen ist dieses Buch geschrieben, was schon in den Kategorien »Solidarität« und »Interesse« zum Ausdruck kommt. Allgemeiner ausgedrückt: Im funktionalen Verständnis unserer Gesellschaft ist politische Bildung notwendig eine *kritische Institution*, und zwar kritisch gegenüber allem, was Herrschaft ist. Und daran, ob eine Gesellschaft dies zuläßt, entscheidet sich, ob sie ihren Selbstanspruch von »Demokratie« ernst nimmt oder nicht. Wenn also in diesem Buch behauptet wird, daß die den politisch-didaktischen Kategorien zugrunde liegenden normativen Gesichtspunkte dem Konsensus der ganzen Gesellschaft entsprechen, so gilt dies selbstverständlich nicht unbedingt *faktisch*, sondern *ideell*. Gleichwohl ist dieser ideelle Hintergrund von faktischer Bedeutung: Die normative Berechtigung dieser Kategorien und der aus ihnen ermittelten »Leitfragen« an Situationen und Maßnahmen kann selbst von den »reaktionären« Gruppen schlecht weg-denunziert werden; auch sie müssen — wie widerwillig immer — deren Legitimität anerkennen.

Aus diesem historisch-kritischen Verständnis des Demokratisierungsprozesses — das hier selbstverständlich nur angedeutet werden konnte — ist dieses didaktische Modell erwachsen. Auf seinem Boden scheint mir auch Lingelbachs Einwand nicht berechtigt, die Kategorien müßten die Akte des »Erkennens« und des »Wertens« trennen (vgl. Kritik IV). Eine solche Trennung ist bekanntlich schon im wissenschaftlichen Forschungsbetrieb problematisch. In der politischen Bildung sind jedenfalls gerade die normativen Aspekte die entscheidenden, sie sind eigentlich die Ursache dafür, die Tatbestände zu ermitteln und zu ordnen. Gewiß besteht hier wie überall in praktischen Fragen des privaten und kollektiven Daseins die Gefahr, die Realitäten wegen Voreingenommenheit nicht mehr genügend zu prüfen. Aber ich sehe keine überzeugende Möglichkeit, dies durch zweierlei Arten von Kategorien (erkennenden und wertenden) zu verhindern. Versuchte man dies, so wäre die Folge, daß politische Bildung sich im geschichtlich luftleeren Raum bewegt, so, als sei die Zustimmung zur Demokratisierung etwas, was immer wieder neu von jedem einzelnen entschieden werden müßte und ebenso beliebig verweigert werden könnte. Die Entscheidung für Demokratisierung ist aber geschichtlich irreversibel: ihr Prozeß kann verlangsamt oder für kurze Zeit sogar unterbrochen werden, ihre Institutionalisierung hat eine Reihe von Möglichkeiten, aber sie ist auf lange Sicht unaufhaltsam. Nach diesem Prozeß fragen die Kategorien, und zwar zugleich *normativ* und *faktisch ermittelnd*. Die Befürchtung der nicht realitätsgerechten Prüfung der Tatsachen entscheidet sich in diesem Falle nicht an der Art des *Fragens*, sondern der *Antworten*, die im Unterricht dazu ermittelt werden. Über Art und Umfang dieser Antworten aber kann die didaktische Theorie nicht mehr verfügen, weil sie die zur Debatte stehenden Ereignisse nicht antizipieren kann.

2. Das Problem der wissenschaftlichen Reichweite einer politischen Didaktik

Ich bin in Diskussionen oft gefragt worden, warum ich die Kategorien nicht systematischer miteinander verbunden, sondern sie als Leitfragen auf gleicher Ebene belassen hätte. Diese Frage zielt auf ein Problem, das alle didaktischen Reflexionen betrifft, nämlich auf das Problem ihrer Reichweite. In der Tradition der geisteswissenschaftlichen deutschen Pädagogik ist es üblich geworden, pädagogische Einzelfragen — und eben auch didaktische Probleme — ab ovo zu entwickeln. Salopp ausgedrückt: Man wollte immer »Gott und die Welt« gleich miterklären. Im Falle der politischen Bildung tat man es selten unterhalb einer abgerundeten politischen Philosophie, einer allgemeinen Anthropologie oder eines ganzen Systems der politischen Wissenschaft.

Ein Beispiel dafür aus der jüngsten Zeit gibt Heinrich Bußhoff, der, ausgehend von einer Interpretation der aristotelischen »Politik«, eine imponierende Deutung des Begriffs der »Menschenwürde« im Sinne unserer Verfassung dargelegt hat: diesen Begriff möchte er der politischen Bildung zugrunde legen (165).

Nun ist sicher nicht zu bestreiten, daß politische Philosophie eine wichtige Kritik-Instanz für politisch-didaktische Modelle ist; wohl aber bestreite ich, daß didaktische Modelle so umfangreich formuliert sein müssen, daß sie gewissermaßen den politischen Philosophen überflüssig machen. Bußhoffs Ansatz ist zudem sehr bestreitbar. Gewiß kann man die Grundsätze unserer Verfassung philosophisch befragen, wie Bußhoff es tut. Man kann sie aber auch anders befragen und kommt dann zu erheblich anderen Ergebnissen. Man kann z. B. von der unbestreitbaren Tatsache ausgehen, daß die Väter unserer Verfassung seinerzeit weniger die Klassiker der politischen Philosophie im Kopfe hatten, als vielmehr die politischen »Erfahrungen« ihrer Generation — oder was sie dafür hielten. Das schließt eine politisch-philosophische Interpretation des Verfassungswerks natürlich nicht aus, relativiert aber deren Ergebnisse. Werden dennoch so gewonnene Grundsätze zu Prämissen für didaktische Modelle fixiert, so werden diese mit den Prämissen auch angreifbar: Man diskutiert nicht mehr über das Was und Wie politischen Lernens, sondern über prinzipielle Fragen der politischen Philosophie. Nicht zuletzt dadurch aber, daß die Pädagogik zuviel auf einmal erklären will, ruiniert sie ihren wissenschaftlichen Ruf. Man kann ihr dann nicht zu Unrecht eine »Sucht nach Weltanschauung« vorwerfen. Eine politische Didaktik ist kein Ersatz für politische Wissenschaft oder politische Philosophie, obwohl sie von beiden Disziplinen her kritisierbar bleiben muß. Wenn wir uns diese Selbstbeschränkung nicht auferlegen, kommen wir in der politischen Didaktik nie »zum eigentlichen Thema«. Hinzu kommt eine praktische Folge: Didaktische Theorien werden ja für eine bestimmte Praxis formuliert. Sollen sie für Lehrer und Erzieher lesbar, anwendbar und produktiv veränderbar bleiben, so dürfen sie einen bestimmten Umfang nicht überschreiten. Didaktische Theorien, die niemand zu lesen mehr Zeit hat oder die »nebenbei« vom Leser noch die systematische Einarbeitung in mehrere Wissenschaftsdisziplinen verlangen, sind unnütz.

Um es an einer Grundthese dieses Buches zu demonstrieren: Die Frage ist nicht, ob meine Definition des Politischen als »Konflikt«, als »Problematischwerden der Massenkommunikation«

in jeder Hinsicht zureichend ist. Für die politische Philosophie und die politischen Wissenschaften muß man diese Frage schlicht verneinen. Die Frage kann vielmehr nur lauten, ob unter didaktischem Aspekt, d. h. unter dem Aspekt des organisierten Lehrens und Lernens, diese Definition des Politischen ergiebig ist und als eine operationale von den genannten Wissenschaften toleriert werden kann. Dies ist bisher — soweit ich sehen kann — nicht bestritten worden.

Wenn Didaktik eine »praktische« Wissenschaft ist, dann müssen sich die Didaktiker einer strengen Ökonomie unterwerfen, sie sollten nur soviel erklären, wie für den didaktischen Zweck nötig ist. Wo die Grenze dafür liegt, ist schwer generell zu sagen. Sie wird sich verschieben je nach dem Fortschritt relevanter wissenschaftlicher Erkenntnisse oder nach den Erfahrungen der praktischen Erprobung. Es hängt also vom Fortschritt der Kritik ab, ob mehr erklärt oder korrigiert werden muß.

So würde ich den Versuch, die politisch-didaktischen Kategorien in ein philosophisch oder politikwissenschaftlich fundiertes System zu strukturieren, für sehr gefährlich halten. Warum sollte es nicht genügen, sie als ein Bündel sinnvoller Anfragen an politische Ereignisse aufzufassen? Zweifellos wäre es reizvoll, systematisch wie historisch diese Kategorien erschöpfend auszuloten, aber wem würde das im Rahmen einer Didaktik wirklich nützen — es sei denn seiner »Sucht nach Weltanschauung«, also danach, sich ohne produktive Selbständigkeit auf scheinbar Eindeutiges stützen zu können? Das didaktische Modell ist keine dogmatische Denkanweisung, sondern ein offenes Denkmodell, das ein Leser mit politisch-philosophischer Ausbildung anders lesen wird als ein Historiker, so wie ein »Nur-Historiker« einen anderen politischen Unterricht geben wird als ein »Nur-Philosoph«. Eine politische Didaktik kann Ausbildungsmängel der Lehrer nicht aufheben, und je mehr sie das versucht, um so größer wird die Gefahr, daß die Ausbildung der Lehrer in den für den politischen Unterricht wichtigen Fächern als relativ unerheblich angesehen wird. Ich halte es für unabdingbar, daß politischen Unterricht nur erteilen kann, wer genügend von politischer Wissenschaft bzw. politischer Theorie versteht; aber das muß eine politische Didaktik *voraussetzen*, das kann sie nicht *ersetzen*.

Ich plädiere also dafür, didaktische Theorien an ihren Rändern offenzuhalten für die Kritik durch andere wissenschaftliche Perspektiven und sie somit einem permanenten wissenschaftlichen Kommunikationsprozeß zu unterwerfen.

Darüber hinaus wäre es wichtig, diese »Randgebiete« der politischen Didaktik zu thematisieren, z. B. im Sinne einer »Didaktik des Geschichtsunterrichts« oder einer »Didaktik der beruflichen bzw. kulturellen Beteiligung«. Von solchen Modellen her wären gewiß weitere aufschlußreiche Gesichtspunkte für eine politische Didaktik zu erwarten.

3. Emotionalität oder Rationalität?

Der Vorwurf, politische Bildung sei zu sehr auf *rationale* Durchdringung der politischen Welt aus und berücksichtige zuwenig die emotionalen Bedürfnisse der Menschen, wird immer wieder erhoben, obwohl man annehmen sollte, daß darüber inzwischen Klarheit herrscht. Wir wissen inzwischen, daß rationale Anstrengungen ohne emotionale Fundierungen gar nicht zu erwarten sind; wir wissen ferner aus den Forschungen der Psychologie und insbesondere der Psychoanalyse, daß die wichtigsten emotionalen Erlebnismuster bereits fundiert sind, bevor der Mensch in einen geplanten Bildungsgang eintritt.

Der Ruf nach stärkerer Berücksichtigung der emotionalen Schichten der Person hat in der gegenwärtigen Pädagogik immer noch viele Tonarten. Eine davon ist die pädagogische Rehabilitierung der politischen Ideologien im Rahmen der politischen Bildung, die mit eben diesem an sich einleuchtenden Argument begründet wird, »der Mensch« habe nicht nur rationale, sondern auch irrationale, emotionale Bedürfnisse. Vor allem Klaus Hornung hat — frühere Aussagen Eugen Lembergs (77; 78) aufgreifend — in jüngster Zeit diesen Gedanken wieder ins Feld geführt (197). Er gewinnt dadurch besondere Aktualität, daß in den letzten Jahren der »prominente« und »radikale« Nationalismus wieder an Boden gewinnt und unter anderem mit eben diesem Argument operiert, unsere Jugend brauche wieder eine Ideologie. Auf den Gesamtkomplex des neuen Nationalismus kann ich hier nicht näher eingehen (vgl. 182; 183).

Hornung schreibt: »Politische Pädagogik muß auf einer politischen Anthropologie aufbauen können, die die personal und sozial produktive Funktion der Bindung des einzelnen an überindividuelle Gruppen und Ordnungen deutlich zu machen vermag ...« (197, S. 7).

Er sei nicht der Meinung, »in der Hingabefähigkeit und -bereitschaft des einzelnen an überindividuelle Werte, Gruppen und Aufgaben kämen lediglich ich-schwache, autoritäre Syndrome zum Ausdruck, die therapeutisch abgebaut werden müßten« (S. 6).

Walter Jakobsen hat dazu aus politisch-psychologischer Sicht Stellung genommen. Seine Argumentation zielt in die genau entgegengesetzte Richtung. Da Hornung die Frage, wer denn die Art und Weise der »überindividuellen Bindungen« näher bestimmen solle, offen läßt, kontert Jakobsen treffend: »Unbestimmbarem kann man sich ja nicht verbindlich hingeben« (200, S. 21). Er möchte die Kenntnisse der Psychologie gerade einsetzen, um das Selbstbewußtsein, das »Selbstwertgefühl« zu stärken; dagegen führe Hornungs und Lembergs Position zu einer ideologischen Indoktrination — eine Position, deren Verträglichkeit mit dem Artikel 4 des Grundgesetzes Jakobsen ausdrücklich in Zweifel zieht. »*Entweder* erzieht man den Staatsbürger zu politischer Mündigkeit und freier, möglichst vorurteilsloser und undirigierter Selbstorientierung, macht ihn zum verantwortlich und nüchtern urteilenden Demokraten, *oder* man wirbt um seine Gefolgschaft in eine bestimmte ideologisch-politische Richtung, hierbei an emotional-volitionale Schichten der Persönlichkeit appellierend. *Beides zugleich* aber wäre ein Widerspruch in sich selbst« (200, S. 21).

Die psychologische und politische Kritik an Hornung stellt sich unter unserem didaktischen Aspekt noch in anderer Perspektive dar. Hornung geht von einer abstrakten, ontologischen Anthropologie des Kindes und Jugendlichen aus, aus der er politischpädagogische Konsequenzen deduziert, als ob es außerhalb der Schule den politischen Menschen gar nicht gebe. Die institutionalisierte politische Bildung — in wie außerhalb der Schule — braucht aber gar nicht *alles* zu leisten, was den Menschen zu einem politischen Menschen oder überhaupt zu einem Menschen macht. Da sie vielmehr immer schon auf einen durch zahlreiche Sozialisierungsvorgänge intellektuell wie emotional geprägten Menschen trifft, kann sie den politischen Menschen in toto gar nicht *produzieren,* sondern allenfalls ihn *korrigieren.* Gerade die emotionalen Fixierungen werden in ganz anderen Bezügen geprägt. Das müssen die zum Zwecke des Lernens organisierten Institutionen nicht auch noch verdoppeln oder verstärken! Wenn die politische Didaktik also die rationale, kritische Aufklärung in den Vordergrund stellt — auch gegenüber den längst gelernten je individuellen emotionalen Verhaltensmustern —, dann tut sie das nicht, weil sie den emotionalen Dimensionen der Person feindlich oder ignorant gegenüberstünde, *sondern weil planmäßige rationale Aufklärung über das Ich und seine Beziehungen zur politischen Welt sonst in unserer Gesellschaft überhaupt nicht stattfinden würde.* Wie Theodor Wilhelm in seiner »Theorie der Schule« (Stuttgart 1967) gezeigt hat, läßt sich nur mit einer solch partiellen anthropologischen Perspektive Schule in der modernen Gesellschaft begründen.

Die Forderung nach einer neuen Ideologie macht also ein umfassenderes Problem deutlich, das ich die »totale Anthropologie« nennen möchte: Ist es überhaupt noch möglich, erst den *ganzen Bildungsgang* eines Menschen zu konzipieren, um dann von daher die einzelnen didaktischen Aufgaben näher zu bestimmen? Führt dies nicht zwangsläufig dazu, sich ein Bild von der »heilen Welt« und vom »guten Menschen« zu machen, um beides in den Schulen zu produzieren (vgl. Adorno 155; von Hentig 192)? Und weiter: Ist der pädagogische Zugriff auf den »ganzen Menschen«, als Sorge um dessen Heil und Zukunft annonciert, nicht im Grunde antidemokratisch und gegen seine Mündigkeit gerichtet? Steckt dahinter nicht eine Vorstellung von »Erziehung«, nach der die Heranwachsenden schon in ihrem Unterbewußtsein für die zufällig herrschenden Mächte der Gesellschaft in Dienst genommen werden sollen? Die oft berufene »anthropologische Wendung« in der Pädagogik der letzten Zeit sollte uns für diese Fragen hellhörig machen. Diese Skepsis trifft selbstverständlich nicht für eine »pädagogische Anthropologie« zu, die unser Wissen über die Menschen unter pädagogischen Leitgesichtspunkten (wie »Lernen«) zusammenfaßt und deshalb eine weitere kritische Instanz für didaktische Modelle sein kann.

4. Zur Problematik des systematischen politischen Lernens

Hans Tietgens hat in einer Besprechung dieses Buches zu Recht bemängelt, daß die systematischen Lehrzusammenhänge gegenüber den aporetischen, an Konflikten orientierten, zu kurz kommen (vgl. Kritik VII).

Zwar sind die systematischen Lernpartien in diesem Buch durch die Begriffe »Bildungswissen« und »Orientierungswissen« auch berücksichtigt, aber sie wurden zweifellos zu stiefmütterlich behandelt. Die Gefahr einer losen Folge von »Gelegenheitsunterricht«, dem — wie Tietgens zu Recht befürchtet — keine ordnende Vorstellungswelt entspringt, ist in der Tat nicht zu leugnen. Diese Gefahr muß zwar nicht schon dadurch entstehen, daß systematische Lehrzusammenhänge des Bildungswissens und Orientierungswissens mit politischen Konflikten verbunden werden; aber es ist gleichwohl unerläßlich zu betonen, daß letztlich nur gelernt wird, was *systematisch* in der Logik der zur Debatte stehenden Sachverhalte begriffen wurde und daß gerade diese systematischen Partien die nötige »Distanz« zur Beurteilung aktueller Konflikte schaffen müssen.

Aber hier scheint mir eine noch ungelöste Problematik der politischen Didaktik zu liegen. Gewiß kann es nicht schaden, wenn möglichst viele politische Stoffe systematisch gelernt werden.

Schwierig wird die Frage aber, wenn man — wie ich versucht habe — ein didaktisches *Minimalprogramm* entwerfen will, das für *alle* bildungsfähigen Menschen zu gelten hat. Wo man mehr tun kann — wie etwa in der Oberstufe der Gymnasien —, sollten wir uns freuen. (Im Sinne dieses »Minimalprogramms« kann man übrigens von einem Plädoyer für den »Durchschnittsbürger« [Lingelbach, Kritik IV] sprechen; aber eine politische Didaktik, die sich nicht auf alle Bildungsfähigen bezöge, könnte wohl kaum den gegen sie erhobenen Vorwurf abwenden, undemokratisch zu sein.)

Die Schwierigkeit, die ich hier meine, wird vielleicht am besten angesichts eines Einwandes von Joachim Rohlfes deutlich, der ähnlich wie Tietgens die Überbetonung des Aktuellen zu Lasten systematischer Zusammenhänge kritisiert (vgl. Kritik V). Wenn ich ihn recht verstehe, plädiert Rohlfes für den klassischen »Stufengang der Lehre«, den »Lehrgang«, der vom Einfachen zum Schwierigen, vom »Elementaren« zur differenzierten Explikation usw. fortschreitet. Für einen Sachbereich, mit dem der Schüler in der Schule zum ersten Mal Bekanntschaft macht — z. B. den Lateinunterricht —, mag das zutreffen. Aber was sind in der Politik denn »Grundkenntnisse«, »Grundprobleme«, »Einsichten in richtiger Stufenfolge« und »Urphänomene«? Angenommen, sie ließen sich durch irgendein Verfahren tatsächlich ermitteln — wären sie dann auch lernbar? Ist Sprangers Modell der »Urphänomene« (125) — abgesehen von der Frage der Richtigkeit — wirklich eine Lernhilfe? Warum sind denn alle solche Versuche bisher unbefriedigend geblieben?

Mir scheint, daß alle diese Verfahren den politischen Vorstellungshorizont, den die Schüler immer schon mitbringen, falsch einschätzen. Im Unterschied etwa zum Lateinunterricht bringen die Schüler zu jedem denkbaren politischen Zusammenhang von einiger Wichtigkeit nicht einen »elementaren« oder »einfachen«, sondern einen — daran gemessen — hochdifferenzierten Vorstellungszusammenhang mit, wie richtig oder falsch der immer sein mag. Und man geht unter das Niveau dieses immer schon mitgebrachten Vorstellungszusammenhangs, wenn man »lehrgangsgerecht« im eben genannten Sinne verfahren will. Bei systematischen politischen Lehrzusammenhängen liegt das Problem nicht darin, vom »Einfachen« zum »Schwereren« fortzuschreiten, sondern darin, einen verhältnismäßig differenzierten Vorstellungszusammenhang zu korrigieren und weiter zu differenzieren. Dafür gibt es in der bisherigen Pädagogik kein erprobtes methodisches Modell, weil die Schule immer von ganz anderen Voraussetzungen ausgegangen ist. In meinem Bericht »Politische Bildung in der Jugendarbeit« (184) habe ich versucht, unter dem Begriff der »Produktion« einen solchen Weg zu beschreiben. Im übrigen darf man nicht vergessen, daß alle didaktischen Organisationen und nicht zuletzt die, die Rohlfes hypostasiert, bisher durch nichts wirklich empirisch erhärtet sind, sondern ausnahmslos auf spekulativen philosophischen Vorentscheidungen beruhen. So steht und fällt die sachliche Einsichtigkeit der »Urphänomene« etwa mit der phänomenologischen Methode der »Reduktion«, und es scheint mir sehr zweifelhaft, ob im Unterricht das Ergebnis einer solchen Methode einsichtig zu machen ist ohne den philosophischen Weg, der dazu geführt hat. Die »Urphänomene« sind also eine Sache der politischen Philosophie, für deren Lehren es eine eigentümliche didaktische Problematik gibt, aber wenn ich deren Methoden im Unterricht unterschlage, kann nur »Weltanschauung« in den Köpfen der Schüler zurückbleiben. Über diesen Grundsatz sollte doch inzwischen wenigstens Einigkeit bestehen: daß nur ein solcher Unterricht aufklärende Funktion haben kann, der nicht nur Erkenntnis*ergebnisse*, sondern auch die *Wege* dahin dem Schüler deutlich macht. Und jedes didaktische Verfahren, das auf einer Grundlage basiert, die der Schüler nicht nachvollziehen kann, verdient von vornherein unser Verdikt: es ist magische »Medizinmännerei«. Die relative Beliebtheit und Verbreitung solcher »reduzierter« Verfahren scheint mir nicht zuletzt darin begründet zu sein, daß auch solche Lehrer damit unterrichten können, die von den Sachverhalten zuwenig verstehen. Es ist kein Kunststück, jedes politische Thema ohne viel Sachverstand auf eine Handvoll »Urphänomene« hinzulenken.

Selbstverständlich ist auch mein Vorschlag zu den systematischen Partien des Unterrichts einstweilen nicht schlagkräftig beweisbar, aber deshalb hypostasiere ich ihn auch nicht. Wenn die Voraussetzung aber stimmt, daß in politischen Fragen immer schon ein verhältnismäßig differenzierter Vorstellungszusammenhang vorausgesetzt werden muß, dann hängt die aufklärende Kraft eines systematischen politischen Unterrichts nicht zuletzt von der *Reichweite seiner Thematik* ab; dann ist es z. B. besser, eine relativ undifferenzierte Gesamtvorstellung über den Zusammenhang der modernen Volkswirtschaft langsam weiter zu differenzieren, als sich mit einem Spezialproblem intensiver zu beschäftigen, weil man im letzteren Falle Gefahr läuft, daß auf der Landkarte der politischen Vorstellungen das intensiv Behandelte isoliert wird und keine Verbindungen mit den übrigen Orientierungspunkten eingeht. Solche Unterrichtsprospekte im einzelnen zu entwerfen, übersteigt die fachliche Kompetenz des politischen Didaktikers. Sie können nur von den Fachwissenschaften entworfen werden, und ihnen gegenüber befände sich die politische Didaktik in einer kritischen Funktion, so wie die Didaktik sich umgekehrt der kritischen Kontrolle anderer Wissenschaften unterwerfen muß. Übrigens sind solche Versuche in den letzten Jahren in den Zeitschriften »Gegenwartskunde« und »Politische Bildung« zum Teil recht überzeugend vorgelegt worden.

Meine Vermutung ist, daß sich dieses Problem prinzipiell nicht durch ein noch so raffiniert ausgeklügeltes Stoffauswahlverfahren lösen läßt. Wichtiger scheint mir zu sein, die in den modernen positiven Wissenschaften verwendeten »Modelle« in den Unterricht einzubringen: z. B. die Funktionsmodelle der Sozialwissenschaften, die Marktmodelle der Nationalökonomie oder das Grundmodell der Kommunikationsforschung, kybernetische Modelle usw. Die Einwände liegen natürlich auf der Hand: es dürfte kaum »das« Modell geben, sondern immer nur mehrere, je nach der wissenschaftlichen Position; außerdem könne man solche Modelle nur in positivistischer Weise verwenden, d. h. unter Ausklammerung der Werturteilsproblematik.

Diese und wahrscheinlich noch andere Einwände ließen sich mit Recht erheben. Aber was die Pluralität der Modelle angeht, so wäre es mir lieber, ein Lehrer entschiede sich einfach für eins, das ihm von seinem Studium her am meisten einleuchtet, als daß er — wie bisher meist — unter dem Vorwand von »Didaktik« alle möglichen Werturteile unerkannt einfließen läßt. Und was den »werturteilsfreien Positivismus« betrifft, so würde ein guter Schuß davon unseren Schulen nicht schlecht anstehen. Außerdem käme das Problem der Werte sofort ins Spiel, sobald die politischen Kategorien angewendet würden. Schließlich sei nicht vergessen, daß der moderne wissenschaftliche Positivismus eine unentbehrliche aufklärerische Kraft in sich birgt, sofern er nicht hypostasiert wird.

Ich könnte mir vorstellen, daß Funktionsmodelle und Interdependenzmodelle jene Reichweite haben, die mir erforderlich erscheint. Gerade sie — und vermutlich *nur* sie — ermöglichen uns heute noch, hochdifferenzierte Phänomene und zahllose Details im Bewußtsein zusammenzubringen und — anders als bei weltanschaulichen Modellen vom Typ der »Urphänomene« — offen und korrigierbar zu bleiben. Das elementare Modell der Kommunikation z. B. (Sender-Medium / Nachricht-Empfänger-Sender) gilt in seiner formalen Abstraktheit für *alle* menschlichen Kommunikationen, von der Liebe bis zur Massenkommunikation, und dürfte zudem selbst für 10jährige — weil mit eigenen Sozialerfahrungen ausfüllbar — schon unmittelbar evident sein. Ich könnte mir also eine »Sozialkunde« im Sinne einer Lehre von den sozialen Beziehungen vorstellen, die von

vornherein mit diesem Modell als ihrem Integrationspunkt arbeitet, wo der »Gang der Lehre« dann darin besteht, im Hinblick auf die konkreten empirischen Sozialformen immer weiter zu differenzieren und das Modell entsprechend »auszubauen«. Mangels fachlicher Kompetenz kann ich nicht beurteilen, ob ein solches Verfahren z. B. auch in der Wirtschaftskunde möglich wäre. Aber sicher wäre es der Mühe wert, darüber nachzudenken, ob man von solchen Modellen her nicht weiterkommen kann als dadurch, daß alle möglichen Wissenschaften Stoffkataloge für die politische Bildung aufstellen. Daß auch dann noch »Stoffe« gelernt werden müßten, versteht sich von selbst.
Hier wie in anderen didaktischen Bereichen hat eine übertriebene »fachdidaktische« Betriebsamkeit den Blick für das Mögliche eher verstellt — vor allem dann, wenn vor lauter »Didaktik« das »Fach« fast zum Verschwinden gebracht wird. Die Pädagogik sollte viel ungenierter als bisher die entsprechenden Fachwissenschaften auffordern, solche an ihren wichtigsten Denkmodellen orientierten systematischen Lehrgänge zu programmieren. Dann kann die Didaktik immer noch diskutieren, ob diese Entwürfe lernbar sind oder nicht. Die von mir vorgeschlagenen vier Systeme des Orientierungswissens sollten für solche Bemühungen nur Richtpunkte angeben. Übrigens müßte man vermutlich noch einen fünften Horizont hinzufügen, den man als »System der sozialen Beziehungen« bezeichnen könnte.

5. Das Problem der Praktizierbarkeit

Auf ein weiteres Problem hat Heinrich Weber hingewiesen (vgl. Kritik VIII). Er hat Skepsis angemeldet, ob das in diesem Buche vorgeschlagene didaktische Konzept in den Schulen durchführbar sei. Woher soll die dafür erforderliche Zeit — vor allem in den Berufsschulen — kommen? Müßten die Lehrer nicht anders ausgebildet sein? Müßten die Richtlinien nicht zum Teil wenigstens geändert werden usw.?
Auch diese Fragen scheinen mir mehr als berechtigt. Aber eine didaktische Theorie darf nicht nur das augenblicklich Realisierbare widerspiegeln, sie darf kein erziehungswissenschaftliches Alibi für veränderungswürdige Schul- und Ausbildungsverhältnisse sein. Wenn das Konzept als ein Minimalprogramm einleuchtend ist, dann müssen eben Änderungen geschaffen werden. Es ist wahr: Ein Lehrer, der nicht politische Wissenschaften oder Soziologie studiert hat, kann mit diesem Modell kaum arbeiten. Er kann es vermutlich nicht einmal verstehen. Eine oder zwei Wochenstunden in der Berufsschule sind unzureichend, wie über-

haupt wohl außerhalb einer zehn Jahre dauernden Vollzeitschule die Ansprüche dieses Konzepts nicht verwirklicht werden können. Alle didaktischen Theorien brauchen aber ein Stück Utopie, damit die inhaltlichen — und nicht nur wie bisher die organisatorischen — Perspektiven der Veränderung sinnvoll definiert und geplant werden können. Außerdem sind — so meine ich — didaktische Modelle *Denkmodelle* und nicht schon pädagogische *Handlungsmodelle*. Wer dieses Buch mit der Absicht liest, hinterher genau zu wissen, »wie man es machen muß«, wird notwendig enttäuscht werden. Schon die vernünftige Anwendung der Kategorien auf einen politischen Konflikt ist ein produktiver Denkakt eigener Art, den die didaktische Theorie nicht vorwegnehmen kann. Es nützt nichts, bloß mechanisch die formalisierten Fragen an politische Konflikte zu richten, sofern keine Klarheit über die Substanz der Kategorien herrscht, aus denen die Fragen erwachsen sind.

6. Zur Wirksamkeit politischen Lernens

Über die Frage der Wirksamkeit sind seit Erscheinen dieses Buches wohl die meisten Fortschritte gemacht worden. Die umfangreiche Untersuchung der Max-Traeger-Stiftung (156; 227) hat gegenüber hochfliegenden Erwartungen die gebührende Ernüchterung gebracht. Sie hat insbesondere gezeigt, wie sehr die Schule doch eine »Mittelklasseninstitution« ist und wie sehr die politischen und pädagogischen Vorstellungen der Lehrer von daher geprägt sind. Es scheint ungeheuer schwierig zu sein, die feste Allianz zwischen dem dominanten mittelständischen Schülertypus, der mittelständisch-pädagogischen Mentalität der Lehrer und den darauf zugeschnittenen Richtlinien und Lehrbüchern zu durchbrechen.

Neben den *sozialen* Barrieren für politisches Lernen, die die genannte Untersuchung eindringlich aufgewiesen hat, ist durch die politische Psychologie der Hinweis auf die *psychischen* Barrieren hinzugekommen. Hingewiesen sei vor allem auf Peter Brückners Beitrag »Zur Pathologie des Gehorsams« (in: 175), der den Zusammenhang zwischen falscher Gehorsamserziehung in der Kindheit und Jugend mit einer antidemokratischen psychischen Disposition zum Bewußtsein bringt.

Aber auch andere Beiträge sind von Bedeutung. So zieht Walter Jakobsen für den Umgang mit den Schülern wichtige Schlüsse: »Wer in seiner ganzen Grundeinstellung durch Elternhaus und Schule darauf fixiert worden ist, sich vorschreiben zu lassen, was in dieser Zeit als gut und richtig und was als falsch und böse anzusehen ist, und stur an dieser Einstellung festzuhalten tendiert, der muß offenbar anders behandelt werden als derjenige, der sich seiner Autonomie mit fortschreitender Entwicklung zunehmend bewußt wird und deswegen Wert darauf legt, eigenen Leitbildern zu folgen. Im ersteren Falle käme so etwas wie Entwöhnung (vom Gängelband) als Therapie in Frage, beim letzteren vor allem Versorgung mit dem notwendigen geistigen (objektiven) Rüstzeug« (200, S. 27).

Es bleibt zu hoffen, daß die Forschungen der politischen Psychologie diese und andere Probleme weiter untersuchen. Vor allem wäre es nötig, in den pädagogischen Feldern selbst die Bedingungen der Möglichkeit für politische Lernbereitschaft genauer zu untersuchen. Hier wird die Diskussion leider gegenwärtig noch von reichlich naiven Vorstellungen über »demokratischen« bzw. »sozialintegrativen Führungsstil« beherrscht. Wichtig wäre vor allem zu prüfen, ob sich Beobachtungen aus der außerschulischen Bildungsarbeit verallgemeinern lassen, nach denen die Lernbereitschaft steil ansteigt, wenn der soziale Druck entsprechend vermindert wird (vgl. 184; 185).

7. Zum Verhältnis von Lernen und Aktion

Die vehementeste Kritik hat offensichtlich die relative Distanziertheit dieses Buches gegenüber der »politischen Aktion« in Zusammenhang mit dem Zielbegriff der »politischen Beteiligung« hervorgerufen (vgl. Dahmer, Kritik III; Lingelbach, Kritik IV; Schmiederer, Kritik VI). Ich will gerne zugeben, daß gerade hier Mißverständnisse dem Autor zur Last gelegt werden können. Dennoch ist es erstaunlich, wie manche Leser in Verwirrung geraten, wenn man ihnen ihr zentrales ideologisches Stichwort nimmt. Man kann über die Zweckmäßigkeit des Begriffes »politische Beteiligung« sicher streiten, aber daß ich ihn nicht deshalb anstelle von »Mündigkeit« verwende, weil ich gegen Mündigkeit bin, sondern weil »Mündigkeit« in der Pädagogik längst zu einer Leerformel geworden ist, das kann ein unvoreingenommener Leser eigentlich nicht bezweifeln.

Man kann die Anwälte der Zielvorstellung »Aktivität« in zwei Positionen unterscheiden: Die einen — repräsentiert etwa durch Dahmer und Schmiederer — wollen *bestimmte* politische Aktionen propagieren, und sie liquidieren die politische Lernproblematik, indem sie sie zum bloßen Vehikel ihrer politischen Intentionen machen. Dabei bemerken sie gar nicht, wie sehr sie damit in die Nachbarschaft der »bürgerlichen« Pädagogik der zwanziger Jahre geraten, die ebenfalls das, was politisch unerfüllbar schien, durch verstärkte pädagogische Bemühungen kompensieren wollte.

Die anderen — wie etwa Lingelbach — nehmen die didaktische Problematik zwar ernst, dafür bleibt aber der Appell zur politischen Aktivität bloß formal bzw. verbal. So hält Lingelbach an der überlieferten Vorstellung fest, die Schule sei in politischer Hinsicht eine *lebens-vorbereitende* und nicht schon eine *lebensbegleitende* Institution. »Die volle Aufgeschlossenheit für die Erörterung wesentlicher politischer Fragen« erreiche »erst der Erwachsene« (207, S. 49). »Zwar ist der Aufwachsende vom ersten Tag seines Lebens an in den politischen Prozeß passiv einbezogen, die Forderung, sich aktiv zu beteiligen, erhebt und steigert die Gesellschaft jedoch immer erst dann, wenn sie ihn schrittweise aus dem erzieherischen Schonraum entläßt. So werden etwa an die politische Urteilskraft und Handlungsfähigkeit des Volksschulabsolventen, der in das Berufsleben eintritt, weit höhere Anforderungen gestellt als an den gleichaltrigen Gymnasiasten, der noch lange Zeit in erzieherischer Obhut bleibt« (S. 48). Ist das ein Naturgesetz? Warum soll »die Gesellschaft« nicht die Politisierung der Schule zulassen? Ist die Schule, die Zeugnisse verteilt und damit Sozialchancen zuteilt, *keine* politische Institution? Sind die Oberschüler, die heute in ihren Schulen rebellieren, unreif, weil sie es gewissermaßen fünf Jahre zu früh tun? Stellt »die Gesellschaft« wirklich an die Volksschulabgänger irgendeine Anforderung an deren »politische Urteilskraft« und »Handlungsfreiheit«? Ist es nicht vielmehr so, daß gerade die spezifische »Pflichtenfreiheit« der Studenten und Oberschüler eine größere Chance zur politischen Reflexion und Aktion impliziert, als es den Erwachsenen im allgemeinen möglich ist?

Lingelbach will das aus dem Widerspruch von Grundgesetz und demokratischer Wirklichkeit resultierende Unbehagen »bewußt herausfordern«, »um Bereitschaft zu politischer Aktivität zu wecken«. Aber so revolutionär, wie es auf den ersten Blick scheint, meint er es gar nicht. Er will ja nicht den Jugendlichen, sondern erst den »künftigen Bürger« politisch aktivieren; der politische Unterricht soll dazu nur »die Bereitschaft wecken«. Aber wie kann ich denn »blind« zur Aktivität auffordern, ohne zu wissen, worum es »später« überhaupt gehen wird? Und kann man »Bereitschaft zur Aktivität« gewissermaßen speichern, bis »die Gesellschaft« so freundlich ist, sie zuzulassen? Wir sehen: der ganze Appell an die Aktivität ist bloß verbal und folgenlos; die Aufforderung, die Gesellschaft mittels der Pädagogik zu verändern, entpuppt sich als »Gummi-Löwe«: nicht einmal für die Schule ist sie ernst gemeint.

Nun hat sich allerdings seit Erscheinen dieses Buches unsere innenpolitische Landschaft entscheidend verändert. Ich meine die zunehmende Wachsamkeit einer »außerparlamentarischen Opposition«. Sie hat in der Tat neue Aspekte für »politische Beteiligung« eröffnet. Man könnte sagen, daß das, was Hennis seinerzeit schon konstatierte, nämlich das unvermittelte Gegenübertreten von einzelnem und Herrschaft, sich noch weiter verschärft hat. Im selben Maße hat sich die Funktion der politischen Parteien geändert. Die Artikulation des politischen Willens von unten nach oben ist praktisch unterbrochen, das Wechselspiel von Regierung und Opposition in den Parlamenten nicht mehr ausreichend. Während man in den fünfziger Jahren bei Meinungsumfragen die Bereitschaft, in einer politischen Partei mitzuwirken, noch als wichtiges Indiz für demokratische Einstellung überhaupt ansehen konnte, ist inzwischen wohl vollends deutlich geworden, daß der Beitritt zu einer Partei *politisch* nur noch sinnvoll ist für den, der eine entsprechende politische Karriere anstrebt. Die Entwicklung der »außerparlamentarischen Opposition« hat genau das bestätigt, was Ingrid und Rolf Schmiederer mir vorwerfen: daß Politik immer mehr ein »Beruf« wird und daß die Bürger nur noch durch gezielte Re-Aktionen eine Chance der Mitwirkung haben. Die Formen der »außerparlamentarischen Opposition« sind in statu nascendi, und es wird dringend erforderlich, sie im öffentlichen Bewußtsein selbstverständlich zu machen. Aber eines läßt sich heute schon mit Sicherheit sagen: Wenn es nicht gelingt, auch hier zwischen wichtigen und unwichtigen Anlässen zu unterscheiden, dann wird sich diese Opposition sehr schnell sinnlos »verbluten«. Nicht einmal Studenten können auf die Dauer das Demonstrieren zu einer Ganztagsbeschäftigung machen!

Aber damit ist der prinzipielle Zusammenhang von Lernen und Aktion erst angedeutet. Daß es diesen Zusammenhang gibt, ist nicht zu bestreiten. Wer im Sinne dieses didaktischen Modells »politisch-gebildet« ist, bringt — *falls* er in eine Aktion eintritt — eine bestimmte Disposition mit. Aber *ob* er sich an einer bestimmten Aktion beteiligt und *wie* er es dann tut — das ist vom didaktischen Modell her nicht eindeutig kalkulierbar. Grundsätzlich gilt: Die Strukturen des politischen Handelns sind nicht identisch mit denen des politischen Lernens. Man kann politische Aktionen — z. B. Demonstrationen — *nachträglich* der didaktischen Reflexion unterwerfen, und die Akteure können somit *nachträglich* daraus lernen, z. B. wie und warum man es hätte besser machen können. Und dieses Lernen kommt dann irgendwie auch den folgenden Aktionen zugute. *Wenn* sie aber aus ihrer Aktion lernen wollen, dann geschieht auch dies nicht

»von selbst«, sondern nur dann, wenn die Reflexionen im Rahmen eines didaktischen Modells erfolgen. Es reicht z. B. keineswegs aus, wenn Studenten im Anschluß an eine Demonstration stundenlang diskutieren. Es kann auch sein, daß eine solche Diskussion noch selbst Teil der Aktion ist, insofern es gar nicht darum geht, die Aktion aufgrund bestimmter Kategorien zu reflektieren, sondern sie bloß zu rechtfertigen und nachträglich Zustimmung für sie zu erwerben. Emotionale Kollektiv»erlebnisse« wie das, der Staatsgewalt unangenehm werden zu können, sind noch keine »Erfahrungen«! Allenfalls »Taktik« wird »spontan« gelernt (Dufner 170); aber selbst das ist nicht sicher, sondern es wird sich erst dann zeigen, wenn die Taktik geändert werden muß. Für manche mag die politische Aktion ein dominantes Lernmotiv enthalten, aber auch das ist kein Naturgesetz: Die Wiederholung von Aktionen kann auch ein Symptom von Borniertheit sein, d. h. für die Weigerung, neue politische Erfahrungen zu machen. Ebensowenig wie »Selbsttätigkeit« unter allen Umständen Lernen optimalisiert, darf man sich die Lösung aller politisch-didaktischen Probleme von der politischen Aktion als »Auslöser« erwarten — es sei denn, man wollte auf den didaktischen Bewußtseinsstand der beginnenden Reformpädagogik zurückgehen. Schließlich und endlich darf eine allgemeine politisch-didaktische Theorie die besondere und immer noch privilegierte Situation studentischer Minoritäten nicht verallgemeinern. Sie muß vielmehr ermitteln, was *allen* Heranwachsenden an politischem Lernen zugemutet werden kann. Von allen Volksschülern, Berufsschülern, Lehrlingen und Oberschülern exzeptionelles Heldentum in ihrer Umgebung zu erwarten, wäre ganz gewiß eine »Zumutung«, die subjektiv nicht zu Unrecht mit kollektiver Aggression beantwortet werden würde.

Sicherlich zielt diese politische Didaktik mit ihrem Begriff der »politischen Beteiligung« und den Kategorien »Interesse«, »Solidarität« und »Mitbestimmung« auf »Aktion« im weitesten Sinne. Und man kann sogar vermuten, daß mit einer bestimmten Kumulation didaktisch gezielter politischer Reflexionen politische Aktivität in hohem Maße nahegelegt wird, aber diese kann nicht konkret und unmittelbar intendiert werden, weil die *Situationen* politischen Handelns nicht hinreichend prognostizierbar sind. So wie es zwischen Theorie und Praxis eine »Unbestimmtheitsrelation« gibt, so gilt dies auch für den Zusammenhang von Lernen und Aktion. Man muß auch in diesem Zusammenhang wieder der »Sucht nach Weltanschauung« entgegentreten, die das Individuum nur lernen lassen will, um über es um so besser verfügen zu können.

Die Hartnäckigkeit, mit der ich hier auf dem Unterschied von

Lernen und Aktion bestehe, hat ihren Grund nicht zuletzt darin, ungerechtfertigte Ansprüche an die politische Bildung zurückzuweisen, die gerade in den letzten Jahren von verschiedenen Seiten zu vernehmen waren: Den einen scheint es pure »Anpassung an den Status quo« zu sein, wenn man nicht zum Demonstrieren auf die Straße geht; andere sind enttäuscht, daß die Mitgliederzahlen der politischen Parteien nicht steigen; wieder andere wollen der politischen Bildung das Aufkommen des Rechtsradikalismus anlasten. Allen diesen falschen Erwartungen ist gemeinsam, daß sie von der Pädagogik Ergebnisse verlangen, die nur die Politik erbringen kann, und daß Didaktik als eine Technik der Indoktrination verstanden wird, die nach vorgegebenen — richtigen oder falschen — Zielen Menschen zu »machen« habe. *Indoktrination entscheidet sich nicht daran, ob »richtige« oder »falsche« Vorstellungen den Individuen injiziert werden, sondern daran, ob das Individuum die tatsächliche Chance erhält, ihm nahegelegte Vorstellungen als die seinen zu adaptieren bzw. zurückzuweisen.* Es muß eindringlich betont werden, daß Pädagogik nur die subjektive Seite des Demokratisierungsprozesses fördern kann — im Sinne etwa der »Herstellung eines richtigen Bewußtseins« (Adorno), während der reale Fortschritt an Demokratisierung eine Sache des politischen Handelns ist. Diese Unterscheidung wird nicht zuletzt auch deshalb getroffen, um die Notwendigkeit politischer Aktionen deutlich ins Bewußtsein zu heben!

Pädagogik gerät leicht in den Verdacht des »Konservativ-Restaurativen«. Sie kann sich die Menschen, mit denen sie zu tun hat, ebensowenig aussuchen wie die Verhältnisse, unter denen sie leben. Die Aufgabe, trotz dieser Bedingungen das je einzelne Bewußtsein und die je einzelne Vorstellungskraft ein kleines Stück zu verbessern, ist ein unpathetisches Alltagsgeschäft, das nicht dadurch gewinnt, daß man politische und pädagogische Wunschbilder entwirft, deren Vollkommenheit des allgemeinen Beifalls sicher sein kann. Der Vorwurf, der »Anpassung an den Status quo« zu dienen (Schmiederer), läßt sich mit Leichtigkeit gegen jede didaktische Theorie erheben, die sich auf das gegenwärtig Mögliche beziehen will. »Beruhigt man sich ... bei dem hier und jetzt Möglichen, so stärkt man die Illusionen über die wirklichen Machtverhältnisse ...« meint Helmut Dahmer. Aber er wird sich an den Gedanken gewöhnen müssen, daß praktische Pädagogik *nur* das hier »und jetzt Mögliche« — nämlich das in der jeweiligen pädagogischen Situation Mögliche — erreichen kann.

Mein Konzept schließt allerdings »revolutionäre« Lösungen im klassischen Sinne aus. Es plädiert für evolutionäre Fortschritte, weil nach meiner Meinung in ihren Folgen kalkulierbare — und deshalb verantwortbare und humane — Veränderungen nur mit den intakten Funktionen des gegenwärtigen gesellschaftlichen Systems — und das heißt: des wie immer zu verändernden *parlamentarischen Erbes* — erreichbar sind. Ob man diese Veränderungen *auch* durch provokatorische Entlarvung der gesellschaftlichen Institutionen in ihrer jetzigen Verfassung erreichen kann, ist damit weder geleugnet noch entschieden. Aber auch die »außerparlamentarische Opposition« ist in ihrer Wirksamkeit auf die intakten Institutionen (z. B. Regierungen, Parlamente usw.) angewiesen: Sie vermag diese zu zwingen, bestimmte Dinge zu tun oder nicht zu tun, nicht aber vermag sie auch ihre eigenen politischen Vorstellungen selbst zu realisieren. Sieht sie das nicht ein, so überschätzt sie sich hoffnungslos.

Im evolutionären Sinne jedenfalls sind die Kategorien dynamisch, ja zum Teil geradezu utopisch, indem sie demokratische Ansprüche enthalten, die in Wirklichkeit noch nicht eingelöst sind, auf deren Einlösung sie aber gerade durch ihre ständige Anwendung pochen. Die Legitimität des je subjektiven Interesses in eine *allgemeine* politisch-pädagogische Kategorie zu fassen, ist in unserem Lande immer noch inopportun. Gleiches gilt für die immer wieder an konkreten politischen Fällen erhobene Frage nach der »Mitbestimmung« oder für die Auflösung des »Gemeinwohls« in die Kategorien »Solidarität« und »Funktionszusammenhang«. Solche Leitfragen kritisieren Realitäten, die dem Selbstanspruch unserer demokratischen Gesellschaft widersprechen. Indem die Kategorien aber auf jeweils konkrete Sachverhalte bezogen werden, entgehen sie der Gefahr, in unverbindliche Sonntagsreden transformiert zu werden. Kann man angesichts dessen wirklich behaupten, daß ich »auf den fruchtbaren Konflikt zwischen dem Bestehenden und dem Wünschbaren zugunsten der Anpassung an den Status quo« verzichte (Schmiederer 218, S. 409)? »Politische Pädagogik, die heute wirklich etwas lehren will, hätte als ›negative‹ Pädagogik zunächst einmal zu zeigen, wie beschränkt die Aussichten politischen Handelns sind, wie eng bemessen der Horizont und wie hart die Widerstände; daß die Macht schon verteilt ist ...«, fordert Helmut Dahmer. Aber wie will er das »zeigen« — falls er nicht indoktrinieren will —, wenn er seine Partner nicht lehrt, bestimmte *Fragen* zu stellen, also politisch-pädagogische Kategorien wie »Macht« oder »Mitbestimmung« *regelmäßig* anzuwenden? Im Grunde plädiert Dahmer für eine Art von didaktischem Defaitismus: Er will seinen Partnern zeigen, wie ohnmächtig sie sind, daß die realen Möglichkeiten der »politischen Beteiligung« nur der Zementierung des Status quo dienen; andererseits plädiert er leidenschaftlich für Aktivität, für die »bewußte Politisierung«. Wie sollen seine Partner sich das eigentlich zusammenreimen?

Ich halte es für möglich, daß dieses didaktische Modell auch entgegen meinen Intentionen — also auch politisch »reaktionär« — verwendet wird. Dagegen kann man sich nicht hinreichend schützen. Hier steckt der Teufel im Detail, dieses Problem entscheidet sich letztlich in der je konkreten pädagogischen Praxis. Solange in den herrschenden didaktischen Theorien der einzelne Lehrer zur entscheidenden didaktischen Instanz erhoben wird, bleibt die praktische Auslegung immer auch seiner Willkür überlassen. Zu ändern wäre dies nur dadurch, daß der einzelne Lehrer über seinen Unterricht zu diskutieren gezwungen wird — sei es mit seinen Kollegen, sei es mit seinen Schülern, am besten mit beiden. Vielleicht und hoffentlich führt die augenblickliche Unruhe an den Hochschulen und Oberschulen wenigstens dort zu einer Institutionalisierung der didaktischen Kritik. Aber letzte Sicherheit ist auch davon nicht zu erwarten. Ein didaktisches Modell und eine organisierte kritische Kommunikation *können* die pädagogische Praxis verbessern, aber sie geben keine Gewähr dafür. Allerdings: ohne beides bleibt diese Praxis mit Sicherheit eine willkürliche, im ganzen unvernünftige und zufällige.